U0934253

作者简介

李家瑞

广东徐闻县人，1963年10月出生。1984年9月加入中国共产党，广东省委党校经济学研究生学历，现任广东省纪委、省监察厅派驻省商务厅纪检组组长、监察专员，广东省商务厅党组成员。曾主要从事文化宣传、国有企业经营管理、国有资产监管工作，2005年5月从事纪检监察工作。工作业绩和研究成果显著，2011年6月，被中央纪委、人力资源和社会保障部、监察部授予“全国纪检监察系统先进工作者”荣誉称号，4次荣立三等功。在中央、省级报刊发表报告文学、研究报告、理论文章、影视评论、新闻通讯、案例剖析等各类作品计约100万字，其中有20多篇文章在全国、全军和省级获奖。曾出版作品集《潮涌珠江》、游记《行者回眸·美加掠影》，主编出版《廉洁风险防控：广东国有企业的探索与思考》、《警醒与沉思：广东国有企业典型腐败案例盘点》，与人合作策划制作《“蛀虫”透视》、《国企之殇》两部警示教育片，创办、主编反腐倡廉杂志《国企清风》等。

中共中央政治局常委、中央纪委书记贺国强看望在北戴河培训休养的全国纪检监察系统先进工作者时和李家瑞亲切握手问候

（中国纪检监察报记者尹健摄，原载《广东党风》2011年第9期）

中共广东省委常委、省纪委书记黄先耀（中），广东省国资委主任温国辉（右）和李家瑞（左）在一起

（原载《广东党风》2012年第5期）

使命与荣光

ShiMing Yu RongGuang

10年纪检监察工作学思践悟

李家瑞　著

羊城晚报出版社
·广州·

图书在版编目（CIP）数据

使命与荣光：10年纪检监察工作学思践悟 / 李家瑞著．—广州：羊城晚报出版社，2015.2

ISBN 978-7-5543-0180-7

Ⅰ．①使… Ⅱ．①李… Ⅲ．①中国共产党—纪律检查—工作—研究 ②行政—监察—工作—研究—中国 Ⅳ．①D262.6 ②D630.9

中国版本图书馆CIP数据核字（2015）第023785号

使命与荣光：10年纪检监察工作学思践悟

Shiming yu Rongguang: 10 Nian Jijian Jiancha Gongzuo Xue Si Jian Wu

---

书名题字　高凯明
策划编辑　朱复融
责任编辑　朱复融　黄捷生
责任技编　张广生
装帧设计　友间文化
责任校对　潘子扬　张灵舒
出版发行　羊城晚报出版社（广州市东风东路733号　邮编：510085）
　　　　　网址：www.ycwb-press.com
　　　　　发行部电话：（020）87133824
出 版 人　吴　江
经　　销　广东新华发行集团股份有限公司
印　　刷　佛山市浩文彩色印刷有限公司（佛山市南海区狮山科技工业园A区）
规　　格　787毫米×1092毫米　1/16　印张21.25　插页2　字数420千
版　　次　2015年2月第1版　2015年2月第1次印刷
书　　号　ISBN 978-7-5543-0180-7/D·61
定　　价　58.00元

序　言

◎ 倪星

学而能思，行有所悟，日积月累，必有所成。这是做学问的规律，也是成就事业的途径。

因为广东省纪委与中山大学联合设立廉政与治理中心的缘故，我与从事纪检监察工作的同志交往逐步多起来，与来自各业界的朋友交谈、交流，也颇多获益。与家瑞同志的认识是在省纪委组织的一次廉政理论研讨会后，三五同仁在林荫道上散步漫谈，话题自然也离不开廉政建设过程中遇到的一些问题和现象，感觉家瑞同志长期浸润于纪检监察战线，对不少问题有自己的独立思考和见解，很给人启发。后来，家瑞同志告诉我，他打算将从事纪检监察工作10年来的文稿结集出版，借此对自己做一个阶段性的小结，于是，就有了面前的这本《使命与荣光：10年纪检监察工作学思践悟》。

我向来很敬重坚守在反腐倡廉工作第一线的同志，他们与形形色色的腐败现象肉搏，与诡谲多变的贪腐对手过招，本身就需要具备过人的胆识和勇气。尤其在当前反腐败斗争依然严峻复杂的形势下，作为纪检监察干部，既需要保持敢于担当的胆识，更需要具备洞察细微的智慧。而这种能力素养必是凭借对社会清明的崇尚、对腐败现象的嫉恶。正如作者在“践廉之悟”中所坦陈：“从事纪检监察工作10年来，一直在用心感悟，躬身践行，努力把忠诚、干净、担当寓于自身建设之中，内化于心、外化于行，不负重托、不辱使命”。

也许正是这种使命意识，让作者能够从省纪委派驻省国资系统到省商务战线的过程中，始终保持不辍笔耕、思行结合的习惯。譬如作者的“崇廉之思”篇，能够把对纪检监察工作的点滴思考和感悟，以散文化的风格诉之笔端，给人清新之感。作者的“践廉之悟”篇，能让读者在阅读之时，真切地感受到作者从北戴河参加全国纪检监察系统先进工作者休养培训载誉归来的喜悦，以及从廉政建设法国培训考察归来的丰实。而“析廉之论”篇则给人多了一份启迪，如其中《对改革完善派驻机构体制机制的几点认识和思考》一文，曾得到过省纪委主要领导的赞赏，文中的不少建议已被有关部门采纳并付诸实施。作者显然不止于理论方面的谈经论道，他还善于将个人参与办案或者主持案件总结剖析的案例辑录下来供读者参考，如“违廉之鉴”篇，读之发人深思，促人警醒。这些，都体现了作者“位卑未敢忘忧国”的博大情怀和对反腐倡廉建设的满腔热血与理性思考。

作者在书中诠释了这样一个道理：“一个人能否廉洁自律，最大的诱惑是自己，最难战胜的敌人也是自己”。进而告诫自己：只有坚守个人底线，自觉接受监督监管，洁身自好，勤修“谋事之道、修身之道、清廉之道”，才能修成百毒不侵之身。

反腐倡廉建设永远在路上。对反腐倡廉理论的思考和探索也必然永远在路上。只有勤于思考、善于总结，不断提升认识，深刻把握反腐倡廉建设内在规律的人，才能真正驾驭实践，更加适应反腐败斗争的新常态。从这个角度来说，家瑞同志对自己所从事工作的执着和韧性，对从事纪检监察工作的诸位同道不无启发。

是为序。

2015年2月于中山大学

（作者系中山大学廉政与治理研究中心执行主任、博士生导师）

目 录

勤廉之范 / 287

附

后记

01 崇廉之思

廉洁是社会文明标志，是一种前进力量。干部清正、政府清廉、政治清明，离不开崇尚廉洁的文化环境。廉洁文化作为廉政建设与文化建设有机整合的文化形态，具有潜移默化、润物无声的独特功效。2008年春，广东省国资委主办《国企清风》杂志，作者担任主编，坚持围绕中心工作，与时俱进传递“正能量”，营造崇廉尚洁文化氛围，秉笔为广东国企反腐倡廉书写“史记”。这部分文稿均为《国企清风》杂志的卷首语。

让清风濡润南粤大地

——《国企清风》创刊寄语

清风润南粤。今日的广东，国有企业党风廉政建设，呈现出一派生机和活力。

好雨知时节。在这样一个春意盎然的季节，《国企清风》应时而生，与广大读者，特别是国资国企行业的读者朋友见面了。

广东省国资委决定创办《国企清风》内刊，是适应新形势下国有资产监管体制改革的需要，加强国有企业党风廉洁建设、推进构建惩治和预防腐败体系的一项重大举措。《国企清风》作为省国资委指导、反映全省国资国企系统开展党风建设和反腐倡廉工作的宣传窗口和阵地，肩负着重要的责任和使命。

高度决定影响力。刊物将以党的十七大精神为指导，秉持“姓党姓纪姓粤姓企”的方针，指导国有企业纪检监察工作，服务于国有企业中心工作是我们办刊的宗旨；“反腐倡廉阵地、党风建设窗口、工作交流桥梁、国企职工益友”是我们办刊的理念；大力弘扬纪检监察主旋律，及时反映中央和省委、省政府、省纪委及省国资委纪检监察工作部署，大力宣传、歌颂、推广国有企业纪检监察战线的好人、好事、好经验和反腐倡廉工作的新举措、新途径、新思路，做好对国有企业反腐倡廉工作中领导关注、职工群众关心的热点难点问题的透视报道，做好正面教育和具有警示教育作用的重大案件的剖析，做好廉洁文化理念的传播，是我们办刊的任务。为此，我们将紧紧围绕科学发展观这个灵魂，精心搞好刊物的整体策划，注重导向性和可读性，把反腐倡廉工作融入维护国有资产安全和国有企业改革发展之中，努力体现出广东国资监管和国有企业纪检监察工作的特点和风格，力求贴近实际、贴近国企、贴近生活。

指导工作、服务企业、反映情况、交流信息、研究问题、弘扬正气、警示教育，力求办出南粤风格，办出国企特色，体现时代精神风貌，提高刊物的影响和质量，烹出一道道南粤好菜，是我们办刊的目的，也是我们的愿望。作为一棵幼苗，《国企清风》的茁壮成长，需要阳光、雨露，渴望关怀、呵护，我们诚恳盼望各级国资监管机构、各级企业、各位领导、各位员工、各位读者，特别是从事纪检监察工作的同志，重视、关心和支持《国企清风》办刊工作，踊跃来稿，出谋划策。我们有理由相信，有各领导的关怀，有纪检监察战线同志们和读者朋友的支持，《国企清风》一定能够不辱使命，在满目生辉的南粤沃土上绽放绚丽的光彩，对您的工作能够有所帮助、有所启发，给您的生活带来融融春意、阵阵清风。

（原载《国企清风》2008年第1期）

高扬解放思想反腐倡廉的风帆

沐浴着党的十七大春风，思想大解放的春潮在南粤大地奔涌激荡。广东作为中国改革开放的先行地和排头兵，吹响了新一轮思想大解放、争当实践科学发展观排头兵的号角，新一轮思想大解放的春潮澎湃而来，新一轮思想大解放的航船正扬帆待发。

思想决定出路。新形势、新任务、新使命对我省国资国企的反腐倡廉工作提出了新要求，要求我们通过持续不断的解放思想，坚决破除不合时宜的思想束缚，排除各种错误思想干扰，树立适应新形势、新任务、新使命要求的新观念。我省国资委国企系统要以新一轮思想大解放，推动反腐倡廉工作大发展。

第一，围绕观念更新解放思想。进一步提高求真务实、与时俱进的认识，提高对激发活力、努力创新的认识，提高对营造氛围、优化环境的认识。以更宽广的视野，在更高的层次，用更高的要求，审视我们思想观念，不断探索反腐倡廉的新思路、新措施、新机制。

第二，围绕企业发展解放思想。把为企业改革发展提供纪律保证作为反腐倡廉建设的出发点和落脚点，始终不渝地服务和保障国有企业的科学发展、和谐发展，敢于叫响保护干事创业者的口号，为干事创业者保驾护航，努力为国有企业营造团结和谐、干事创业的浓厚发展氛围。

第三，围绕开拓进取解放思想。要创新反腐倡廉工作思路、方法，创新机制制度，用发展的思路和改革的办法拓展国有企业反腐倡廉工作领域，坚持以完善的体制机制制度作为国有企业反腐倡廉建设的保障。坚持依法治企、依法经营，坚持用制度管权、管事、管人，从根本上解决腐败的深层次问题。

第四，围绕奋发有为解放思想。纪检监察要激发活力，关键在于始终保持一种昂扬向上、奋发有为的精神状态，要有甘于奉献、勇于攻坚的精神，增强责任感和使命感，团结向上，清正廉洁，以身作则，注重在实际工作中努力提高能力和水平，树立良好的形象。

潮平两岸阔，风正一帆悬。更新观念永无止境，改革创新永不停止。让我们高高扬起解放思想、反腐倡廉的风帆，使广东国有企业这艘巨轮朝着胜利的彼岸破浪远航！

（原载《国企清风》2008年第2期）

以“七项要求”规范国企领导人员廉洁从业

中央纪委专门就国有企业领导人员廉洁自律问题提出了“七项要求”，作为今年反腐倡廉建设的七项重点工作之一。省国资委也把贯彻落实“七项要求”列为新一轮解放思想调研活动十个专题实施工作之一。这是新形势下针对国有企业领导人员廉洁自律方面存在突出问题的归纳总结和有效应对，针对性强，切中要害，内涵丰富。全省国资系统的各级国有企业要认真贯彻落实“七项要求”，规范国企领导人员廉洁从业。

贯彻落实“七项要求”是保证我省国有企业健康有序发展的客观需要，也是解决当前我省国有企业领导人员廉洁从业中突出问题的有力举措。广东作为中国改革开放的先行地和排头兵，近年来国有经济实现了资产规模与经济效益快速增长，至2007年底，全省经营性国有资产已达16165.28亿元，占全省资产总量的三分之一，国有资产总量和经济效益都位列全国各省市前列。对此，广大国企领导人作出了突出贡献，各级纪检监察组织有效发挥了纪律保障作用，功不可没。但是，随着改革开放的不断深入，我省国有资产监管任务更繁重，国有企业面临上市公司国有股权监管更复杂，集团一级企业对下属二、三级企业管辖难度更大等一系列新情况。同时，由于某些不利因素和个人素质较差等原因，当前国有企业领导人员不廉洁方面存在着许多突出问题。比如，在规范国有企业改制和产权转让工作中，由于改革涉及利益关系调整，出现了个别企业领导人员滥用职权谋取私利，甚至搞权钱交易；有的企业领导人员利用职务上的便利通过同业经营或关联交易为本人或特定关系人谋取利益；有的企业领导人员在企业转制、资产整合、引入战略投资者和工程招标、物资采购过程中利用职权搞暗箱操作谋利等。这些问题，不仅导致企业领导人员滑进腐败的泥潭，而且严重影响了企业的健康科学发展。各级国有企业必须以贯彻落实“七项要求”为突破口，把解决这些问题摆上更加突出的位置，加强监督，规范用权，从严治企。

当前，我省国有企业领导人员肩负着推动企业改革发展和抓好企业反腐倡廉建设的双重任务，责任重大。一个企业领导人员特别是主要领导，是否具有战略眼光、懂经营、会管理、廉洁自律，很大程度上决定着企业发展的未来。我们既要加强对国有企业领导人员的监督管理，严格要求，让他们少犯或者不犯错误，更要支持他们锐意改革、大胆创新的积极性，保护他们知难而上、干事创业的主动性，把更多的精力投入到国有企业改革发展中去。同时，我们也希望和要求国有企业领导人员以身作则，永远保持清正廉洁，这样才能理直气壮地管理下属，搞好企业，把企业做大做强，才能更加有效地推进企业反腐倡廉建设，促进国有企业的健康科学、又好又快发展。

（原载《国企清风》2008年第3期）

“七项要求”重在执行　贵在落实

中央纪委继提出国有企业领导人员廉洁自律“七项要求”后，近日又颁布了《国有企业领导人员违反廉洁自律“七项要求”适用〈中国共产党纪律处分条例〉若干问题的解释》（以下简称《解释》），既明确了违反“七项要求”行为的具体表现形式，又明确了违反“七项要求”行为的党纪处分标准。我省各级企业普遍反映很有现实性、针对性和操作性，更便于企业在实践中准确定性量纪。它的出台，是贯彻落实中央纪委全会工作部署的重要举措，对于深入学习实践科学发展观，规范省属企业领导人员从业行为，加强企业反腐倡廉建设，促进企业又好又快发展，具有十分重要的意义。

“七项要求”及其《解释》，作为当前和今后一个时期国有企业反腐倡廉建设的指导性文件，能否在廉洁从业方面有效规范和约束企业领导人员的行为，重在严格执行，贵在贯彻落实。各省属企业及其领导人员要从全面落实科学发展观的高度出发，充分认识严格执行“七项要求”对于加强企业管理和反腐倡廉工作的重要意义，采取切实有效措施，认真在企业中贯彻落实。“七项要求”大量涉及企业经营管理业务问题，专业性较强，我们要认真学习理解其规定，学以致用，务求实效，将有关要求纳入本企业内部规章制度；要广泛宣传其精神，模范带头遵守，自觉接受监督，增强廉洁从业意识。各省属企业在贯彻落实“七项要求”过程中，要严格执行和根据《解释》的规定严肃查处违纪行为，将企业领导人员的执行情况作为个人有关事项报告、述职述廉和“一年一巡视、一年一评议、一年一谈话”等制度，制定具体的监督管理措施；要加大对违反“七项要求”行为的查处力度，重点查处利用职务便利谋取利益和违反规定兼职取酬、自定薪酬、滥发补贴奖金等突出问题，发现一起，查处一起，决不姑息，努力营造有利于加强企业反腐倡廉工作和企业领导人员干事创业的良好氛围。

国企清风起南粤，廉洁从业促发展。让我们以严格执行和落实“七项要求”为突破口，不断完善具有广东特色的国有企业惩防腐败体系，筑起一道道牢固“防火墙”，有效规范和约束企业领导人员从业行为，让权力运行在阳光下，规范在监管中，干净做事，坦荡做人，在广东争当实践科学发展观排头兵中更好地发挥中流砥柱作用。

（原载《国企清风》2008年第4期）

用科学发展观统领国企纪检监察工作

又是春风拂面来。我们送走了不平凡的2008年，迎来了充满挑战与机遇的2009年。新的一年里，我们要坚持用科学发展观统领国有企业纪检监察工作，围绕中心、与时俱进、以人为本地开展国资监管和反腐倡廉建设，为国有企业的科学发展、又好又快发展发挥应有的作用。

用科学发展观统领新一年国企纪检监察工作，要突出体现服务国企发展的要求。新的一年，各企业纪检监察机构要树立大局观念，紧紧围绕企业中心工作来确定工作思路，通过全面履行党章赋予的职责，把服务和促进企业科学发展作为出发点和落脚点，充分认识并发挥纪检监察在国资监管和国企改革发展中的作用，始终做到围绕发展反腐败，惩治腐败促发展，确保企业改革发展稳定。当前，各企业要把中央扩大内需促进经济增长政策落实的监察检查作为纪检监察工作服务发展的重中之重，认真落实省委、省政府和省国资委应对当前经济困难的各项措施，为企业科学发展提供有力保障。

用科学发展观统领新一年国企纪检监察工作，要突出体现改革创新的精神。新的一年，各企业纪检监察工作要顺应时代潮流，改革和完善推进科学决策、强化贯彻执行、实现有效监督的机制制度。要注重制度的改革创新，既讲究战略前瞻，又确保切实可行，不断提高制度的科学化、系统化水平。今年要把建立有广东国企特色的惩防腐败体系作为纪检监察工作的重点，建立企业“一把手”负总责、纪委牵头、各部门齐抓共管的惩防体系建设领导体制；要大力推进以企业纪检监察为主导的纪检监察、审计、监事会“三位一体”大监督体系建设，形成监督合力；要大力推动反腐倡廉建设融入国资监管、融入企业经营发展工作之中，建立健全重大决策责任制度和风险控制制度，逐步建立规范企业领导人员薪酬待遇、职务消费、管理层持股，以及加强境外资产监管、治理商业贿赂等方面的制度体系，围绕全面落实科学发展观，对企业产权转让、资本运作、工程建设招投标、营销采购等重点部位和关键环节加强监督检查，尤其要规范和制约企业“一把手”的用权行为，防止国有资产流失，坚决纠正违背企业科学发展的行为。

用科学发展观统领新一年国企纪检监察工作，要突出体现以人为本的理念。新一年，各企业纪检监察工作既要切实履行监督、惩处职能，又要认真履行教育、保护职能，牢固树立查处案件、惩处腐败是成绩，澄清是非、教育保护干部也是成绩的观念，经常要求、教育、监督企业领导人员自觉遵守廉洁自律“七项要求”，自觉遵守廉洁从业各项规定，使他们少犯或不犯错误；要旗帜鲜明地支持和保护国企各级领导人员干事创业、谋划发展、勇于实践的积极性和创造性，增强纪检监察工作的亲和力；要努力营造风清气正的良好氛围，让想干事的人有机会，能干事的人有舞台，会干事的人有地位，不断创造国企纪检监察工作新业绩。

（原载《国企清风》2009年第1期）

必须抓紧落实当前反腐倡廉工作任务

前不久，在全省国有企业反腐倡廉工作座谈会上，省纪委主要领导对加强国有企业反腐倡廉建设作了重要讲话，省国资委领导也就如何以科学发展观统领国资监管和反腐倡廉建设提出明确要求。最近，省国资委纪委在省属企业纪委书记联席会议上对2009年省属企业反腐倡廉工作作了具体部署。当前，我省国有企业反腐倡廉建设思路已经清晰、目标已经明确、任务已经摆在我们面前，关键是如何全力以赴狠抓各项工作的落实。

今年是我省应对国际金融危机推动科学发展再上新水平的关键一年，也是国有企业提升反腐倡廉工作水平的关键一年。目前，许多企业已经召开专门会议，对落实今年反腐倡廉工作进行了具体部署，这些都体现了积极主动的工作态势。各级企业和各级纪检监察机关都要以高度的政治责任感，切实负起责任，迅速有序地推动反腐倡廉各项工作全面展开。

抓好反腐倡廉工作落实，任务艰巨。我们要以建立和完善广东国有企业惩治和预防腐败体系为重点，加大省委《实施办法》的贯彻落实力度，大力推进以纪检监察为主导的纪检监察、审计、监事会“三位一体”监督体系建设，扎实抓好反腐倡廉的宣传教育，努力营造风清气正的经营环境。我们要以加大对企业领导人员用权行为的监督制约为举措，认真落实廉洁自律各项规定，组织清理企业违规自定薪酬、兼职取酬、滥发补贴和奖金等问题，加强对企业“三重一大”集体决策制度执行情况的监督检查，加大对企业投资决策、担保、开信用证和融资的监督管理力度，防止出现新的经营和管理风险。我们要以坚决查处和预防腐败案件为手段，充分发挥惩治腐败的综合治本功能和威慑作用，坚持一手抓惩治，一手抓预防，既要对已暴露出来的腐败问题抓紧查处，坚决打击，又要强化监督，创新制度，使腐败分子不敢贪、不能贪，为企业科学平稳发展保驾护航。

抓好反腐倡廉工作落实，还需要良好的作风作保证。坚持不懈地加强企业领导人员的党性修养，树立正确的事业观、工作观、业绩观，以优良的作风带领广大职工群众迎难而上，锐意改革，共克时艰，是时代所需、形势所迫。我们要拿出前所未有的工作责任、工作态度和工作作风，切实把思想和行动统一到深入贯彻科学发展观的要求上来，统一到中央和省委及省国资委的决策部署上来，紧紧围绕企业中心工作，突出重点，抓住关键，落实在行动上就是要一个环节一个环节地落实，一个步骤一个步骤地推进，一个问题一个问题地解决，从而整体推进各项工作，在全年反腐倡廉各项具体任务的落实上求得实效，为维护企业平稳较快发展提供坚强保证。

（原载《国企清风》2009年第2期）

加强国有企业领导人员的教育和监督至关重要

国有企业能不能实现科学发展，领导人员至关重要；领导人员能不能切实承担起搞好企业的责任，廉洁自律至关重要。近年来，我省省属国有企业经济案件特别是涉及企业领导人员的腐败案件逐渐增多，发案率居高不下，相继出现了省韶钢集团原董事长曾德新、副总经理黄旭明、供应部负责人阎蜀南；省广盐集团原董事长沈志强、副总经理陈琼福、运销集团副总经理董建生；省机场集团云梯山庄项目原经理苏友兵、支部书记夏友前等系列塌方式腐败窝案、串案，尽管他们违纪违法走向腐败的轨迹各有不同，但滋生腐败的动因几乎是一致的，就是从理想信念滑坡开始，放松廉洁自律，法纪教育学习重视不够，对中央、省和省国资委廉洁从业的规定要求漠然视之，导致贪欲私心膨胀，置法律、党性、企业利益及个人前途于不顾，利用职务之便，大搞“权力寻租”，侵吞、挪用、挥霍国有资产，贪污受贿，最终受到党纪国法的严惩，得个身败名裂的下场。这些发生在省属国有企业的腐败案件教训极其深刻，它警示和告诫我们，必须切实加强国有企业领导人员的日常教育和常态监督。

去年中央纪委针对国有企业领导人员廉洁自律提出“七项要求”，最近党中央、国务院又印发了《国有企业领导人员廉洁从业若干规定》。省纪委和省国资委把贯彻落实这个规定作为当前和今后一个时期国有企业领导人员廉洁从业和作风建设的一项重要任务，我们必须采取有效措施，着力构建国有企业反腐倡廉的坚强防线，依规促进国企领导人员廉洁从业。

一是加强遵纪守法教育，构筑不想腐败的自律防线。要对国企领导人员进行经常性的遵纪守法思想教育，使他们充分尊重国家法律和党的纪律的权威与尊严，对党纪国法“有所畏惧”，明白哪些可以为、哪些不可以为，依法经营、诚信廉洁，不愿通过贪腐手段，冒着断送自己的利益和前途甚至进牢狱的风险去谋取私利，从而树起不想腐败的自律防线。

二是加强制度体系建设，构筑不能腐败的保障防线。要在建立健全各项规章制度上下功夫，把企业领导人员廉洁从业的要求转化为尽可能细化的具体的条文，明白什么可以做，什么不能做；必须怎样做，不能怎样做，最大限度地用制度规范权力运作，建立按制度办事，靠制度管人的制衡控制机制。

三是加强用权行为监督，构筑不易腐败的约束防线。省属企业几起腐败案件的发生，一定程度上暴露出对领导人员监督还存在着漏洞和薄弱环节。要重点抓住监督制约权力运行这个关键，严格执行《国有企业领导人员廉洁从业若干规定》，认真落实国有企业领导人员廉洁自律"七项要求"，扎实抓好董事会建设试点，切实加强国有资产监管，强化对企业工程建设、产权交易、资本运营、财务管理、营销采购等经营管理关键环节的监督检查，规范权力运行程序，大力推进企业纪检监察、审计、监事会的大监督建设，严肃责任追究。

四是加强查办案件工作，构筑不敢腐败的法纪防线。重点严肃查办国企领导人员利用职务之便贪污贿赂、权钱交易以及侵占、转移国有资产的案件，查办国企领导人员在经营管理中失职渎职造成国有资产重大损失、在工程建设领域中干预招标投标获取非法利益的案件，查办国企领导人员搞同业经营、关联交易的案件。同时，要注意增强办案的治本功能，及时转化办案成果，充分发挥严治、震慑腐败分子、遏制腐败蔓延的作用。

（原载《国企清风》2009年第3期）

查办案件的目的是维护国有资产安全

国有企业的首要任务是实现国有资产保值增值，发展壮大国有经济。而坚决查办违纪违法案件是强化国有资产监管，促进企业实现国有资产保值增值的重要保障。近年来，我们广东省国资委纪委认真履行维护国有资产安全、确保国有资产保值增值的职责，立足实际，整合办案资源，创新办案机制，切实加大国有企业违纪违法案件查办力度，为企业挽回经济损失约6亿元，有力地促进了企业健康发展，维护了国有资产安全。

最近中央纪委召开全国国有企业查办案件工作座谈会，宣传推广了我省国资委纪委查办国有企业违法违纪案件的成功做法。今年，在省纪委的正确领导和组织协调下，在查处韶关“8 · 14”案件中，省纪委四室、省国资委纪委、省检察院通力协作，成功为省韶钢集团追回在境外某公司投资的2.7亿多元款项，被企业和职工誉为“国有资产守护神”。中央纪委和省委、省政府、省纪委主要领导同志在有关信息上作出重要批示，给予了充分肯定和赞扬。

当前，国有企业正处于改革发展的关键时期，也是违纪违法案件处于多发、高发、易发时期，一些领域存在的腐败问题仍然还很突出，国有企业违纪违法涉案人员职别越来越高，金额越来越大，作案手段更加隐蔽，方式方法更加多样，发案过程更加复杂，一些违纪违法分子千方百计利用体制、机制、制度方面存在的漏洞，蚕食侵吞国有资产，并出现了作案主体多元化，谋取不正当利益间接化、期权化等许多新情况、新问题。面对新形势、新任务，我们要深入研究国有企业发生违纪违法案件的新特点和新情况，抓住生产经营重要领域和关键环节的突出问题，不断加大办案力度。要以办案发生在企业领导人员和重要关键岗位人员中违纪违法案件为重点，特别要着重查处违反“三重一大”决策制度和《国有企业领导人员廉洁从业若干规定》，利用职权私自谋取利益的案件；要紧紧抓住国有资产监管体制改革和生产经营管理的重要领域和关键环节，严肃查处企业重组兼并、产权交易、资本运营、工程建设、物资采购、合作经营、人力资源管理等领域的案件；严肃查处中央和省扩大内需，促进经济平稳、较快发展重大投资中的违纪违法案件；严肃查处少数企业领导人员疏于管理、随意决策、盲目投资及严重损害企业利益，导致国有资产损失的案件。

惩处是手段，不是目的。我们要充分发挥查办案件以惩促防的警示和震慑作用，促进企业强化内部管控和风险防范，不断完善监管机制，堵塞管理漏洞，提高管理水平，逐步铲除消极腐败滋生的土壤和条件，有效防止和避免国有资产损失，维护国有资产安全和保值增值。

（原载《国企清风》2009年第4期）

依规依纪促进国企领导人员廉洁从业

构建内容科学、程序严密、配套完备、有效管用的反腐倡廉制度体系，是我们当前促进国有企业领导人员廉洁从业、规范用权行为、从源头上防止腐败的一个有效途径。

去年7月，中央办公厅、国务院办公厅印发《国有企业领导人员廉洁从业若干规定》（以下简称《若干规定》）后，我省把贯彻执行落实到具体行动当中，结合我省国资监管和国企实际，研究制定了《广东省贯彻执行〈国有企业领导人员廉洁从业若干规定〉实施细则》（以下简称《实施细则》），并于近日发布。《实施细则》以规范权力运行为重点，围绕国有企业经营管理的重大事项，整合以往有关国企领导人员廉洁自律工作的各项要求，针对国企领导人员廉洁从业存在的突出问题，在制度和程序上规范国企领导人员用权行为。《实施细则》依据《若干规定》的要求，对国企领导人员廉洁从业行为规范逐条做了分解细化，使其内涵更丰富，针对性更强，条文更具体，更加明确了哪些事情可以做，哪些事情不能做，进一步加强了对国企领导人员权力运行的制约和监督，较好体现了注重治本、注重预防、注重制度建设的广东国企反腐倡廉建设特色。这对于规范我省国企领导人员廉洁从业行为、维护国家和出资人利益、促进国有企业科学发展具有重要作用。

贯彻落实《若干规定》及《实施细则》，促进国企领导人员廉洁从业，贵在身体力行，重在狠抓落实。各国有企业是《若干规定》及《实施细则》的实施主体，只有狠抓落实、身体力行，各项规定和要求才能付诸实施，真正成为广大国企领导人员廉洁从业的行为规范，变为加强反腐倡廉建设，保障企业改革发展的实际成效。因此，全省各国资监管机构和国有企业，特别是企业领导人员一定要深刻领会其重要意义，准确把握其精神实质和具体内容，认真贯彻落实到企业改革发展的实践之中；要加强组织领导，进一步明确职责任务，细化执行方案，狠抓工作落实；要完善配套制度，进一步明确各项要求和规定的法规依据、处理办法，将廉洁从业各项要求纳入企业管理制度，融入生产经营管理各个环节，增强可操作性；要加强监督检查，进一步强化责任追究，严格执行纪律，切实推动《若干规定》及《实施细则》的贯彻实施。同时，各国企领导人员尤其是“一把手”，要发挥好表率作用，自觉接受监督，团结和带领广大职工迎接新挑战，创造新辉煌。

（原载《国企清风》2010年第1期）

预防国有企业"群蛀式"腐败 我们责无旁贷

国有企业是我省经济社会发展的重要支柱和骨干力量，在深化国有企业改革、加快企业发展的过程中，一些国有企业由于监督不到位，机制不健全，管理不完善，给腐败分子以可乘之机，造成了国有资产流失，造成了极坏的影响。

近年来，我省省属国有企业发生了省广盐集团和省韶钢集团系列腐败案件，令人扼腕叹息。

省广盐集团腐败案涉及人员70多名，涉案金额达1700多万元，广盐集团及下属企业原来的领导人员陈琼福、沈志强、夏广海、甘伟国、董建生都纷纷落马。这一群体腐败案，在当时成为国内盐业系统最大的窝案。

而韶钢集团群体腐败案，涉案人员共101人，其中就有集团领导人员5人，中层领导人员17人，涉案金额折合人民币6968万元。收缴赃款、赃物折合人民币共6489万元。

"人生是屋，信念是柱"，国有企业的领导人员与腐败分子之间，并没有天然屏障，稍有放松懈怠，就可能滑向腐败的深渊。

这两宗国有企业"塌方式"腐败案件告诫我们：在新形势下，国有企业反腐倡廉建设任重而道远。

首先，我们要从企业改革与发展的实际情况出发，用发展的思路和改革的办法解决导致腐败产生的深层次问题，使铲除腐败源头成为企业防范生产经营风险的有力保障。

其次，要以贯彻执行《国有企业领导人员廉洁从业若干规定》为重点，强化领导人员廉洁从业教育，并要从监督这个重要环节发力，加强国企反腐倡廉制度建设，同时要以惩治力度，提升国企反腐倡廉建设的震慑效应。

企业的腐败防治工作要惩防结合，两手都要硬，但最根本还是要立足预防，立足于从思想道德教育、企业制度建设、强化权力监督入手，做好预防工作。同时加大惩处力度，努力构建新时期国有企业的惩防体系，这既是维护国家利益、企业利益的重要措施，也是使用和保护企业领导人员的重要手段，更是有效防止和避免国有资产损失，维护国有资产安全和保值增值的时代呼唤与责任。

（原载《国企清风》2010年第2期）

贯彻落实《若干规定》及《实施细则》要力求“三性”

依据中央颁布的《国有企业领导人员廉洁从业若干规定》（以下简称《若干规定》），日前我省制定下发了《广东省贯彻执行〈国有企业领导人员廉洁从业若干规定〉实施细则》（以下简称《实施细则》），并召开全省会议就如何贯彻落实《若干规定》及《实施细则》作出部署。当前，全省各国资监管机构、各国有企业学习贯彻落实《若干规定》及《实施细则》如火如荼，方式方法各有千秋，成效逐渐显现。笔者在为此叫好的同时建言：贯彻落实要与各自实际相结合，关键在于落到实处、务求实效。

首先要与国有企业反腐倡廉宣传教育相结合，要有针对性。要针对当前我省国有企业反腐倡廉建设仍然存在的一些薄弱环节，针对企业领导人员在廉洁从业、落实“三重一大”集体决策制度、惩防腐败体系建设方面仍然存在的一些薄弱环节，针对企业在经营管理中的重点部位、重点环节和关键岗位人员，根据不同层次、不同岗位的特点，紧密联系企业领导人员的思想和工作实际，把《若干规定》及《实施细则》的学习宣传教育作为反腐倡廉宣传教育的重要内容。要组织企业领导人员对照《若干规定》及《实施细则》进行检查，既让企业领导人员知道规定了什么、不能做什么，又让他们明白如何执行、如何落实、怎样监督，使企业领导人员筑牢廉洁从业、拒腐防变的思想防线。

其次要与加强监督、预防、惩治制度建设相结合，要有实用性。要把贯彻实施《若干规定》及《实施细则》作为落实惩治和预防腐败体系建设的一项重要工作，将廉洁从业各项要求落实到国有资产监管制度、企业权力运行监督制约机制的建设之中，形成廉洁从业工作与国有企业改革发展、生产经营管理相互融合、相互促进的局面。从近年来省属国有企业发生的腐败案件看，违规决策、违法操作、滥用职权、独断专行、个人或少数人说了算是企业领导人员违法违纪的显著特征。要杜绝此类行为的发生，关键是要加强制度建设，尤其要严格执行“三重一大”集体决策制度，用制度规范行为，按制度办事，靠制度管人，提高制度的约束性和执行力。通过建立起科学严密、完备管用的反腐倡廉制度体系，促使企业领导人员不仅在思想上不敢贪，在行动上也不能贪。

再次要与推进企业领导人员作风建设相结合，要有实效性。企业领导人的作风和形象代表着企业的信誉和风格。当前，我省国有企业腐败消极现象仍然比较严重，一些腐败分子集政治蜕变、经济腐败、生活腐化于一身，政治上信念动摇、品德败坏，生活上讲排场、比阔气、贪图享受、包养情妇，工作上脱离实际、弄虚作假、欺上瞒下，完全失去了党性和品德。要使贯彻落实《若干规定》及《实施细则》取得实效，就要切实加强企业领导人员作风建设，着力解决企业领导人员在思想作风、工作作风、领导作风和生活作风上存在的突出问题，切实形成以坚强的党性和优良的作风带领职工推进企业改革发展的可喜局面。

（原载《国企清风》2010年第3期）

大力加强省国资委监管企业纪检监察组织建设

前不久，为认真贯彻落实中央中央政治局常委、中央纪委书记贺国强同志的重要讲话和《关于加强和改进中央企业和中央金融机构纪检监察组织建设的若干意见》，根据省纪委主要领导的批示要求，广东省纪委、省委组织部、省监察厅、省国资委结合我省企业实际情况，共同制定下发了《加强和改进省国资委监管企业和省属金融机构纪检监察组织建设的实施办法》（以下简称《实施办法》）。这是第一个专门规范省国资委监管企业纪检监察组织建设的重要文件，充分体现了省委、省纪委和有关部门对企业党风建设和反腐倡廉工作的高度重视，也体现了对纪检监察工作的大力支持。我们要切实把《实施办法》学习好、贯彻好、落实好，大力加强和推进企业纪检监察组织建设。

省国资委监管企业是我省社会经济发展的重要支柱和骨干力量。进一步加强企业纪检监察组织建设，对于深化国有资产管理体制改革、加强企业监督管理、深入推进反腐倡廉工作、促进企业科学发展具有重要作用。近年来，省国资委监管企业纪检监察组织认真贯彻落实中央、省委关于反腐倡廉建设的一系列决策部署，以完善惩治和预防腐败体系为重点整体推进党风建设和反腐倡廉各项工作，取得了明显成效。随着企业改革的深化，出现了许多新情况新问题，对党风建设和反腐倡廉工作提出了更高要求。必须看到，省国资委监管企业纪检监察组织建设还存在着与当前党风建设和反腐倡廉建设形势任务不相适应的问题，少数企业对纪检监察组织建设重视不够，体制机制不完善，机构设置不健全，班子配备不强，人员配备不足、兼职过多，素质不高，企业监督力量整合力度不大等问题，直接制约了企业纪检监察组织作用的发挥，必须引起高度重视。

《实施办法》主要对省国资委监管企业纪检监察工作体制机制、机构设置、班子配备、队伍建设等组织建设的主要方面做出了规定，并提出了有针对性的解决措施，我们要结合企业实际，领会精神实质，把握内容要求，切实抓好贯彻落实。一是要抓紧健全组织，完善机构设置。强化纪检监察机构的职能作用，凡设党委（党组）的一律设立纪委（纪检组）；建立党总支、党支部的，要有纪检委员。切实做到党组织建设到哪里，纪检组织就设置到哪里；业务工作延伸到哪里，纪检监察工作就跟进到哪里。二是要加强班子建设，配足配强人员。要选好配强企业纪检监察机构领导班子，形成健全的领导班子。由同级党委副书记担任的纪委书记，列董事长（党委书记）、总经理之后按任党委副书记时间的先后排序，企业监察机构正职同时担任纪委副书记。专职纪检监察工作人员按一般不少于专职党群工作人员总数15%的比例核定，一级企业专职纪检监察工作人员配备不少于3人，保证监察机构职能作用的有效发挥。三是要认真履行职责，严格管理监督。企业纪委书记的首要职责是做好纪检监察工作，并把主要精力放在抓纪检监察工作上，认真履行好监督检查职责，切实把中央反腐倡廉建设的各项要求，贯彻到企业经营管理工作之中。要规范纪检监察人员的准入条件，建立完善纪检监察人员考核评价办法，严格对纪检监察人员的酝酿、提名、考察、任免、奖惩和交流的管理监督，坚持以改革的精神、创新的思路、发展的办法加强和改进企业组织建设，不断增强纪检监察组织的创造力、凝聚力、战斗力，为企业改革发展稳定提供有力保证。

（原载《国企清风》2010年第4期）

履行监督职责　共建幸福广东

有效预防和坚决惩治腐败，坚决维护国有资产安全、确保国有资产保值增值，为促进国有企业科学发展、建设幸福广东提供有力的纪律保障，是我省国资系统纪检监察工作的神圣职责。

2011年是“十二五”规划的开局之年，省委、省政府把“加快转型升级，建设幸福广东”作为落实“十二五”发展主题的核心任务，并以此作为广东“十二五”时期实现科学发展的行动指南，这完全符合现阶段广东经济和国有企业发展的客观需要，更为推进国有资产监管和反腐倡廉建设注入了新的活力。

履行监督职责，共建幸福广东，就是要紧紧抓住“保障和改善民生”这个给力点，凝聚建设幸福广东的强大力量，服务大局，找准定位，注重创新，务求实效，以更加坚定的决心和更加有力的举措，坚决惩治腐败，有效预防腐败，不断增强维护职工群众切身利益的实效性，确保建设幸福广东各项决策部署落实到位。

一是要认真落实党风廉政建设责任制。“建设幸福广东，匹夫也有责”。各级国资监管机构和企业领导班子要对职责范围内的党风廉政建设负全面领导责任，尤其是主要负责人要认真履行第一责任人的职责，做到重要工作亲自部署、重大问题亲自过问、重点环节亲自协调、重要案件亲自督办。各级纪检监察机关要认真履行组织协调职责，积极协助党委搞好责任分解和检查考核，做到人人都要为幸福广东尽职尽责，共建共享。

二是要全面履行纪检监察职能。围绕我省加快转变经济发展方式，以完善具有广东特色的开放、动态、创新的惩治和预防腐败体系基本框架为目标，强化对权力运行的监督制约，加强对企业领导人员廉洁从业的监督检查，不断提高监督检查的科学化、制度化、规范化水平，确保建设幸福广东的各项惠民利民措施落到实处，从而实现好、维护好、发展好广大职工群众的根本利益，形成“别人为我的幸福创造条件，我为别人的幸福努力工作”的良好氛围。

三是要着力加强纪检监察队伍自身建设。要进一步加强我省国有企业纪检监察组织建设，努力造就一支政治坚强、公正廉洁、纪律严明、业务精通、作风优良的纪检监察队伍，着力提高服务、保障和促进科学发展的能力，着力提高做好职工群众工作和维护企业和谐稳定的能力，着力提高有效防治腐败的能力，把推进反腐倡廉建设和推进幸福广东建设统一起来，切实履行“做党的忠诚卫士，当群众贴心人”的庄严承诺。

2011年的新年钟声已经敲响，反腐倡廉建设大政方针已定，幸福广东的愿景就在前方。个个都要成为享受幸福广东的对象，人人都要争当创造幸福的主体。认真履行监督职责，共建共享幸福广东，这一历史使命已经责无旁贷地落在我们的肩头。让我们全省国资系统纪检监察同志团结一致，励精图治，履行使命，共同创造幸福美好的生活！

（原载《国企清风》2011年第1期）

在创新中强力推进惩防体系建设

广东省国资委纪委日前召开省属企业纪委书记联席会议，各省属企业就如何推进惩防体系建设交流了经验和做法，并对此作了积极的探索和思考，这是省国资委纪委和各省属企业在创新中推进惩治和预防腐败体系建设的又一重大举措。

近年来，各省属企业突出抓好反腐倡廉创新工作，建立健全领导机制，不断完善制度体系建设，认真加强组织协调，注重强化责任落实，多措并举推进惩治和预防腐败体系建设，可谓各具特色、亮点纷呈、成效明显。但是，根据今年年初省国资委对15家省属企业推进惩防体系建设“回头看”检查情况来看，仍然还存在这样那样的问题有待加强和改进，主要是各企业的工作进展不平衡，有的思路不够清晰，措施不够具体；有的对制度规定的执行不够给力，责任追究的力度不够，重教育提醒，轻惩戒处理；有的惩防体系建设与企业生产经营有效结合不够，存在“两张皮”现象等。

思路决定出路。推进省属企业惩防体系建设，要敢于创新，敢于突破传统思维模式，大胆移植和借鉴好的经验做法，在发展中逐步完善。目前，省属企业惩防体系基本框架正在逐步建立。如何进一步理清思路，扩大实践成果，强力推进，实现目标，是摆在我们面前的重要课题。

首先，在惩防体系的构建思路上要创新。要牢固树立科学发展理念，紧紧围绕加快转变经济发展方式这条主线，始终抓住加快转型升级、建设幸福广东这个核心，始终把惩防体系建设与企业改革发展同步推进的工作思路，纳入企业改革发展的总体战略规划，做到统筹安排、整体部署、同步发展、相互促进。要以敢为人先的勇气和胆识，大胆突破体制机制瓶颈，对已有的改革举措要不断深化，对中央和省委部署的改革要求要率先落实，对符合企业发展方向的改革重点、难点问题要积极探索。

其次，在惩防体系的构建内容上要创新。各企业要从自身的实际出发，用发展的思路和改革的办法去谋划，积极探索与现代企业制度相适应的惩治和预防腐败体系，以规范权力运行为核心，把惩防体系植入企业内部控制和风险管理之中，逐步建立健全内容科学、程序严密、配套完善、有效管用的长效制度体系，紧紧抓住贯穿于企业决策和经营管理的重点部位、关键环节及权力运行、市场交易等重点领域，有针对性地加强制度设计和制度创新，堵塞体制机制漏洞，有效防止权力扩张、权力垄断和权力暗箱操作。

再次，在惩防体系的构建保障上要创新。惩防体系建设需要企业党委、董事会、经营班子和纪检监察等方面形成合力，共同作为，提供坚强的责任保障。各级企业党委是反腐倡廉建设的主体，担负着全面领导惩防体系建设的政治责任，应切实加强领导，列入企业的重要议事日程，同企业的改革发展工作一起部署、一起落实、一起检查。要认真贯彻落实党风廉政建设责任制，强化责任保障；要制定惩防体系建设标准，强化激励保障；要加强纪检监察队伍建设，强化组织保障。让我们集聚共同的合力，协同构筑“不敢贪、不能贪、不想贪”的三道坚固防线，把惩防体系建设落到实处。

（原载《国企清风》2011年第2期）

纪律教育贵在持之以恒

今年，是广东开展纪律教育学习月活动的第20年。20年来，广东独具特色的纪律教育，成效明显，成绩喜人，成了广东党风廉政建设和反腐败工作的一个重要品牌。这种“广东创造”模式，保持与时俱进，一年突出一个主题，年年有新招数，年年有新成效，得到了中央领导和中央纪委的充分肯定，也得到广大党员干部和人民群众的认可赞同。

20年来，我省国资系统各级监管机构和国有企业，始终坚持不懈、锲而不舍地抓好纪律教育，丰富教育内容、创新教育形式、拓展教育载体，把反腐倡廉建设不断引向深入。尤其是近几年来，省国资委按照省里的部署要求，坚持围绕中心、服务大局、创新思路、注重实效，坚持把纪律教育融入到国有资产监管和国有企业改革发展之中，融入到企业生产经营常态工作之中。注重用省属国有企业发生的腐败案件来抓实警示教育，用先进典型范例来抓好示范教育，省国资委和企业领导年年带头参加纪律教育学习，带头作辅导报告，带头接受纪律教育。通过创办《国企清风》内刊、编印“典型案件剖析材料”、拍摄制作《“蛀虫”透视》、《国企之殇》等警示教育片，组织“以案说纪”教育座谈，开展“清风颂廉”书画摄影大赛等形式，有针对性、有重点地开展纪律教育，较好地营造了风清气正的氛围，为确保国有资产保值增值和促进国有企业改革发展提供了坚强的纪律保障。

抓好纪律教育工作，贵在持之以恒，也难在持之以恒；重在有实际效果，也难在有实际效果。我们要适应反腐倡廉建设的新形势、新任务、新要求，进一步增强抓好纪律教育的责任感和使命感，开拓新思路、探索新方法，持之以恒地抓好抓实纪律教育。

一是要增强纪律教育的责任意识。持之以恒地抓好纪律教育既是维护企业改革发展稳定和防止国有资产流失的迫切需要，也是关心爱护企业领导人员和党员干部的现实需要。当前我省国有企业正处于深化改革、加快产业转型升级时期，面对种种诱惑，企业领导人员、重要岗位人员廉洁从业面临严峻挑战和考验，一些党性观念和权利意识不强、思想防线不牢的企业领导人员就很容易出问题。近几年省属企业发生的几起重大违法违纪案件，如韶钢集团原董事长曾德新、盐业集团原董事长沈志强、新广国际集团原董事长吴日晶等就是其中的典型。这就要求我们必须加强纪律教育工作，切实增强责任感和使命感，强化教育引导，筑牢拒腐防变思想道德防线。

二是要增强纪律教育的创新意识。持之以恒地抓好纪律教育的动力和源泉在于创新。正是因为不断创新，才使得广东纪律教育学习月活动的品牌，经久不衰，富有生命力。我们要以改革创新为动力，坚决纠正“纪律教育年年抓”、“腐败案件年年有”导致“教育无用论”的思想误区，努力克服懈怠情绪，深刻认识和准确把握党风廉政建设和反腐败斗争的态势，在继续运用以往纪律教育好做法、好手段、好形式的基础上，注意把握新形势，研究新情况，不断创新纪律教育的内容、形式和方法，不断增强纪律教育的感染力、吸引力和说服力，努力体现时代性。要注重坚持在学习中创新，在创新中学习，努力提高思想理论水平和政策运用能力，始终保持与时俱进，把纪律教育中的难点、薄弱环节和空白领域作为工作的创新点。

三是要增强纪律教育的针对性。持之以恒地抓好纪律教育，关键是要突出重点，增强针对性，开展重点教育，注重把握好教育对象的层次性，做到因人施教、有的放矢。要突出抓好企业领导人员廉洁从业教育这个关键，严格执行国有企业领导人员廉洁从业若干规定的要求，注重用国有企业发生的腐败案件来认真抓实警示教育，增强廉洁风险意识，切实发挥企业领导人员在教育中的带动作用。要把企业掌管“人权、财权、物权”的关键岗位人员作为教育重点对象，抓好职业道德和岗位廉洁教育，对暴露发现的问题，有针对性地开展廉洁谈话、诫勉谈话等，更有效地警醒关键岗位人员，增强风险防控意识和能力。

四是要增强纪律教育的实效性。持之以恒地抓好纪律教育既要有鲜明特色、富有吸引力和感染力，也要讲求实际效果，注重把纪律教育与企业经营管理活动结合起来，并融入到企业生产经营常态工作之中，增强教育实效。要把开展教育与改进工作、解决实际问题结合起来，把“以人为本、执政为民”贯彻落实到具体工作中，牢固树立和坚持正确业绩观，时刻把职工群众利益放在第一位，坚持出实招、办实事、求实效，把功夫下到解决实际问题上，把着力点放在抓落实上，使纪律教育取得实实在在的效果。

（原载《国企清风》2011年第3期）

硕果繁花绘新景

——写在岁末迎新之际

旧岁有枝皆硕果，新春无树不繁花。时值岁末辞旧迎新之际，我们对既往工作的回顾，对来年新景的展望，充满了美好的寄托和遐思。

即将过去的2011年，我省国资监管机构和国有企业坚决贯彻中央和省委、省政府、省纪委的部署和要求，坚持反腐倡廉战略方针，把建立健全惩治和预防腐败体系作为反腐倡廉建设的重点任务，努力确保国有资产的安全和保值增值，做了大量扎实有效的工作，可谓硕果满枝，成效喜人。在前不久召开的全国地方国资委纪委书记座谈会上，省国资委党委副书记、纪委书记吴广明对我省国资委反腐倡廉建设的成功做法作了重点推介，直面问题，阐述观点，探讨对策，别具特色，得到了中央纪委、国务院国资委有关领导和全国同行的高度赞赏和一致认同。

纪律宣传教育有声有色　让廉洁文化滋润心灵

省国资委充分利用纪律教育学习月活动，不断加大反腐倡廉宣传教育工作力度，反腐倡廉舆论氛围日益浓厚。联合省纪委摄制了《国企之殇——新广国际集团国有资产重大经济损失案警示录》警示教育片，利用身边人、身边案例警示教育各级企业领导人员，各企业通过召开座谈会、观后感征文等形式，开展以案说纪教育，吸取教训、警钟长鸣、廉洁从业、干净做人已成为广大企业领导人员的锲入心灵制约行为的理念和举动。省国资委纪委组织开展了全省国资系统“清风颂廉”廉洁文化书画摄影作品大赛，并将获奖作品举办展览，编印成《清风颂廉》画册，使廉洁文化与审美情趣有机结合，极大地提升了廉洁文化润物无声的影响力、渗透力和感染力。各国资监管机构和国有企业还通过举办专题辅导讲座、组织参观教育、读廉洁书籍等活动，不仅丰富了纪律教育学习活动内容，也提升了品味。充分利用好《国企清风》内刊这个媒介，围绕国有资产监管和反腐倡廉建设的中心工作，全方位多视角宣传推广国企反腐倡廉的经验和做法，也是一年来纪检监察工作的亮点和特色。我们关注省属企业廉洁风险防控机制、推进惩防体系建设和优秀纪检监察工作者先进事迹等相关报道，特色鲜明，内容丰富，影响广泛，使《国企清风》内刊成为广东国企系统的一块闪亮品牌。我们组织在《中国纪检监察报》、《广东党风》杂志等高端媒体推出的《不尽清风徐徐来》、《为国企廉洁风险造就“金钟罩”》等系列纪实性报道，都产生了良好的社会效果。

惩防体系建设扎实推进　为国企反腐筑牢防堤

省国资委和各省属企业紧紧围绕“加快转型升级、建设幸福广东”这个核心，抓住完善惩治和预防腐败体系这个重点工作，注重发挥惩防体系建设的联动效应，多措并举，扎实推进。省国资委针对新广国际重大国有资产损失案暴露出来的薄弱环节，着力完善国资监管制度体系，加快推进国资监管信息系统建设，加强对企业资金和财务等信息的实时监管，推动规范董事会建设，进一步完善公司法人治理结构，加强风险防控。省国资委主要领导亲自带领检查组，对省机场集团等15家省属企业推进惩防体系建设情况进行了“回头看”检查，对检查工作中发现的问题，要求认真整改和落实。各省属企业注重从自身的实际出发，以改革创新的精神，积极探索建设与现代企业制度相适应的惩防体系，把惩防体系植入企业内部控制和风险管理之中，贯穿于企业决策和经营管理的重点部位、关键环节和权力运行等重点领域，有效防止腐败行为发生。广东省属企业推进惩防体系建设的经验和做法还在国务院国资委有关会议上作了重点推介。

廉洁风险防控有效加强　使国企反腐织就天网

省国资委把廉洁风险防控机制建设作为强化国有资产监管的一项重要手段，融入国资监管、全面风险管理、企业考核分配等体系之中，努力构建和完善企业经营常态监管、企业领导廉洁从业机制。在推进廉洁风险防控中突出重点对象、重点领域、重点环节，摸清权力底数，建立科学的风险预警防控机制，切实规范权力运行。省纪委和省国资委还联合对省粤电集团、广晟公司、粤海控股等十多家境内外企业的廉洁风险防控工作进行专题调研，认真查找廉洁风险点，总结廉洁风险防控的有效做法，完善廉洁风险防控对策，积极推动国有企业廉洁风险预警防控机制向纵深发展。

可以说，过去一年，我们在反腐倡廉建设的实践中创造的成功经验和有效做法，为新一年的工作提供了有益的借鉴，打下了良好的基础。只要进一步把这些经验和做法总结好、运用好、发展好，我们有理由相信即将到来的新一年，将是：清风给力千帆竞，硕果繁花景更新。

（原载《国企清风》2011年第4期）

同心绘新景　接力奔新程

又是一年春草绿，喜迎新岁景更新。

当我们跨过新年门槛，翘望前路风景，喜悦之情溢于言表。值此一元复始、万象更新之际，我们诚挚地向全省国资系统广大纪检监察工作者，向长期以来关心支持我省国资系统纪检监察工作的各级领导、各位同仁和各界朋友，向《国企清风》广大读者朋友，致以新年的问候和祝福！

已经过去的2011年，是省纪委和省国资委党委率领我们不断夺取新成就的一年，全省国资监管机构和国有企业的纪检监察机关以科学发展观为指导，围绕中心、服务大局、履职尽责、扎实工作，惩治和预防腐败体系建设取得重要阶段性成果，企业领导人员廉洁从业教育和监督工作扎实开展，查办违纪违法案件工作力度持续加大，廉洁风险防控工作深入推进，从源头上防治腐败工作领域不断拓展，企业纪检监察队伍建设有效加强，为国有资产监管工作发挥了重要保障和促进作用。

2012年是省国资委实现“十二五”规划承上启下的重要一年，也是我省国有企业深入推进惩治和预防腐败体系建设的关键一年。不久前召开的省纪委十届六次全会，科学分析了当前反腐倡廉工作形势，明确提出了全年党风廉政建设和反腐败工作的总体要求和主要任务，为今年纪检监察工作指明了方向。省国资系统要按照省纪委十届六次全会要求，紧紧围绕“加快转型升级、建设幸福广东”的核心任务，继续围绕国资监管和国有企业的中心工作，准确把握新形势下国有企业反腐倡廉建设的新要求，坚定不移地推进反腐倡廉建设，全面履行纪检监察职能，切实增强做好惩治和预防腐败工作的责任感和紧迫感，以反腐倡廉的新成效迎接党的十八大和省十一次党代会的胜利召开！

做好今年反腐倡廉工作，任务艰巨，责任重大，给我们提出了新要求。一是在工作理念上，要坚持改革创新，敢于先行先试，以改革创新的精神全面推进反腐倡廉各项工作，在全国国有企业反腐倡廉建设的改革创新中争当排头兵；二是在工作目标上，要坚决维护国有资产安全、防止国有资产流失，保障国有企业科学健康发展，不断完善监督机制，深入推进惩治和预防腐败体系建设，强化廉洁风险防控，逐步实现由“权力反腐”向“制度反腐”转变；三是在工作重点上，要以国有企业领导人员和关键部位、重要岗位人员作为廉洁从业教育和监督的重点，加强监督检查，规范用权行为，切实增强企业领导人员遵守党的纪律和执行法规制度的自觉性；四是在工作方法上，要牢牢把握新形势下国资监管工作和国有企业反腐倡廉工作的规律和特点，根据国有企业的具体情况，加强分类指导，加大落实力度，有针对性地开展示范教育、警示教育和岗位廉洁教育，继续完善和创新查办案件机制，认真治理企业领导人员在廉洁从业方面存在的突出问题；五是在工作引导上，要继续精心编办好《国企清风》内刊，牢牢把握正确舆论导向，继续围绕大局，贴近实际，服务国企，改革创新，体现特色，将指导性、思想性相结合，不断增强刊物的实用性和可读性，不断提高反腐倡廉宣传教育的亲和力、吸引力和感染力，为我省国资监管和反腐倡廉建设营造良好的宣传舆论氛围。

同心绘新景，接力奔新程。让我们同心同德、再接再厉，开拓进取，狠抓落实，在维护国有资产安全、推进反腐倡廉建设的征程上不断迈出新的步伐。

（原载《国企清风》2012年第1期）

力推廉洁风险防控向前发展

廉洁风险防控是构建惩防腐败体系的重要内容，也是从源头上防治腐败、维护国有资产安全、保障国有企业健康发展的重大举措。

近年来，我省国有企业紧紧围绕改革发展大局，把惩防体系植于企业内部控制和风险管理制度之内，融入企业经营管理体系之中，以廉洁风险防控机制建设为切入点，统筹推进廉洁风险防控工作，初步形成了具有广东特色的国有企业惩治和预防腐败体系基本框架，成效明显。前不久，省纪委、省国资委联合召开全省国有企业反腐倡廉建设工作会议，总结交流了近年来我省国有企业廉洁风险防控的有效做法和经验，对推进廉洁风险防控工作进行部署。省委常委、省纪委书记黄先耀，国务院国资委纪委书记强卫东、中央纪委一室主任贾育林等领导出席会议并讲话，对推进和加强我省国有企业廉洁风险防控提出了新要求，寄予了新希望。这是一次高规格的会议，也是一次卓有成效的会议。会议成果最后汇编成《廉洁风险防控——广东国有企业的探索与思考》一书正式出版，供各企业借鉴和交流学习，这也是把廉洁风险防控工作向前推进的好举措。

开展廉洁风险防控，其目的是为了杜绝和减少国有企业的违纪违法问题，促进国有企业领导人员廉洁从业，防止国有资产流失，保障企业健康发展。因此，我们要根据中央精神，按照省纪委、省国资委的部署和要求，认真总结经验，不断提高认识，大胆创新探索，力推国有企业廉洁风险防控向前发展。

第一，突出防控重点，准确查找国有企业违纪违法问题易发多发的风险点。从近年来国有企业人员违纪违法问题分析上看，企业领导人员尤其是企业“一把手”违纪违法案件所占比重较大；重要部门、关键岗位人员是违纪违法问题的易发多发点。这是推进廉洁风险防控要找准的着眼点。再是从近年来国有企业领导人员廉洁从业方面的调研检查情况看，一些企业领导人员违反“三重一大”集体决策制度，以权谋私，个人说了算，利用职权为配偶子女经商办企业提供便利条件，转移侵占国有资产，造成国有资产流失等问题比较突出，这促使我们必须进一步规范用权行为，完善制度约束，加大防控力度。黄先耀书记在全省国有企业反腐倡廉建设工作会议上指出，近年来国有企业违纪违法案件出现了新的特点：作案主体群体化，窝案、串案、案中案明显增多；作案方式多样化，通过虚增债务、虚设股东、虚假投资、抽逃资金等手段，化公为私，收受贿赂，案情复杂。这些都是当前和今后一个时期国有企业反腐倡廉建设必须重点解决的问题，是廉洁风险防控要找准的着力点。

第二，健全防控机制，大力推进国有企业廉洁风险防控的全面覆盖。加强廉洁风险防控是推进惩防体系建设的重要切入点。我们要坚持以规范权力运行为核心，以查找廉洁风险、评定风险等级为基础，以完善防控措施、强化管理责任为重点，以加强制度建设和监督检查为保障，跟进企业改革发展进程，大力推进廉洁风险防控在国有企业的全面覆盖。要认真对照《国有企业领导人员廉洁从业若干规定》等制度，切实规范和制约权力运行，加强对人、财、物、产、供、销等关键岗位、重点对象的防控制度建设，进一步完善和加强投资管理、产权交易、资本营运、财务管理、薪酬管理、选人用人、营销采购、工程招投标、境外资产管理等重要领域的内部控制制度，不断促进企业健全公司治理结构，科学配置权力，强化惩防体系规范制约权力的科学化水平。通过全方位、系统地健全廉洁风险岗位排查机制，让企业人员查找“风险”，知道“危险”、不敢“冒险”、力求“保险”，确保权力运行安全、资金运行安全、项目管理安全、领导人员安全。

第三，完善保障机制，确保国有企业廉洁风险防控向前推进。各国有资产管理机构和国有企业要进一步强化领导责任，切实增强做好这项工作的责任感和使命感，把廉洁风险防控作为推进转型升级、建设幸福企业的一项重要任务，列入议事日程，明确责任主体和责任分工，抓好防控工作综合规划、制度完善、组织协调和监察督办，对继续开展的工作，要坚持不懈地抓好工作推进，取得新的成效；对出现的新情况新问题，要深入分析原因，积极研究对策，提出改进措施。与此同时，要加强宣传教育，积极宣传廉洁风险防控的意义和作用，树立廉洁理念，营造崇廉尚廉氛围，同心协力推进廉洁风险防控向前大发展，取得新成效。

（原载《国企清风》2012年第2期）

以纪律教育的新成效维护国企党员队伍纯洁

开展纪律教育学习，就是为了加强国有企业党员队伍特别是领导人员的党性、党风、党纪教育，时刻做到思想纯洁、作风纯洁、队伍纯洁，在推进国资监管和国企改革发展中带好头、作表率，清正廉洁，真抓实干。

近几年，广东省国资委按照省委和省纪委的部署，每年突出一个主题，坚持不懈地开展纪律教育学习月活动，把维护党的纯洁性贯穿于国资监管和国企反腐倡廉建设的各项工作之中，可谓有声有色、亮点纷呈。先后组织摄制了《“蛀虫”透视》、《国企之殇》两部警示教育片；编撰出版了《廉洁风险防控——广东国有企业的探索与思考》、《警醒与沉思——广东国有企业典型腐败案例盘点》两本书；在全国国资系统率先创办了反腐倡廉杂志《国企清风》；组织举办了“国企清风”廉洁文化专题文艺晚会、“清风颂廉”廉洁文化书画摄影作品比赛展览、“读廉洁书籍、扬国企清风”读书征文活动等等。今年的纪律教育学习月活动又有新举措，再创新成效，组织开展了以“加强思想道德建设，保持党的纯洁性”为主题的一系列活动。这些都无疑有效地发挥着廉洁文化潜移默化、润物无声的独特功能，显示着纪律教育的重要性和实效性。

维护党的纯洁性，我们纪检监察机关肩负着重大责任。省委常委、省纪委书记黄先耀同志多次强调指出，纪检监察机关不查办案件就没有威信，不抓好预防腐败就没有作为。我们全省国资系统和国有企业各级纪检监察机关和广大纪检监察工作者要按照中央和省委的要求，切实增强使命感和责任感，认真履行职责，发挥职能作用，为维护国有资产安全和促进企业做强做优提供纪律保障，以强化纪律教育的实际成效维护国有企业党员队伍纯洁。

一是强化理想信念教育不动摇。理想信念坚定，是保持思想纯洁的重要内容，是国有企业改革发展的强大精神动力和政治优势。当前要立足国资监管实际，找准保持思想纯洁的切入点，把严明党的纪律作为维护国有企业党员队伍思想纯洁的首要任务，切实加强党性党风党纪教育，坚持为人民服务的宗旨不动摇，坚持廉洁从业的思想不动摇，以严明的纪律来维护党的纯洁性。

二是强化对党员领导人员的监督管理。维护国有企业党员队伍纯洁关键是用制度规范行为。要把规范权力运行作为维护国有企业党员队伍和领导人员纯洁的重要手段，创新权力监督体制，把监督贯穿于选人用人、权力运用和队伍管理的全过程，加强日常教育、管理和监督，加快推进规范监事会建设步伐，完善企业“三重一大”决策制度，严肃查处造成国有资产重大损失的行为，认真抓好企业典型腐败案例的警示教育，以身边事教育身边人，汲取教训，警钟长鸣。

三是强化维护职工群众权益的实效。把着力解决好职工群众反映强烈的突出问题和事关职工群众利益的问题，作为国有企业党员队伍作风纯洁的基本要求，加强对维护职工权益政策贯彻执行情况的监督检查，督促完善职工收入分配调控机制，保障职工群众共享改革发展成果，做好预防和化解矛盾工作，为加快转型升级、建设幸福企业努力营造良好的环境和氛围。

四是强化企业廉洁风险防控机制建设。维护国有企业党员队伍和领导人员的清正廉洁，关键是把惩治和预防腐败体系建设植根于企业内部控制和风险管理制度之内，融入企业经营管理体系之中。发挥国资监管优势，把廉洁风险防控机制建设作为强化国有资产监管的重要手段，严格执行廉洁从业有关规定，督促企业领导人员严格执行廉洁谈话、述廉议廉等制度。在企业中大力弘扬厚于德、诚于信、敏于行的新时期广东精神，扎实推进廉洁文化建设，传播廉洁文化理念。

（原载《国企清风》2012年第3期）

攥成拳头筑牢反腐立体防线

"贯彻落实十八大精神，广东将以争当全国反腐倡廉建设排头兵的实际行动把十八大精神落到实处，努力构建广大党员干部不想腐、不能腐、不敢腐的立体防线，逐步实现'干部清正、政府清廉、政治清明'的目标。"

省委常委、省纪委书记黄先耀最近接受媒体专访时的郑重宣示，既是对全省广大党员干部的谆谆告诫，也是赋予我们纪检监察工作者新的使命和职责。

从新一届中央领导集体改进工作作风的身体力行，到省纪委誓言争当全国反腐倡廉建设排头兵的庄严承诺，这对纪检监察战线的同志们来说，既是鞭策，也是激励。我们重任在肩，责无旁贷。

广东是改革开放的先行地，市场经济起步早，反腐倡廉建设面临的情况更复杂、挑战更严峻。正因如此，也给我们敢于人先，勇于先行先试，探索富有借鉴意义的防治腐败新经验、新模式提供了机遇和条件。

当前，我们应该清醒地看到，腐败现象在国有企业仍然易发多发，企业领导人员违纪违法问题依然严重；违纪违法行为也日趋复杂化、隐蔽化、智能化；一些党员企业领导人员作风方面问题比较突出，损害职工群众利益的突出问题和不正之风仍然比较严重；腐败问题与多种社会矛盾相互交织，治理难度加大。如何整合纪检和社会各方的力量，将防控、监督和惩治攥成一个拳头，筑牢国有企业反腐的立体防线，非下大力气不足以标本兼治。

学用结合，是提升反腐败科学化水平的重要方法论。"工欲善其事，必先利其器"。纪检监察工作是一项政策性、专业性很强的工作，我们必须不断增强学习思考能力，深入调查研究，坚持以改革创新精神推进工作。新任中央纪委书记王岐山上任伊始，就邀请反腐败理论专家共商防治腐败的新思路、新对策，以"头脑风暴"的形式，集思广益，着力在预防腐败的顶层设计上寻找新的突破口，提振了社会对于治理腐败顽疾的信心，也对我们改进学习方法，提高反腐倡廉建设的综合能力带来有益的启示。

我们要进行实践创新、理论创新、制度创新，进一步拓宽源头上防治腐败工作领域，保持反腐倡廉建设机制和体制上的活力，就必须千方百计致力于方式方法的创新。不论是防控国有企业廉洁风险，抑或是监管境外资产投资风险，倘若没有切中肯綮的学习和借鉴，就不可能达到预期效果。因此，必须拓展视野，广泛吸收境外治理腐败的先进经验，尤其是对清廉指数靠前的国家和地区，应该抱着谦逊的态度去学习。省纪委坚持走出去，加强与港澳廉政公署的交流与合作，就是明智之举，智慧之举。

我们要坚持有案必查，以反腐的实际效果取信于民。既要“打老虎”，又要“拍苍蝇”，有腐必惩，始终保持惩治腐败的高压态势，严格依纪依法查处腐败案件。针对群众反映强烈、关注度高的问题，不管涉及什么人，不论权力大小、职位高低，只要触犯党纪国法，侵犯国有资产，都严惩不贷，坚决维护国有资产安全，保障国有企业健康发展。这些年来，省纪委、省国资委查处的新广国际重大资产损失案、盐业公司系列腐败案等，就是我们惩治腐败决不手软的明证。

“信任不能代替监督”，党章赋予我们纪检监察机关的神圣职责，决不能含糊，必须自觉做到党章规定什么就坚决维护什么，党章禁止什么就坚决纠正什么，注重强化对权力的制约和监督，大力推进权力运行公开化、规范化，最大限度地压缩权力寻租空间，建立和完善监督机制，让人人都明白监督谁，监督什么，如何监督，真正让制约与监督这把利器硬起来。

打铁还需自身硬。作为纪检监察工作者，我们要不断加强自身建设，牢固树立监督者更要带头接受监督的意识，自觉接受监督，始终保持自身清正廉洁、清廉自守，切实维护纪检监察干部可亲、可信、可爱的良好形象；切实把思想和行动统一到党的十八大精神上来，把智慧和力量凝聚到实现党的十八大确定的各项任务上来，不断取得国有企业党风廉政建设和反腐败斗争新成效，为国有企业做强做优、科学发展提供有力保障。

（原载《广东党风》2013年第2期、《国企清风》2012年第4期）

为梦想成真　我们一起再出发

每个人都有梦想，当所有的梦想汇集起来，那就是一个五彩斑斓的“中国梦”。

五年前的春天，我们开启了梦想之旅，伴随着中国改革开放的大潮，创办了《国企清风》杂志，目的是指导全省国有企业的反腐倡廉建设，服务国有资产监管中心工作。

这是一个看似简单的想法，但坚持不懈地做下来，付出的却不只是汗水，还有心血和智慧；这一路走来，离不开各级领导和广大读者朋友的关怀和呵护。

这期间，也有不少同仁担忧：一个行业内刊，她能够保持持续旺盛的生命力吗？她会拥有保持忠诚度的读者群吗？是的，既是行业内刊，她就存在与生俱来的局限性；既是纪检监察类载体，就不可避免地有她的选材取材要求。但是，我们说，正是因为她具有与众不同的个性特点，也成全了她不可抗拒的独有魅力。关键是我们持有什么样的办刊理念，对所追求的梦想，是不是有自己的一份执着。

五年来，我们不会忘记自己的光荣与梦想，不会忘记拥有的激情和信念，就这样默默地坚持着，像一个忠实土地的菜农，精心侍弄花卉的园丁。我们相信，只要立足于厚实的土地，有诚实地耕耘和付出，就会有适合的市场、赏识的慧眼。

去年12月，在全省国有企业一个会议上，省纪委副书记王兴宁说：“我认为《国企清风》杂志办得很好，我每期都看！”这是赞许，更是激励和鞭策。我们当不辱使命，不负重托，为曾经怀抱的梦想和愿景，更加执着地贴近企业、贴近实际，以求达到春风化雨、润物无声的化境。

曾经有中纪委和国务院国资委的有关领导，以及一些省内外的同行来电来函，索要我们编辑的《国企清风》杂志，他们把她当做了解广东国有企业党风廉政建设和反腐败工作的一扇窗口、一个渠道。我们也一直试图把她当做国有企业反腐倡廉的阵地、工作交流的桥梁，也要做对外交流的平台。这些年来，我们提出以新一轮思想大解放、推动国有企业反腐倡廉工作大发展的新思路，组织省属企业纪委书记开展思想解放大家谈；我们提出关注现代企业制度下广东国有企业反腐倡廉建设新见解，组织国资国企领导人员大访谈，促进企业领导人员廉洁从业，规范用权，从严治企；我们提出用科学发展观统领国有资产监管工作论，为企业做优做强、转型升级探路，提供理论支持。我们立足教育防范的宣传，积极配合省国资委党委抓好每年一度的纪律教育学习月活动，年年有新举措、新成效；我们广泛传播廉洁文化理念，宣传有广东国有企业特色的惩防体系建设、推进从源头上防止腐败工作向纵深发展；我们注重发挥案例的警示作用，用发生在广东国有企业的典型腐败案例进行透视分析，深刻反思，宣传教育广大国有企业领导人员遵纪守法，共同严防国有资产损失、守护国有资产安全。

斗转星移，大道自然。这样一路走来，我们明白，必须用执着诠释责任，用激情回应期待，用梦想拥抱未来。党的十八大对党风廉政建设和反腐败工作作出新的部署，当前和今后一个时期，我们国有企业纪检监察工作如何有所作为，有所创新，需要每一个人真诚付出，敢于担当，坚定地前行。而《国企清风》亦将继续以她的使命意识和角色意识，牢牢把握好正确的舆论导向，发挥好指导和宣传国有企业反腐倡廉工作的积极作用，不遗余力地传播正能量，激活正效应，为推进国有企业反腐倡廉建设、维护国有企业的正面形象做出应有贡献。

风物长宜放眼量，四季好景不寻常。我们将把握每一个季候的节点，从春天再出发，沉稳地迈开步子，沿着阳光灿烂的方向，抵达梦想盛开的地方。

（原载《国企清风》2013年第1期）

02 践廉之悟

“纸上得来终觉浅，绝知此事要躬行”。从事纪检监察工作10年来，一直在用心感悟，躬身践行，努力把忠诚、干净、担当寓于自身建设之中，内化于心、外化于行，不负重托、不辱使命。这部分是作者从事纪检监察工作的一些感悟，既有从北戴河载誉归来的遐思，也有参加延安干部学院党性教育研修班、廉政建设法国培训班的心得体会，以及纪实述评性诸类文稿。每篇文稿后面都注明时间、出处或背景，是作者人生历程留下的美好回忆。

使命与荣光

时值盛夏，暑热异常。中央纪委特地邀请今年“七一”前受表彰的全国纪检监察系统先进工作者，来到闻名遐迩的避暑圣地——北戴河，进行为期十天的培训休养。这次广东参加培训休养的先进工作者有8人，省纪委领导特地嘱我作为大家的临时领队，我们背负着广东省纪检监察工作者的荣光与重托来到了风光旖旎的中央纪委监察部北戴河培训中心。

盛夏的北戴河，风和日丽、花红树绿、气爽宜人。7月29日上午9时许，中共中央政治局常委、中央纪委书记贺国强，中央书记处书记、中央纪委副书记何勇等领导同志，专程来到北戴河培训中心看望正在这里培训休养的全国纪检监察系统先进工作者，热情地同我们握手问候和合影，我们也兴奋地向贺书记一行问好致意。在热烈的掌声中，贺国强书记发表了重要讲话，他说，全国纪检监察系统先进工作者是纪检监察干部的杰出代表，在大家身上集中体现和充分展示了纪检监察干部对党和国家的无限忠诚、对腐败分子和消极腐败现象坚决斗争、对广大干部和群众关心爱护、对自己和亲属严格要求的品格情操。最后，贺书记谆谆寄语大家要珍惜荣誉，谦虚谨慎，再接再励，再立新功；要求我们要做好认真学习的表率、政治坚定的表率、执政为民的表率、推进工作的表率和廉洁自律的表率。贺书记的讲话让大家倍感振奋、备受鼓舞。我深深地感到作为党的纪检监察工作者，使命光荣，责任重大。我作为这次被授予全国纪检监察系统先进工作者荣誉称号的一员，能够来到美丽的北戴河静心学习休养，聆听专题讲座，参观名胜古迹，并与全国的同行沟通交流，度过了一段充实而愉悦的美好时光，尤其荣幸的是受到贺国强、何勇等领导的亲切接见，这既充分体现了中央纪委领导对基层纪检监察工作者的重视、关心和爱护，也是省纪委监察厅派驻机构和全省国资系统纪检监察工作者的一份荣光，而我只是他们当中的代表之一。我深深明白，这荣誉，应归属于一直倾力支持我们省国资系统纪检监察工作的广大干部职工，应归属于一直关心支持我们派驻机构纪检监察工作的各级领导和同志们。

荣誉过后烟云轻，修养吾心再启程。神圣的职责，光荣的使命，人民的重托，领导的期望，肩上的责任时时在提醒我，明天必须重新整装再出发。我深感：

一是自觉学习不放松。要自觉把学习当作一种工作责任，一种精神追求，当前要深入认真学习领会胡锦涛总书记“七一”重要讲话精神，并学以致用，贯彻到工作当中。要坚定理想信念，自觉加强党性锻炼，自觉加强理论知识、纪检监察业务知识的学习，努力在学习和工作实践中积极探索、理论思考和知识更新，在思想观念和知识上始终保持与时俱进，不断增强贯彻落实科学发展观的自觉性和坚定性。要积极研究探索和把握派驻机构纪检监察和国有资产监管工作的特点、规律，不断提高有效监督的能力。

二是肩负使命更尽责。认真履行肩负的神圣使命，明确职责定位，围绕实现国有资产保值增值、保障国有企业改革发展为重要目标，积极支持和协助纪委书记工作，带领全室同志落实完成好中央纪委和省纪委、省国资委的工作部署和任务要求，组织抓好全省国资系统和省属企业反腐倡廉的宣传教育、制度建设、案件查办和专项治理等各项工作，加强监督检查，精心组织编办好《国企清风》内刊，扎实推进廉洁文化进企业和廉洁文化理念传播。在坚持继承以往好传统、好做法的同时，努力适应新形势、新任务，增强创新意识，树立服务大局理念，创造性地开展工作，努力营造团结和谐的良好氛围，坚决维护国有资产的安全和保值增值。

三是廉洁自律作表率。按照“做党的忠诚卫士，当群众的贴心人”的要求，模范带头践行贺国强书记对我们先进工作者提出“努力建设一支忠诚可靠、服务人民、秉公执法的纪检监察干部队伍，树立纪检监察干部可亲、可信、可敬的良好形象”的殷切希望，带头遵守党风廉政建设的各项要求，率先垂范。面对社会的种种诱惑，不管是在工作当中，还是在生活当中，都要保持清醒头脑，时时处处严格要求自己，做到以身作则、廉洁奉公、干净干事，始终保持一名纪检监察干部公正、清廉、务实的凛然正气，在群众中坚持树立良好形象和威信。

（原载《广东党风》2011年第9期，获广东省纪委“庆祝建党90周年暨反腐倡廉征文”二等奖）

感悟延安精神　践行党性锤炼

——参加党性教育专题研修班的学习体会

7月1日至30日，根据组织安排，笔者有幸来到革命圣地延安，参加中国延安干部学院第二期年轻干部党性教育专题研修班的学习培训，亲身感悟和重温党中央在延安十三年的光辉历史和辉煌业绩。本人认真把这次学习培训作为锤炼党性的具体实践，注重潜心学习、静心思考、用心感悟，在学思践悟中自觉接受红色教育，增强党性意识，提升理论素养，达到了补"钙"的效果，受益匪浅。

一、潜心学习，注重在学思结合中增强党性观念和理想信念

理想指引人生方向，信念决定事业成败。党中央在延安十三年创造了辉煌业绩，培育和创造了"坚定正确的政治方向，解放思想、实事求是的思想路线，全心全意为人民服务的根本宗旨"的延安精神，这是党的宝贵的精神财富。这次学习培训，本人注重在学习中思考，在思考中提升党的认识，增强党性观念，补足精神上的"钙"。

首先是身受党性教育，深受感动。能够端正学习态度，树立学员意识，较好地实现从领导干部到普通学员、从工作到学习、从家庭生活到集体生活的转变。能够静下心来潜心学习培训，并当作一种责任、一个党性锻炼的机会，积极参加专题教学、现场教学、体验式教学、交流互动等活动。学习培训期间，一堂堂主题突出、内涵丰富、启示深远的课堂教学，一场场形式独特、穿越时空、感人心扉的实地讲解，一个个身临其境、生动深刻、倍感震撼的现场体验，将厚重的历史转化为鲜活的教材，将知识的灌输转化为思想的感悟，使本人心灵受到了震撼，灵魂得到了洗礼，党性得到了锤炼。特别令人难忘的是7月1日上午，在党的七大旧址杨家岭中央大礼堂举行开班典礼，纪念建党93周年，重温党的光辉历史，感悟党的优良传统；在巍巍的宝塔山上，面对党旗，重温入党誓词。此时此地，作为一名有30年党龄的共产党员，深感使命光荣、责任重大。

再是补足精神之"钙"，深受感触。坚定理想信念，坚守共产党人精神追求，始终是共产党人安身立命的根本。延安时期无数革命先辈守护信念，忠诚信念，追随信念，付出了青春甚至生命的代价，但依然无怨无悔，一往无前。这次学习培训，再次重温这段历史，本人注重把汲取历史经验与思考现实问题结合起来，对共产党员的理想信念有了新的认识和升华。从在课堂上聆听老师讲授“从井冈山到延安”、“中共中央在延安十三年”、“弘扬整风精神、加强作风建设”等课程，到身临“中国抗日军政大学旧址”、“中央红军长征胜利纪念园”、“刘志丹烈士陵园”、“四·八烈士陵园”等地缅怀革命先烈的现场教学；从一个个感人的故事、一个个人物典故、一张张图片、一件件实物、一位位“老延安”的口述历史中，从陕北革命根据地的建立壮大，艰苦奋斗、自力更生的延安精神的形成到彪炳史册、具有里程碑意义的中共七大召开，让自己把历史和现实连接起来，仿佛又回到艰苦卓绝的战争岁月，使自己重温经典、净化心灵、备受教育、备受启发，更加坚定对中国特色社会主义的道路自信、理论自信、制度自信。深刻地认识到，自己作为一名共产党员，一名纪检监察干部，要通过不断学习，坚持不懈地加强党性修养，始终保持共产党人政治本色，时刻补好精神之“钙”，传承好延安精神，不断筑牢理想信念，做到虔诚而执着，至信而深厚，争做严于律己、清正廉洁的表率。

二、静心思考，注重在知行合一中增强群众观念和群众意识

群众路线是共产党党性的重要标志，是我们党的优良传统和作风之一。延安时期，我们党秉承崇高的理想信念和宗旨意识服务群众，建立和践行了“一切为了群众，一切依靠群众，从群众中来，到群众中去”、“来自人民，扎根人民，服务人民”等一系列的群众工作方针和策略，党和人民群众共命运、心连心。这是我们党模范的群众工作历史，也是在延安时期积累宝贵的工作经验，成了党的生命线和传家宝，也为我们党当前开展群众路线教育实践活动提供了一面不可多得的历史之镜，很值得我们认真学习、借鉴和思考。

这次培训通过系统学习“延安时期党的群众工作”、“马克思主义的群众观与中国共产党的群众路线”、“弘扬延安精神，践行党的群众路线”、“提高做好新形势下群众工作的能力”等课程；赴梁家河村体验习近平总书记的知青岁月；听取“张思德精神与毛泽东《为人民服务》”的讲演；赴南泥湾开展“南泥湾大生产一日”的情景体验教学，感悟自力更生、艰苦奋斗的精神内涵；赴壶口瀑布齐唱《保卫黄河》，体验黄河文化的激情教学；学习党的十八大以来习近平总书记一系列重要讲话，特别是对做好群众工作提出一系列新思想、新论断、新要求，对弘扬延安精神，践行党的群众路线有了新的认识。通过学思结合，本人主要解决了“知”和“行”这两个问题，加起来即是知行合一的问题。“知”，就是通过学习，坚定正确的政治方向，坚持实事求是的思想路线，坚持全心全意为人民服务的根本宗旨，发扬艰苦奋斗精神，真正使延安精神存之于心。“行”，就是认真践行习总书记的一系列重要讲话精神，坚定理论自信、道路自信、制度自信，扎实做好本职工作，履行好职责，不断创造新业绩，切实使延安精神见之于行。结合学习延安时期党的群众工作和当前开展的群众路线教育实践活动，对新形势下增强群众观念、群众意识，开展好群众工作有新的体会：一是要树立根在为民的思想。做好群众工作必须牢固树立群众观点，提高宣传群众、组织群众的能力，提升动员群众、凝聚力量的能力。做到思想上尊重群众，拜人民群众为师，向人民群众学习，全心全意为人民服务；感情上贴近群众，同群众保持密切联系，真情、真心地扎根于群众之中。时刻铭记我们的权力是人民群众赋予的，要对人民负责，权为民所用，自觉践行“人民对美好生活的向往就是我们的奋斗目标”的庄严承诺。二是要深入调查研究。毛主席说“没有调查就没有发言权”。要做好群众工作，必须把调查研究作为谋事之根、成事之道，不断研究新情况、解决新问题，总结新经验，提高调查研究、掌握实情的能力和科学决策能力。要把群众最关心的问题作为调研的重点，经常了解群众在想什么，有什么意见和建议，切实了解真实情况，真心为群众着想，全力为群众造福，为群众谋福利、办实事。三是要始终保持谦虚之美德。要克服官僚主义，用和蔼可亲的语气和群众交流。做到立身不忘做人之本，用权不谋一己之私。联系服务群众要从心开始，提高服务力，善于运用情感的力量，建立起跟群众的情感交流。这些本人将谨记于心，躬行于身。

三、用心感悟，注重在学以致用中增强责任意识和担当意识

延安时期，第一代中央领导集体高度重视党的作风建设，不仅形成了作风建设的系统理论，而且进行了成功的实践。这些理论和实践，对我们党当前加强作风建设，反对“四风”，也有着深远的意义。

这次培训，把现场体验式教学和社会实践教学、课程大都设在当年的历史场景，让我们从中触摸历史，仿佛置身历史中引发思考。除了在历史中体验，还能在实践中体验，让我们深刻感受到革命的峥嵘岁月，感受到无数先烈为了保家卫国，为了解放全中国的胜利，不怕牺牲、英勇斗争的革命精神和敢于担当的责任意识。特别是三天的“重走转战陕北路”的情景体验教学，我们沿着当年毛主席率领党中央转战陕北期间的路线，一步步追寻战争年代的革命红色记忆，切身体验当年所经历的重重艰难困苦，深刻感悟当年党群关系、鱼水之情，进一步增强践行党的群众路线的自觉性。学习延安整风精神，让我们加深了对“理论联系实际、密切联系群众、批评与自我批评”这个宝贵遗产的认识和理解，整风精神这个党的宝贵精神财富永远不能丢；站在革命烈士墓前，我们读懂了“信念”二字的分量，那是经过浴血奋战的洗礼；现场教学与社会实践，我们感悟到了陕北黄土高坡的山峁沟壑中，在陕北人民群众的大力支持下，毛主席和党中央一次次化险为夷，转危为安；感悟到了在陕北的土窑洞里，毛主席和党中央运筹帷幄，决胜千里，“在世界上最小的司令部里，指挥了世界上最大的人民解放战争”的伟大壮举。在宝塔山、在枣园、在杨家岭、在王家湾、在杨家沟、在青阳岔、在小河村、在南泥湾……每走过的一个教学点，都是一部红色的教材，一个红色的记忆，使我们受到了思想的洗礼和党性锤炼，感动、感佩、感悟、感慨一直相伴，使我们深切体会到了“人民群众是真正铜墙铁壁”的深刻内涵，感受到了艰苦卓绝的革命斗争历程。作为一名党的卫士、纪检干部，要结合本职学以致用，把学到的理论知识、体验到的优良作风，应用于新形势下反腐倡廉建设的实际工作之中，践行好延安精神。一是要用延安精神补好精神之“钙”。延安精神是彻底的革命精神，蕴含着我们党的理想信念、政治理念和精神风貌，充分体现了我们党全心全意为人民服务的根本宗旨，永远是激励我们实现中国梦的强大精神动力。今天我们要用延安精神坚定信念，不断加强党的理论武装，深刻领会党的十八大和习近平同志系列重要讲话精神，不断提升马克思主义理论修养。要切实践行党的群众路线，一切为了群众、真诚服务群众，真正成为人民群众的贴心人。二是要用延安精神履行好担当之责。延安时期，我们党和人民军队、人民群众在严重困难面前，不畏艰难险阻，夺取了一个又一个胜利，诠释了共产党人所肩负的责任和担当。今天，我们要用延安精神提质强能，勇于责任担当，敢于直面矛盾，善于解决问题，自觉把党风廉政建设和反腐败的历史重任放在心上、扛在肩上、抓在手上，筑牢监督制约防线。要在当前纪检监察转职能上明确应该干什么，在转方式上解决好怎么干的问题，在转作风上要确保执纪监督主业干得好。三是要用延安精神炼就好作风之强。我们党历来重视作风建设，在延安时期就开展了著名的延安整风。当前开展的以为民务实清廉为主题的群众路线教育实践活动，主要就是强化作风建设，纠正“四风”问题。我们要用延安精神砥砺品格，坚持正人必先正己，严以修身、严以律己，注重良好作风的自我养成，大兴实干之风，接“地气”，找“症结”，挖“病根”，真切了解群众的所思、所想、所求，在作风建设中争做表率。

追寻历史足迹而来，满载收获而归。一个月的学习培训虽然短暂，但收获颇丰。本人和大家不仅分享了延安青绿的植被、优美的环境、清新的空气、盛夏的凉爽，也领略到了革命圣地延安经济社会发展的成就和美好的发展愿景，更重要的是充分汲取了精神营养，锤炼了党性。这段学习培训，必将成为本人人生中值得眷恋、值得怀念的美好回忆。

（原载《广东党风》2014年第10期，南粤清风网亦同时刊发）

廉政建设，我们能从法国借鉴什么？

2014年11月30日至12月20日，笔者参加了广东省纪委廉政建设法国培训班。培训期间，先后在法国巴黎政治学院、马赛大学法学院、尼斯大学等院校听取了教授专家授课，还实地考察了有关大区、省、市的政府、议会机构和社会专业组织、企业。通过培训考察，我们对法国的廉政建设制度、工作机制及措施等有了一个比较全面的了解，对法国的政治制度、社会经济发展及历史文化等也有概要的了解，开阔了眼界、增长了见识，启迪了思维。

法国是一个多党制国家，实行的是半总统制半议会制的政体，是欧洲第一个制定宪法、世界上第一个制定民法典的国家。经过几百年的探索和实践，目前法国廉政建设教育扎实，工作机制健全，制度防范有效，监督执行有力，在西方国家中构建了一套有自身特色的行之有效的国家廉政体系，特别是其注重预防的反腐败理念，推进制度创新的举措等，在实践创新中取得了较好的成效。在“透明国际”2014年发布的全球“清廉指数”排行榜上，法国排名19位，是世界上廉洁水平很高的国家之一。虽然我国和法国在社会制度、政治体制、文化背景及意识形态方面存在很大差异，但法国的法律体系和推进反腐败等方面和我国有很多类似之处，尤其是在廉政建设方面，法国有许多成功的做法和创新的理念，很值得我们学习借鉴，从中也得到几点启示。

启示之一：法国构筑崇尚廉洁诚信的环境，启示我们必须以良好的廉政文化氛围激励人，运用教育和待遇并行使公职人员“不想腐”。

加强对公职人员的廉洁诚信教育，给公职人员适当的福利待遇，这是法国廉政建设的一项有效措施。

法国一直重视公民的廉洁诚信教育对反腐败的作用，努力营造以廉为荣、贪污为耻的道德传统和社会氛围。法国的公职人员一般是从国家行政学院、司法学院等名校的毕业生中择优录用，受过严格的素质教育，对公职人员应遵守的道德规范、法律法规都有深入了解，使他们自觉遵守相关法令规章有了良好的基础。尽管如此，法国对被录用的公职人员仍然非常重视进行职业道德操守和行为规范教育，规定公职人员的教育培训费用由国家承担，近年来尤其注重加大腐败案件的警示教育力度。与此同时，法国也注重给公职人员适当的福利待遇，解决后顾之忧，让他们产生优越感和自律意识。目前，法国公务员约为530万人，其中国家公务员约255万人，地方公务员约160万人，医疗机构公务员约95万人，这些公务员的报酬福利等一般高于企业工作人员，有稳定的社会中等水平的收入和社会保障，只要不犯错误，就可以终身奉职，其目的就是让公职人员“不想腐”。

法国注重公职人员职业道德教育和福利待遇的做法，对于我们加强廉政建设，营造崇尚廉洁的人文环境，改革社会分配机制，解决目前社会分配不公的问题有一定的借鉴意义，启示我们解决思想问题与解决实际问题同等重要。一是要注重理想信念教育，规范职业行为。正确的价值观是规范从政行为的基础，是完善和执行制度的基础，这也是“透明国际”提出的构建国家廉政体系概念。要引导公职人员特别是党员干部大力倡导、培育和践行社会主义核心价值观，弘扬中华传统文化，增强社会公德，恪守职业道德。无论什么人，什么地位身份和思想背景，都以树立社会主义核心价值观来规范和引导自己的言行。要加大党规、党纪和法律法纪的教育宣传力度，通过多种形式、各种渠道开展教育，提高国民素质，尤其要注重在青年学生中开展法制道德教育，使人人学法、知法、守法，让人人讲道德、讲诚信、守规则，知道哪些行为是党纪国法所不容的，超越了这些界限，将产生什么样的后果，承担什么样的责任。二是要注重解决实际问题，逐步提高公职人员待遇。法国公职人员洁身自好，爱岗敬业，尽职尽责地工作，这与其领取丰厚的报酬、享受优惠的福利待遇有着很大的关系，也说明追求理想信念与关注物质利益都是人们的正常需求。随着经济的发展、国家财政收入的增加，要加快建立合理稳定的分配制度和灵活的调节机制，积极创造条件，提高和改善公职人员薪酬福利水平，使他们能够与职务职级相等的体面生活，解除后顾之忧，为他们廉洁勤政创造有利条件。

启示之二：法国依据法律制度防腐的措施，启示我们必须以严密的制度规范人，依靠制度体系使公职人员“不能腐”。

依靠法规制度体系，尽力降低腐败发生的机会，这是法国确保公职人员“不能腐”的主要措施。

法国在理念上信奉“三权”立国，依法治国。在近几百年的发展中，建立了一套设计严密、系统配套、操作性强、相对完善的“防范腐败”法律法规和规章制度，形成了制约权力运作的有效机制。其中较有特色的法规制度包括财产申报制度、政务公开制度、公共会计制度和审计法制度、现代公务员制度。据马赛大学欧亚研究所所长、华人金帮贵教授授课时介绍：法国十分注重制度的构建、监督和执行，确保一切公共权力廉洁运行，在实行信息公开、政务公开上采取了很多有效措施，如财产申报制度，规定每逢总统选举之前，总统侯选人必须将有关财产状况的资料交给宪法委员会，两院议员上任15天必须向议院办公厅提交准确真实的财产状况申报单，所有政府成员和地方官员上任15天内必须向专门委员会提交个人财产状况申报单等，且要在《政府公报》上公布，随时接受媒体和非政府组织监督核实，违规的严厉惩罚。法国的行政文件公布、行政文书获取和行政活动公开等制度也颇具特色。如规定所有总统令或总理令必须在《官方公报》上公布。信息、政务公开使得权力运行始终处在社会大众的监督之下，公职人员自然不敢贪腐。此外，法国还实行严格的审计监控机制。如在实行公共会计制度上，公共会计具有代表国家、公共团体执行预算的法定权限，对行政事业单位的会计核算业务由公共会计承担，对国有企业则另设会计机构进行经营业务核算和监督。这一制度设计对于保证履行公共会计职责和防范贪污腐败发挥了重要作用。

笔者认为，中国和法国的社会制度、政治体制虽然不同，但法国依法防范腐败的做法，很值得我们结合国情，合理吸收，为我所用。我们推进依法治国、依规治党，客观上要求加强制度建设，不断完善权力运行制约和监督制度体系。一是进一步构建法治环境与权力制约并举的长效机制。坚持运用法治思维指导制度建设，营造廉政与反腐的法治环境，建立健全惩治和预防腐败的法律体系，通过各种严格的制度建设，形成反腐败体系，把权、责有机结合起来，加强管理、监督、制约权力滥用，将权力纳入正常的制度建设轨道。二是进一步发挥依法治国与以德治国的互应作用。法国治理腐败能够在国际上独树一帜、卓有成效，就是法律和道德共同发挥了作用。我们要把依法治国与以德治国紧密结合起来，坚持法治、德治“两轮驱动”、相得益彰，既要重视发挥法律的规范作用，又要重视发挥好道德的教化作用，让法治的大厦建设在坚实的道德基石上，以思想道德护航依法治国行稳致远。我们查办案件实践证明，一个领导干部思想道德出了问题，法规制度再健全完备，也会防不胜防。三是进一步完善党纪与国法双轨反腐的良性互动。法治思维是法国反腐败的一个明显特点。在党纪国法实施中要充分运用法治思维和法治方式，把握严格执法与公正司法的不同功能与内在联系，不断完善党风廉政建设和反腐败工作相关的党规党纪和法律法规，坚持法律面前人人平等，积极推进依法行政，加强反腐败国家立法。我们纪检监察机关要把“法治”要求贯穿于惩治腐败的全过程，依纪依法、安全文明办案，既要让腐败者真正受到惩处，又切实保证其合法权益，使每起案件都经得起法律和实践的检验。

启示之三：法国强化权力监督慑腐的举措，启示我们必须以有力的监督机制制约人，确立防范惩戒措施让公职人员“不敢腐”。

强化对权力的法律和舆论监督，确保政府运作和公共资金使用的透明化，这是法国促进公职人员“不敢腐”的主要途径。

我们在法国皮卡第大区、艾罗省议会等机构学习考察监督体制过程中，有两点留下了深刻印象：一个是监督机制健全到位，建立了司法、审计、媒体等多层面的监督体系；另一个是政府精简高效，阳光化运作，社会组织发达，全国有5万个社会组织机构承担了不适合政府做的社会服务和社会管理工作。据了解，为了有效遏制腐败，法国执政党与在野党之间的政党监督、公民对政党的监督、司法监督和中央政府派驻代表对地方政府、议会的监督等相当完备。如法国行政法院是独立的审判机构，可以撤销总统的行政法令。法国对公职人员行为的监督，建立了严格细致的法律规定，设立了重重关卡，从制度上限制公职人员对权力的滥用。在法国，贪污受贿虽存在，但要靠权力来达到目的较为困难，想要搞贪污腐败则要花费巨大的成本。如法国《刑法典》对盗用公款、滥用职权、收受贿赂、非法占有财物、渎职等各种被动和主动的贪污腐败犯罪行为都有相关规定。如若触犯，则将受到法律追究。这也是法国公职人员严格依法办事、廉洁勤政的重要原因。法国也是推崇言论和新闻自由的国家，媒体享有对国家权力进行监督和批评的权利。法国还建立了舆论媒体为主导和审计司法机构专项监督的全社会参与的监督反腐机制。如法律规定，媒体报道的腐败行为，司法机关、审计机构有义务进行调查；公职人员一旦有腐败丑闻曝光，必须引咎辞职。

法国编织的多层次、多角度的监督网络，实行阳光化权力的监督，是把权力真正关进制度的笼子里，给我们依法反腐、强化权力监督提供了有益的借鉴范本。我们要加快推进体制机制改革步伐，简政放权，规范政府权力，把权力还给市场，建立制度反腐新机制。一是进一步推进反腐体制改革。按照依法治国的要求，以提高反腐效率、降低反腐成本为重要原则，大力推进将权力反腐转向制度反腐，优化配置和整合反腐败资源力量，建立联合办案机制，让执纪与执法并行、让纪检与司法更好地协同，在办案中形成协同制约的关系。建议我省抓住先行先试契机，总结吸取省、市、县三级办案机制改革试点经验，探索选择一至二个市、县设立政治体制改革试点，进行制度反腐试验，成功后再复制推广。二是进一步推进监督机制改革。法国通过公开透明实现权力监督，也是其遏制腐败的一个显著特征。我们要着力加强对权力运行事前、事中和事后的监督机制建设，探索权力公开透明运行机制，推行建立权力清单、责任清单、预算透明、财产公示等制度，着力推进党务、政务公开和决策公开。要重点发挥审计监督、法律监督的作用，促使监督反腐模式从党内主导转为司法主导，着力推动监督体制机制建设迈上新台阶。要进一步发挥好新闻媒体舆论监督的作用，运用好网络举报反腐等社会公众监督力量，拓宽公职人员廉洁从政的监督途径，不仅要让“想拿”的人“不敢拿”，也要让“不想拿但不敢不拿”的人“敢不拿”。三是深入推进纪检监察体制改革。深化拓展“转职能、转方式、转作风”，强化执纪监督问责职能，强化上级纪委对下级纪委的领导，强化派驻监督和完善巡视制度。对此，可探索试行纪委垂直领导，不受本级党委书记制约，且可以监督党委书记的新体制。

启示之四：法国注重加强作风建设的做法，启示我们必须以自律的清廉形象影响人，持之以恒抓作风使公职人员“不易腐”。

执政党的作风和形象，不仅关系到民心向背，还决定政党命运。法国社会党注重加强作风建设和密切联系民众的有效措施，这是其重夺执政地位的重要因素。

从学习考察中了解到，法国实行多党制，全国有30余个政党。2012年，社会党人奥朗德击败人民运动联盟，赢得总统大选后，采取了一系列措施，对外展示勤俭自律形象，对内扩大民主参与，赢得了民众的支持。在加强作风建设方面，奥朗德带领的社会党执政后，清醒意识到腐败的危害性，注重加强自我约束、坚持依法用权，通过争取出台政治生活规范、大幅削减公共开支、扩大党内民主、重建政党与社会联系等积极措施，保证党员廉洁从政。如节俭开支出台后，社会党人身体力行，奥朗德总统将自己和部长的薪水削减30%，公务车规格大幅度降低等。在联系社会民众方面，社会党领袖、总统候选人和议员普遍重视了解社情民意，加强与各类新社会运动、宗教团体的对话与合作。法国社会党还建立了完善的党内仲裁制度，仲裁委员会由各级党员代表大会选举产生，享有独立的裁判权，以此体现依法治党。

法国社会党加强作风建设、密切党群关系的做法，也是我们如何加强党风廉政建设，全面从严治党，增强忧患意识，值得深入思考的问题。一是要在加强作风建设中增强忧患意识。忧患意识与作风问题紧密相联，要针对我们党内存在的问题，居安思危，用优良的作风巩固党的执政地位。我们要认真总结巩固党的群众路线教育实践活动成果，牢固树立作风建设永远在路上的思想，准确把握作风建设新常态，持之以恒抓作风，反“四风”，认真倾听人民群众呼声，畅通监督渠道，不断建立健全改进作风的长效机制。二是要在从严治党中树立自身形象。坚持以民主方式和法治思维规范党的行为，要以严的标准、严的措施、严的纪律管理和约束党员干部，抓住关键节点，强化监督问责，明确哪些为公，哪些为私，哪些能做，哪些不能做。让党员干部真正做到“既干净又干事”。三是要在履行责任中做好工作。每一名党员领导干部，要把爱党、忧党、兴党、护党落实到工作生活中各个环节，并作为一种责任、一种担当，尽心竭力做好本职工作。本人作为一名纪检监察干部要“正人先正己”，坚守廉洁自律的道德情操，忠诚履职、敢于担当，自觉做为民务实清廉的表率。

（此文为作者参加广东省廉政建设法国培训班的学习心得，原载《广东党风》2015年第2期、南粤清风网）

以党性锤炼情操　用信念净化心灵

根据教学安排，我们县处二班一支部赴重庆、贵州进行体验式教学。本次学习体验教学活动我们主要考察了重庆渣滓洞、白公馆和贵州娄山关、遵义、息烽集中营等革命历史和爱国主义教育基地。通过实地考察参观这些革命旧址，重点了解了我党在抗日战争期间在重庆的各种活动，深入学习领会了红岩精神；重温我党在长征时期的革命历史和革命经验，特别是了解遵义会议在我党历史上的伟大贡献，进一步学习领会了长征精神。对我来说，这是一次革命情操的锤炼，净化心灵的洗礼。现就我的党性分析和学习体会作个简要汇报。

学习体验的主要收获

这些年来，本人虽然从来没有怀疑过党的阶段性目标，但对远大的理想信念不够坚定，宗旨意识有所淡薄，艰苦奋斗精神有所退化，常因事务多、工作忙为借口，对政治理论和新知识的学习不够。这次通过体验式教学，深入学习党的历史，感悟党的优良传统，自己的党性情操得到了锤炼，精神家园得到净化，党性修养进一步提高，理想信念更加坚定，真正实现学有所思，思有所悟，悟有所得。

（一）体验党史党建，这是一次接受党性党风锻炼的党教之行。治国先治吏，治党亦然。我们作为党员和领导干部首先要学习历史，更要学习党的历史。我认为，体验式教学将党史教育和党性锻炼很好地结合在一起。

遵义会议作为我们党的历史上“生死攸关的转折点”，给我们留下了许多极为重要的精神财富和宝贵的历史经验，例如：马克思主义普遍真理必须与中国革命的具体实践相结合；中国革命只能走自己的道路，而不能墨守教条和照搬外国的经验；始终坚定革命信念，发扬百折不挠、艰苦奋斗的革命精神。这些经验仍然需要我们在新的历史条件下学习和借鉴。第一，实事求是，一切从实际出发，理论联系实际，这是遵义会议给我们留下的最根本的经验。第二，勇于探索，敢于创新，独立自主地运用马克思主义的基本原理解决自己的路线、方针、政策问题，走中国式的革命道路，这是遵义会议给我们留下的基本经验之一。第三，在复杂的局面下，首先抓住最重要的问题，解决最突出的矛盾。这是遵义会议给我们留下的又一条基本经验。第四，坚持党的民主集中制原则，正确开展党内思想斗争，维护党的团结和统一，这是遵义会议给我们留下的另一条重要经验。第五，在敌强我弱、极其困难的情况下，坚定革命的必胜信念，保持和发扬百折不挠、艰苦奋斗的革命精神，这是遵义会议给我们留下的又一条重要经验。

（二）体验红岩精神，这是一次接受爱国主义教育的革命之行。体验式教学的重要特点就是体验，它和传统的课堂教学不一样，将课堂搬到了我党革命和战斗的现场。党史党建部副主任王玉云教授一路上声情并茂地给大家讲述重庆解放前关押在白公馆、渣滓洞的烈士们牺牲前经过认真讨论，向党提出的八条建议。主要包括保持党组织的纯洁性、防止领导成员腐化、加强党内教育和实际斗争锻炼、严格整党整风等内容，为我们大家增长了知识，坚定了理想信念，树立了信心。

红岩精神留给我的印象十分深刻，它是民族精神，中华民族到了生死存亡的关头，抗日战争的组织领导者，只有以爱国主义为旗帜、民族精神为感召，才能激发人们的民族自尊心、民族自信心、民族责任感。在这场伟大的民族解放战争中产生的红岩精神，是中华民族的优良传统、民族精神在新形势下的表现和发扬。它和长征精神、延安精神一样，是现代中国民族精神的最高典范。红岩精神是时代精神。20世纪上半叶，中国面临的历史任务是进行民族民主革命，五四运动倡导的民主与科学，成为贯穿于中华民族解放与振兴全过程的时代精神。以周恩来为代表的红岩共产党人成为国统区人民感到无比亲切的民主思想、民主作风、民主精神的化身。红岩精神是共产主义精神。民族精神和时代精神在红岩精神中并不是机械地拼凑在一起的，而是被吸收、升华，统一于共产主义精神之中。红岩精神中的民族精神，是结合于、统一于无产阶级的阶级性和共产党人的党性中的民族精神；红岩精神中的时代精神，是上升到科学社会主义高度的时代精神，是马克思主义世界观和中国共产党在革命实践中形成的优良传统、优良作风、优秀品质在新的历史时期、新的工作实践中的坚持和发展。

面对歌乐忠魂，穿越时空隧道，品读“狱中八条”这一令人振聋发聩的警示录，我们在自己的实际工作中，如何做好纪检监察工作和发挥保驾护航的作用，努力维护国有资产安全和保值增值，把心思凝聚到促进国有企业科学发展上，把精力集中到维护国有资产安全上，把本领施展到干好纪检监察工作上，是我在体验式活动后认真思考的问题。对这样别开生面的党性锻炼体验式教学活动，我的心灵受到了一次撞击与震撼，思想境界得到了一次提高与升华，从中汲取的宝贵的精神营养，将是自己不断把党的事业推向前进的加油站。

学习体验的几点体会

（一）学习教育上讲提高，党性教育至关重要。学习是一个永恒的主题。作为一名党员尤其是党的纪律队伍中的领导干部，学习应当成为习惯，是第一位的需要。党性和理想信念教育既是思想教育、理论教育，也是价值观教育。当前我们反腐败工作形势复杂，任务艰巨，使命光荣，我们必须以党性党纪教育为重点，加强对国企党员员工尤其是领导人员的理想信念和廉洁从业教育，牢固树立正确的世界观、人生观、价值观、权力观、地位观、政绩观和利益观，增强把握政治大局，提高党性的能力。要加强党性锻炼，无论何时何地，对事业执着追求，提高党性修养和理论素养，永葆共产党员先进性，切实做到政治坚定、作风优良、纪律严明、勤政为民、恪尽职守、清正廉洁。

（二）日常生活上讲廉洁，坚定信念非常必要。理想信念是思想和行动的“总开关”，理想动摇、信念滑坡，必然会带来政治上的变质、生活上的腐化，最后跌入腐败的深渊。我们有的党员领导干部在生活方面比好不比坏，自我约束方面比坏不比好。生活上有吃亏的思想，看到社会上私营老板的花天酒地，对自己丰衣足食的现状不满，私欲膨胀，权力寻租，权钱交易，最后导致掉进腐败的泥潭。我们在遵义参观党的领导人的办公遗址时，简朴得只剩一张床、一张办公桌而已了，心中涌动的是敬佩。这与我们现实生活中的大手大脚，铺张浪费，讲排场比阔气，不深入实际，不深入群众的现象形成了鲜明的对比。我们每一个共产党员都要从严要求、廉洁自律，讲党性、重品行、作表率，要重温革命历史，践行毛泽东同志“两个务必”的重要论述，大力发扬艰苦奋斗的优良作风，做廉洁从政的表率。

（三）平时工作上讲勤奋，立足本职极为需要。我们党员领导干部使命光荣，责任重大，我们学习长征精神，就应当真正立足于自己的工作岗位，努力做到不怕吃苦，立足实际，用心工作。因此，回到工作岗位后，把在省委党校的学风带到家里去，把优良的作风带到单位去，尽职尽责地做好反腐倡廉和维护国有资产安全的本职工作，深入学习实践科学发展观，更加自觉地走科学发展道路，为开创科学发展新局面而建功立业。

（此文为作者2010年参加广东省委党校县（处）级领导干部进修班学习心得）

忠诚履职　努力作为

首先，请允许我借此机会真诚地感谢大家一直以来对省国资委纪检监察工作和我本人的关怀和支持，使我能够在纪检监察这个大家庭里不断成长进步、有所作为。

近年来，我在工作中明确职责，找准定位，勤于思考，积极主动协助纪委书记抓好全省国有企业党风廉政建设和反腐倡廉工作，尽职尽责完成上级交给的各项工作任务，得到了上级领导和同志们的肯定和认可，2011年我还获得了中央纪委授予的“全国纪检监察系统先进工作者”荣誉称号。下面，向大家汇报我的思想和工作：

坚持以德修身，在日常学习中不断完善自己。我深知，知识靠平时积累，德行靠日常修为。一直以来，我自觉把学习当做一种精神追求、一种工作责任，不断增强政治责任感和历史使命感，不断提升思想政治素质和业务工作能力，注重党性修养、党性锻炼和作风养成，始终保持思想纯洁、作风纯洁和品行廉洁。团结带领同志们为国有资产保值增值和国有企业改革发展提供有力保障。

坚持以勤立业，在践行职责中不断创造业绩。我认为，纪检监察工作，就是教育、监督、惩处与保护人的工作。作为一名纪检监察工作者，如果不查办案件就没有威信，如果不抓好预防腐败就没有作为。近年，我们注重抓好三项工作：一是注重反腐倡廉宣传教育的创新。以纪律教育学习月作为每年的具体工作抓手，先后组织摄制了《“蛀虫”透视》、《国企之殇》等警示教育片，主编并公开出版了《廉洁风险防控：广东国有企业的探索与实践》和《警醒与沉思：广东国有企业典型腐败案例盘点》两本书，以强化教育提升廉洁风险防控水平，敲响拒腐防变警钟。二是注重发挥廉洁文化的教育和渗透作用。率先在全国国资系统创办了反腐倡廉杂志《国企清风》，总计出版19期，有42篇文章被中国纪检监察报、国家预防腐败网转载。策划组织了“国企清风”文艺晚会和“清风颂廉”书画摄影大赛等活动，其中“国企清风”晚会获得了省纪检监察宣教工作专项奖。三是注重发挥查办案件惩治腐败的功能。近年来，共组织核实违纪线索360条，立案38件，为企业挽回经济损失约8亿元。我们成功查办的省机场集团云梯山庄资产损失案和省航兴公司挪用公款案，先后两次被省纪委评为“十大精品案件”。还组织配合省纪委成功查处了新广国际重大资产损失案和省韶钢集团、盐业集团等重大腐败案，其中查办的韶钢集团案为企业挽回经济损失2.7亿元，得到了中纪委和省主要领导的肯定和赞扬。

坚持以人为本，在规范行为中不断强化监督。我认为，作为纪检监察工作者，把实现好、维护好、发展好广大人民群众的根本利益作为工作的出发点和落脚点，才能有所作为。这些年来，我们一直致力于制度和机制创新，有效建立了整合资源、交叉办案和综合督查等新机制，狠抓各项监管工作的检查和落实，牵头起草了《广东省贯彻执行〈国有企业领导人员廉洁从业若干规定〉实施细则》等20多项制度，每年针对国有企业反腐倡廉的热点、难点问题组织专题调研。近年来，执笔起草、修改的各类文字综合材料超过80万字，多次在中央纪委、国务院国资委及省纪委组织召开的全国、全省性会议上发言推广，并有多篇调研文章获奖。还在国有企业中组织开展“三打两建”、廉洁风险防控和境外投资监管等专项工作，有效促进企业领导人员廉洁从业。

我深深懂得，这些年来，我所取得的成绩和进步，都离不开省纪委领导和机关各厅室、各派驻机构领导和同志们的热心指导、大力支持，离不开同事们的团结协作。我也深深明白，在纪检监察岗位上，重任重大，要敢担当。我会更加注重讲党性、重品行、做表率；更加注重学习修身，淡泊养志，脚踏实地。不管这次选拔能否达成所愿，我都会保持平常心，不断砥砺自己，坚守精神家园，忠实履行神圣的使命和职责。

（本文为作者2013年参加广东省纪委副厅级领导干部选拔的演讲词之一）

不辱使命　干净干事

我叫李家瑞，现任省国资委纪委副书记、派驻监察专员办公室主任。首先，我要真诚感谢大家一直以来对省国资委纪检监察工作和我本人的关怀和支持！

这次选拔，既是机会，也是检验；我十分珍惜，积极参与。接到通知时，我正在美国斯坦福大学参加省委组织部的培训学习，专门赶回来参加了考试。时间过得真快，从去年9月的选拔考试到现在，已有半年多了。这半年来，我们感受了新一届中央领导集体的执政新风，也肩负着执纪监督和实现中国梦的神圣职责。因此，我十分珍惜今天向大家汇报的机会。

第一，具有多个岗位历练的工作经历。我曾在广州军区部队机关多年从事文化宣传工作，在广州珠江实业和省广业公司担任过董事会秘书等高管职位，在省国资委负责过综合和法规工作。从事纪检监察工作8年来，积极主动协助纪委书记抓好全省国有企业党风廉政建设和反腐败工作，尽心尽力完成各项工作任务，得到了上级领导和同志们的肯定和认可，2011年还获得中央纪委授予的“全国纪检监察系统先进工作者”荣誉称号。

第二，具有真抓实干的履职能力。我认为，纪检监察工作就是教育、监督、惩处和保护人的工作，作为纪检监察工作者，如果不查办案件就没有威信，如果不抓好预防腐败就没有作为。近年来，我注重做好三方面工作：一是创新宣教工作。抓实抓活纪律教育学习月，年年有新动作、新成效，先后组织摄制了《“蛀虫”透视》、《国企之殇》等警示教育片，主编并公开出版了《廉洁风险防控：广东国有企业的探索与实践》和《警醒与沉思：广东国有企业典型腐败案例盘点》两本书，用身边发生的腐败案例增强警示教育效果，提升纪检监察工作的驾驭能力。二是推进廉洁文化。率先在全国国资系统创办了反腐倡廉杂志《国企清风》，已有48篇文章被中国纪检监察报和国家预防腐败网转载。策划组织了“国企清风”文艺晚会和“清风颂廉”书画摄影作品大赛等活动，其中“国企清风”晚会获得省纪检监察宣教工作专项奖。三是严厉查办案件。近年来，共组织核实违纪线索360条，立案38件，为企业挽回经济损失约8亿元，其中我们查办的省机场集团云梯山庄资产损失案和省航兴公司挪用公款案，先后两次被省纪委评为“十大精品案件”；还组织配合省纪委成功查处了新广国际重大资产损失案和省盐业集团等重大腐败案，参与查办的韶钢集团案为企业挽回经济损失2.7亿元，得到了中纪委贺国强书记和省主要领导的肯定和赞扬。

第三，具有勇于探索的创新精神。我个人生活没有什么不良嗜好，把时间和精力主要放在学习和工作上。在日常工作中注重以思考、探索、总结，来不断提升思想政治素质和业务能力。近年来，以廉洁风险防控为切入点，扎实推进有广东国企特色的惩防体系建设，有效整合监督资源，建立了交叉办案和综合督查等新机制，牵头起草了《广东省贯彻执行<国有企业领导人员廉洁从业若干规定>实施细则》等20多项制度，每年针对国有企业反腐倡廉的热点、难点问题组织专题调研。近年来，执笔起草、修改各类文字综合材料超过80万字，多次在中央纪委、国务院国资委及省纪委组织召开的会议上发言推广，并有多篇调研文章获奖。

我明白，这些年来所取得的成绩和进步，都离不开省纪委领导和机关各厅室、各派驻机构领导和同事们的热心指导、大力支持，离不开同事们的团结协作。假如这次选拔能达成所愿，我将一如既往地忠实履行使命和职责，精心谋全局，全力抓大事，脚踏实地走好每一步。一是在提高本领上下足功夫，带好队伍，抓好执行力；二是在严格自律上当好表率，清正廉洁，主动接受监督；三是在履行职责上求真务实，老实做人做事，敢于担当，奋发有为。

我相信，假如给我一个平台，我一定能让领导放心、让大家满意！

（本文为作者参加广东省纪委副厅级领导干部选拔的演讲词之二）

把自己摆进去边查边改

通过党的群众路线教育实践活动，作为纪检监察干部要切实转作风、树形象，把自己摆进去，做到边查边改，切实纠正和克服自身存在的形式主义、官僚主义、享乐主义和奢靡之风问题，真正让为民务实清廉的理念深深根植于思想和行动之中，为推进反腐倡廉建设和广东省外经贸转型发展提供有力保障。

第一，注重勤学更要善思，切实纠正和克服形式主义。当前学习不深入，忽视政治理论学习，浅尝辄止、一知半解的学风不同程度地存在，影响了工作质量和效率。所谓勤学善思，一是把学习放在首要位置，作为一种责任、一种精神追求，通过学习坚定理想信念，提升政治理论水平和能力素质。在学习中要明确目的，突出重点，增强计划性。以一年为期制订详细的自学计划，列出一个不少于12本的政治理论必读书目，坚持每月读完一本书，每周阅读时间不少于7小时。二是积极倡行勤学之风，做到勤学、好学、乐学，在学习中努力探索善学之法，切实把自身的学习问题抓紧抓实。三是切实履行好执纪监督职责，提振自身的精神状态，强化责任意识，坚决纠正监督检查不到位等问题。结合落实中央八项规定，严格按照规章制度办事，敢于监督、善于监督，敢于碰硬，对违法违纪行为，发现一起，查处一起，问责一起，绝不手软，努力营造风清气正的良好环境。

第二，注重务实更要高效，切实纠正和克服官僚主义。当前工作激情不够足、掌握下情不够透彻、工作落实不到位等作风依然存在。做好纪检监察工作贵在“实”、重在“行”，一是改进工作作风，加强调查研究。以转变作风掌握实情，推动落实工作，争取每月安排深入基层或企业进行调研，沉下身子、走出机关，以虚心态度，深入交心谈心，倾听群众声音，重点协调解决人民群众关心的热点难点问题；安排每月与分管的处室同志座谈交流两三次，听取意见和建议，推进工作落实。二是明确职能定位，抓好工作落实。进一步明确职责，带头务实苦干，坚决克服工作不实、落实不力、激情不足等不良作风，把工作着力点真正放到研究解决问题和监督保障上。三是强化监督检查，提升工作实效。把强化监督检查作为有效推动工作落实的重要抓手，在每年年初，对全厅的反腐倡廉工作和专项的监督检查做好计划安排，亲自抓好落实和带队监督检查。还要自觉克服工作中存在的庸懒散思想，强化雷厉风行、立说立行的作风养成。

第三，注重正人更要正己，切实纠正和克服享乐主义、奢靡之风。当前履职不到位、纪律观念淡薄、“监督人”的特权思想不同程度地存在。作为纪检监察干部，没有天然的免疫力。要求自己“打铁”先要做“铁打的人”。一是争做清正廉洁的表率。率先垂范，切实增强使命意识、责任意识和形象意识，要以广东省纪检监察干部行为规范作为“镜子”，时时对照着自己，既要注重履行好监督职责，更要注重从自身做起，始终坚持要求别人做的，自己首先要做到、做好。不搞特权，带头转变作风，始终坚守廉洁自律，时刻坚守做人、处事、用权、交友的底线，真正做到自身清、自身净、自身正、自身硬。二是践行艰苦奋斗的作风。切实牢记“两个务必”，坚决纠正讲排场、比阔气，追求享受、奢侈浪费的不良习性。坚持厉行节约、精打细算、严格把关，自觉抵制各种不良社会风气。三是增强开拓创新的勇气。坚持改革创新、勤学敏行，困难面前不畏惧，始终保持昂扬的精神状态和旺盛的工作热情。

第四，注重立行更要立改，切实纠正和克服作风不实、整改落实不力的问题。作为纪检监察干部的重要职责就是执纪监督，一定要在教育实践活动中走在前、作表率。一是带头查找问题。不遮掩问题，不回避矛盾，反思自己的思想认识，审视自己的从政行为，直面自己存在的不足。真真切切地把自己摆进去，坚决不打折扣、做选择、搞变通，坚决不摆样子、走过场。同时，通过深入听取同志们和群众意见以及开门纳谏、开展谈心等方式查找问题。二是带头整改落实。针对查找出来的“四风”方面存在的突出问题和薄弱环节，结合自己实际制定整改措施，严格按时限要求完成整改任务，做到立说、立行和抓好整改，确保整改落到实处，确保取得群众看得见、感受得到的实际效果。三是带头自我净化。把这次教育实践活动作为一个契机，把同志们提出的意见作为一剂良药，医治自己在“四风”方面存在的突出问题。切实把改进自身作风作为常态工作坚持好。

（原载《南方》2013年184期）

国企清风润南粤

——来自广东省省属企业廉洁文化建设的报告

近年来，广东省各省属企业把廉洁文化建设作为加强企业党风建设和反腐倡廉工作的具体举措，大力弘扬和积极培育廉洁从业的文化理念，着力推进廉洁文化进企业、进班子、进家庭，努力营造以廉为荣、以贪为耻、诚实守信、依法经营的良好氛围，有力地促进了企业的改革发展稳定。清风润南粤。今天的广东，国有企业的廉洁文化建设呈现着一派生机与活力。国企清风，在美丽的南粤大地、珠江两岸奔涌和激荡。

彰显领导表率风范　着力推进廉洁文化进班子

企业领导人员既是廉洁文化建设的组织者、推动者，又是廉洁文化建设的重点对象。各省属企业注重把廉洁文化建设与加强领导班子建设紧密结合起来，积极推动和实践廉洁文化建设，彰显企业领导人员廉洁从业的表率风范。去年10月，省国资委组织10个督查组，对省属企业党风建设、廉洁文化建设和企业领导人作风建设情况及执行“三重一大”集体决策制度等进行综合督查，增强企业领导人员廉洁从业意识。中央纪委提出国有企业领导人员廉洁自律“七项要求”后，省国资委迅速依据“七项要求”的条文，制定实施细则，有效规范、约束国企领导人员用权行为。规范用权、从严治企，成为广东国企的共同愿景和行动目标。近几年，省国资系统每年开展不同主题的纪律教育学习月活动，省国资委“一把手”每年都亲自为省属企业领导人员和委机关干部职工作纪律教育动员报告，省属企业“一把手”在本企业作纪律教育辅导报告，企业班子成员每人明确一个专题，在下属企业给职工讲廉政党课，充分发挥企业领导人员在廉洁文化建设中的表率作用和推动作用。各省属企业领导班子每年至少组织一次“廉文读书”专题学习活动，班子成员之间相互推荐廉政文章，交流学习体会，共同探讨企业廉洁建设。从去年8月开始，省国资委与广东电视台联合创办“赢家”节目，在每周六、日的黄金时间播出，39名国有企业领导人员先后在节目中接受专题访谈，畅谈企业改革发展和廉洁从业的认识和心声。先后有48位省属企业的董事长、党委书记、总经理、纪委书记在《国企清风》内刊上围绕着“学习贯彻十七大精神”、“落实国企领导人员廉洁自律‘七项要求’”、“以新一轮思想大解放推动企业大发展”等主题，畅谈新思路、新认识、新见解和新举动，不断增强反腐倡廉的信心和决心。

“公生明，廉生威”。各省属企业倡导领导人廉洁自律作表率，让权力运行在阳光下，规范在监管中。粤海集团把“诚信、廉洁、效益”的文化精神体现在制度条文中，建立智能化会议决策系统，董事长有一票否决权但无一票决定权。物资集团廉洁从业从领导班子自身做起，改革公务用车，集团领导不配专车，不配专职司机，也不拿任何行车补贴，领导用车在优先对外经营的前提下调剂使用。省交通集团所有高速公路建设都与项目负责人签订廉政合同，全面推行廉政监督制度，总结创造的“开阳经验”在全国交通系统被广泛推广应用。目前，省属企业与下属公司领导班子成员党风廉政责任书签订率达到100%，企业职工对领导班子的满意率达80%以上。

营造廉洁从业氛围　大力推进廉洁文化进企业

企业职工作为廉洁文化建设的主要参与者，各省属企业注重把开展廉洁文化建设与企业职工思想道德教育、素质培养紧密结合起来，培育企业职工尊廉崇廉的价值观、道德观和遵纪守法意识，为廉洁文化进企业搭建平台，丰富内涵，在省属企业中营造起了廉洁从业的浓厚氛围。去年初，省国资委成功举办“国企清风”——广东省省属企业廉洁文化专题文艺晚会。由省属企业自编自导自演，通过讲述身边人，颂唱身边事，艺术地演绎省属企业改革发展和廉洁文化建设成果，极大地推动了廉洁文化进企业活动的深入开展和廉洁文化理念的传播。“国企清风”晚会获得了广东省2007年度纪检监察宣传教育专项工作奖。今年初，省国资委纪委率先在全国国资系统创办反腐倡廉内刊《国企清风》，宣传廉洁从业典型，传播廉洁文化理念，成为企业反腐倡廉建设学习、宣传、教育、交流的主要载体。省国资委还组织“解放思想大讨论”、“廉洁从业大家谈”等理论研讨和调研活动，收到论文130多篇。省国资委纪委组织撰写的《运用制度创新，着力加强国有企业领导人员的有效监督》、《创新思路，体现特色，致力推进国有企业惩防体系建设》等10篇文稿，在中央纪委、国务院国资委、广东省纪委的有关会议和刊物上推广交流。省国资委邀请专家创作《国企清风》——广东省国有企业廉洁文化之歌，各省属企业组织职工认真学唱、演唱，展现广东国企职工的精神风貌。近年来，省国资委把廉洁文化融入到职工喜闻乐见的文体活动之中，在省属企业中先后组织举办了书画摄影、乒乓球、足球、羽毛球比赛等群众性活动。

各省属企业积极倡导用优秀的廉洁文化影响人、教育人、提高人，组织开展形式多样的廉洁文化活动，在廉洁从业的氛围中不断地唱廉、说廉、颂廉、守廉，富有亲和力、渗透力、感染力的企业廉洁文化如春风化雨滋润广大职工的心田。有的企业要求职工根据自己工作需要选择阅读一本廉政书籍，通过读书活动陶冶情操，提高素质，增强廉洁从业的责任；有的企业开设廉洁文化网页，宣传反腐倡廉政策法规、工作成果、先进事迹和典型案例；有的企业组织职工参观警示教育基地活动；有的企业举办文艺汇演、演讲比赛、书画展览、格言警句征集等一系列文化活动，不断增强廉洁文化宣传教育功能；有的企业通过户外广告、标语、板报、橱窗等方式，积极营造反腐倡廉的舆论环境。省水电二局、省韶钢集团、省粤电集团等企业每年都举办企业文化节，让广大职工展现才艺风采，企业向心力、凝聚力日益增强。省属企业创办的《粤电集团》、《南粤交通》、《广东广晟》、《广东广弘报》、《云硫报》等企业报刊，都开设廉洁文化栏目，注重体现和突出自身的企业文化特色。

发挥家庭助廉功能　致力推进廉洁文化进家庭

家庭对企业每一位领导人员和职工的廉洁从业有着重大的影响，各省属企业注重发挥家庭助廉在企业培育廉洁文化中的作用，以企业领导人员和重要岗位人员的家庭为重点，通过组织开展丰富多彩的家庭文化活动，把廉洁文化推进到千家万户。近年来，各企业通过向职工家属致公开信、召开家属座谈会、评选廉洁贤内助等形式，增强家属的助廉意识，共筑家庭廉洁防线。省建工集团集体创作了《廉正三字经》，并制作成小牌让职工摆放于案头和家中；省广晟公司开通了“广晟互廉网”，在逢年过节期间发送廉洁短信给职工和家庭成员，企业领导走访家庭、给家属送慰问信时也不忘廉洁提示；省粤电集团、省韶钢集团、省丝绸集团开展“家庭助廉”活动，不定期向领导人员家属寄发廉洁倡议书或廉洁短信，倡导幸福平安大家保；省水电二局针对大部分职工都在外地建设施工的情况，把反腐倡廉建设要求通过内部有线电视对每个家庭进行宣传教育；省航运集团、省广弘公司与企业领导人家属签家庭廉政公约、家庭助廉守则，强化领导人员、重要岗位人员家属廉洁自律、遵纪守法的意识，促使领导人员家属把好自家门，管好身边人，塑造廉洁家风；省广业公司、省机场管理集团、省广新外贸集团、省新广国际集团等企业，利用纪律教育学习月活动，组织企业领导、职工及其家属观看反腐倡廉警示教育片，教育他们珍惜生活，永享平安。通过推进廉洁文化进家庭，有效促进了企业领导人和家庭成员学法、知法、懂法、守法、用法，共同以家庭的合力来抵制腐败。

国企清风，润物无声。南粤广东这个中国改革开放的先行地，廉洁文化的实践和滋润，国有企业风和日丽、日新月异，改革发展和反腐倡廉结出了丰硕果实。新时期、新形势、新使命，在广东争当实践科学发展观排头兵的征途上，国有企业廉洁文化建设风正扬帆，任重道远。

（原载《广东党风》2009年第3期，获广东省纪委纪念改革开放30周年暨党的纪检监察机关恢复重建30周年征文三等奖）

广东国企反腐从严立规

国企反腐形势仍然十分严峻，违规决策、违法操作、滥用职权、独断专行是企业领导人员违纪的显著特征。

近日，广东省纪委、省委组织部、省监察厅、省国资委共同制定下发了《广东省贯彻执行〈国有企业领导人员廉洁从业若干规定〉实施细则》（以下简称《实施细则》）。这是为贯彻落实去年7月中央印发的《国有企业领导人员廉洁从业若干规定》（以下简称《若干规定》），而专门为广东国有企业领导人员“量身定做”的一部行为准则，对企业领导人员廉洁从业提出了更高标准和更严要求。

不得擅自决定重大事项

国有企业历来是腐败的高发区和多发区。

据统计，2007年以来，全省国有企业领导人员违纪违法被查处的有1097人，国企领导人员贪污、贿赂类案件383件，贪污贿赂金额合计5.6亿元。全省共查处国有资产流失类案件512件，其涉案金额高达40亿元。2008年至2009年，全省国有企业共有203名一把手被处分，平均每年超过100人。

广东省国资委党委副书记、纪委书记吴广明说，从上述情况来看，我省国企反腐形势仍然十分严峻，违规决策、违法操作、滥用职权、独断专行是企业领导人员违纪的显著特征。杜绝这类行为发生的关键，就是严格执行“三重一大”决策制度。

所谓“三重一大”，即重大决策事项、重要人事任免事项、重大项目安排事项、大额度资金运作事项，必须由领导班子集体讨论做出决定。

企业领导班子的“集体研究”如果形同虚设，那么极易造成一把手滥用职权。涉嫌受贿409万元的广东韶关钢铁集团原董事长曾德新，对一把手是这样理解的：“红头文件不如一把手的笔头批示，规章制度不如一把手的口头指示。”正因有这样的认识，他在2004年6月，未经领导班子集体讨论，就擅自批准将2亿多元人民币资助给与韶钢集团合作的某公司进行资金周转，险些造成巨额国有资产流失。而省广盐集团原一把手沈志强，也是因滥用职权、直接操纵招标，从而触犯法律底线落马的。

因此，在此次颁布的《实施细则》中，对落实企业“三重一大”集体决策制度作了程序性规定和禁止性要求，在制度的完善、执行、监督上下功夫。如规定企业领导人员在重大事项决策中，“不得不经领导班子集体审议，擅自决定重大事项，或临时动议决定重大事项”。在重要人事安排中，“不得安排亲属在本企业办公室、人事、财务、监察、审计和采购等部门任负责人”。在重大投资活动中，“不得未经企业领导班子集体审议，擅自决定重大投资项目”。

今后，各省属企业凡涉及企业重大投资、融资、担保、拆借资金、委托理财、重大项目、招投标、购置不动产、大额捐赠、赞助等事项，都要纳入“三重一大”事项决策程序。

杜绝“一个人的董事会”

由于历史沿革原因，目前省属国有独资企业股权结构单一，导致董事会很容易变成“一个人的董事会”。企业在“三重一大”问题上，往往会在符合制度和程序的情况下，做出一些损害企业利益、造成国有资产流失的决策。

近期，省新广国际集团发生的重大经济损失案，究其原因，就是公司治理不规范，内控机制不完善，董事会形同虚设，极少数人的违规决策造成了惨重损失，致使企业濒临破产边缘。因此，完善以董事会为核心的法人治理结构，是防范个人决策错误的有效手段。省国资委将抓紧制定出台规范省属企业董事会建设工作的纲领性文件，完善现在董事会成员结构，推行外部董事制度。

据了解，外部董事制度在中央企业和其他兄弟省以及我省深圳、广州等市属国有企业已有推广，效果明显。省国资委一位干部说，过去经常听到一些企业主要领导人向国资委抱怨，“董事会难开，经常有不同声音”。其实从某种意义上说，也可能就是这些不同声音挽救了企业和个人。

“会难开”带来的最大好处，是决策更加审慎科学。由于外部董事的引入，“反对票”在董事会会议上开始出现，外部董事独立表达意见，积极参与决策，对于重大事项刨根问底，对存在的疑点决不放过。这样迫使董事会提交审议的议案准备必须更加充分，提供的会议材料更加翔实，制衡机制初步形成。

省国资委有关负责人表示，从目前情况来看，外部董事在董事会成员中占多数，可以真正实现决策权与执行权的分权制衡，提高董事会决策质量，实现企业的决策权与执行权分开，防止“内部人控制”。

实行外部董事制度，还能为落实企业领导人员廉洁从业有关规定创造良好的内部环境，真正实现董事会集体决策。如果没有外部董事，董事会成员与经理人员高度重合，总经理对副总经理的影响力必然会反映到董事会的表决中。引入外部董事后，董事与经理人员绝大部分不重合，董事可以独立地行使表决权，从而保障董事会真正实现集体决策。

省国资委有关人士透露，目前在董事会内部不能形成真正制衡的情况下，不排除强制规定在董事会议事场所安装放在暗处的表决器，让决策有效避免个人说了算。

严格规范用权行为

在一般人眼里，国企老总属于高收入者。他们身居高位，有优厚年薪，可以说是衣食无忧。

省广盐集团腐败窝案中的原副总经理陈琼福在狱中反省：“我的年薪是38万到40万元，5年后退休还有200万元，而我现在受贿贪污才70多万元就进去了，得不偿失啊！还是贪念作怪啊，想多捞一点是一点。”

由于理想信念动摇，贪欲膨胀，致使一些国有企业领导人员走向堕落，越陷越深。有的利用特定关系人参与企业经营活动，获取巨额非法利益。如省新广国际原董事长吴日晶、副总经理章望生、冯志标等人，想方设法利用亲朋好友，疯狂敛财高达数千万元以上。有的放松世界观改造，蜕化变质，如省广盐集团原副总经理陈琼福、东莞市盐业总公司副总经理夏广海等人，最擅长的是收受贿赂护私放私，最惬意的生活方式是吃喝嫖赌。

针对这些情况，《实施细则》对企业领导人员规范了用权行为，明确了哪些事情能做，哪些事情不能做。

——职务消费严格纳入离任审计和年度审计，并逐步公开。不得将履行工作职责外的费用列入职务消费，不得在特定关系人经营的场所进行职务消费，不得在下属企业、兼职企业报销个人费用。在企业亏损或拖欠职工工资期间，不得购买更换小汽车，在领取车补的同时不得继续占用公车。

——不得利用内幕信息在股市牟利。禁止企业领导人员利用职权为配偶、子女、近亲属及其他特定关系人，在本企业的关联企业、与本企业有业务关系的企业投资入股谋取私利，损害企业利益。不得利用知悉或者掌握的内幕信息、商业秘密为本人或者配偶、子女及其他特定关系人进行证券交易谋取利益。

——兼职不准领取报酬。在薪酬分配中，企业领导人员经批准在分支机构或其他机构兼职的，一律不准领取任何报酬；经批准在控股公司、参股公司兼职的报酬，应当全额上交所在企业，不得据为己有。退休后三年内，禁止在与原任职企业及其所属企业有业务关系的企业或中介机构担任职务、投资入股，或进行其他经营活动。

——被判刑终身不得复出当领导。企业领导人员违反《若干规定》和《实施细则》规定受到处理的，严格实行岗位任职资格准入限制。比如，受到降职处理的，两年内不得担任与其原职务相当或者高于原任职务的职务；受到免职处理的，两年内不得担任企业领导职务；因违反国家法律，造成国有资产重大损失被撤职处分的，五年内不得担任企业领导职务；构成犯罪被判处刑罚的，终身不得担任企业领导职务。

一系列极具现实针对性的要求，对国有企业领导人员的用权行为进行了严格规范。省国资委有关负责人介绍，颁布《实施细则》后，将在各企业中认真开展自查自纠。省国资委将把贯彻执行《实施细则》情况作为党风廉政建设责任制考核的重要内容，作为评价企业经营业绩和领导班子的重要依据。

（原载《中国纪检监察报》2010年9月8日、《南方》2010年第15期）

广东国企领导："律"出来的廉洁

不久前，中央纪委发布了《国有企业领导人员违反廉洁自律"七项要求"适用〈中国共产党纪律处分条例〉若干问题的解释》，国企领导若有违反"七项要求"的规定，如自定薪酬、兼职取酬、滥发补贴和奖金等，情节严重的将被开除党籍。

在国有资产保值增值、推进企业改革发展方面，国企领导可谓功不可没。数据显示，2007年底，广东全省国企资产总额已达16165.28亿元，与2004年省国资委成立初期相比，增长35.94%；全年实现利润总额694.82亿元，实现净利润296.60亿元。在全国各省市中，资产总量位列第二，实现利润位列第一。

然而，另一些不容忽视的数字则是，近三年来，广东国有企业共查处各类经济案件365件，其中涉及各级企业领导班子和中层领导人员273人，占涉案人员的71%。自2005年以来，全省纪检监察机关共查处国企"一把手"421人，占所查处国企领导人员总数的33.4%。

这些统计数字将一个迫切的现实问题摆在了人们面前：靠什么保证国企领导的廉洁从业？

他律：创新国资监管机制

去年11月开始，广东省国资委抽调省属企业纪委书记组成综合督查组，对6家省属企业进行全方位综合督查和"健康体检"。督查的内容包括领导干部作风建设、惩防体系建设、廉洁文化建设和信访案件查处等方面。"试点工作很有针对性、创新性，要积极探索，认真总结，逐步铺开。"广东省纪委副书记梁万里评价说。

近年来，像这样具有创新性的监管举措还有很多。2006年，广东省纪委、省国资委下发了指导意见，将全省国资系统企业领导人员职务消费纳入全面预算管理范畴。各企业将规范企业领导人员职务消费作为企业管理的重要内容，在科学核定领导人员工作职责、工作目标、工作权限的基础上，实施全面预算管理，有效约束职务消费行为。各企业对所投资的独资、控股企业职务消费管理方案进行核准，除审核项目和标准外，还逐个审核下级企业领导人员职务消费情况。

此外，针对公务用车、通讯费、业务接待费、差旅费、考察培训费、在职教育费、住房改革等七大项目，每一项都列出详细标准，如通讯费每人每月不得超过800元，在职教育报销不得超过学费的50%，领导人员工作用车原则上不得超过党政机关公务用车标准。经过改革，2007年省属企业的业务接待费用比前年下降了10%左右。

据了解，围绕企业发展规划、投资决策、薪酬管理、产权转让等7个方面，广东省国资委先后出台了《广东省省属企业违规决策造成资产损失领导责任追究暂行办法》等26项制度，初步形成了用制度管人、管事、管资产的新格局。今年，为进一步提高国资监管水平，省国资委首次面向全省公开招聘23名省属企业专职监事，对企业董事、经理班子成员的经营管理行为等进行监督。

“广州、深圳、珠海等国资监管机构和省属企业积极探索国企反腐倡廉新路子，取得了一定成效。企业的监事会、纪检监察和审计等是重要的监督措施，接下来我们将在取得的经验基础上，认真研究建立协调机制，加强相互协调，整合监督资源，形成有效监督合力，进一步完善惩治与预防腐败体系的基本框架和组织保障框架。”广东省国资委领导说，惩防体系以制度建设为根本、以制约权力为重点，旨在形成反腐倡廉的坚强防线。

自律：从“自我约束”走向“分权制衡”

当年，广东省水电二局结构性改革进入深层次时，精简机构和人员成了必需。当时董事长黄迪领的太太任下属职工医院党委副书记，正值事业的黄金收获期。如果“内退”，面临的是年收入从5万元到1万元的锐减。几番努力，黄迪领做通了老伴的思想工作，为精简机构开了个好头。其后的改革进展十分顺利，管理层包括干部亲属退了100多人。

“作为国企‘一把手’、数亿国有资产的大管家、操盘手，说起来权力也很大。但我受组织多年的信任和培养，深深知道这权力的来源，不能滥用。”黄迪领说。

省纪委副书记梁万里曾语重心长地提醒各级企业领导特别是主要领导，要努力做到“七慎”，即：慎始、慎微、慎好、慎欲、慎权、慎独、慎终，“要增强抵制各种诱惑的自觉性和警觉性，带头接受教育，主动接受监督，把自己的用权行为自觉置于制度的监督之下”。

广东粤海集团董事长、党委书记李文岳接受记者采访时说，必须让“一把手”的权力运行在阳光下，规范在监管中。“在粤海，我们坚持制度治企，建立治权制度并实施全方位的监督。董事长有一票否决权，但没有一票决定权。”

记者了解到，为了实现权力分解和合理制衡，粤海集团实行了董事间相互制约、企业内部相互制约和监督、财务总监委任和双重负责、采用先进信息化手段加强财务监控、例行稽核等多项举措。尤其让人耳目一新的是，该公司引入了智能化的决策系统，该系统的基本功能是，参加决策的人，均可借助此系统进行独立的、无记名的表决，凡超过50%反对票的，电脑自动做否决处理。这种方式改变了表决走过场，参与表决者无法表达真实意图的局面，增强了决策的科学性和民主化。目前，智能化决策系统在整个集团各个企业已普遍使用，并与总部实现了联网。

统计显示，自2003年2月投入使用到2007年底，粤海集团各级公司共通过此系统表决议题4950项，其中通过的有4788项，被否决的有162项，集团董事长赞同的议案被否决的现象也时有出现，真正体现了民主决策，确保了权力运行的透明和廉洁。

广律：形成文化屏障

点开“广晟互廉网”，“七项要求”解读、纪律教育学习月活动温馨提示、党风廉政建设责任制实施办法等内容即跃入眼帘。“小礼，中礼，大礼，礼礼拒收；餐厅，舞厅，歌厅，厅厅不进”；“今天，明天，后天，天天安心；家人，友人，亲人，人人幸福”……逢年过节收到这样的廉洁短信，在广晟公司的职工和家庭成员看来，已不是新鲜事儿。

为推动廉洁文化的形成，2007年，广东全省国资系统国有企业领导人员带头作反腐倡廉报告8837人次，参会人员11万人次。此外，为搭建廉洁文化进企业平台，广东省国资委通过组织“国企清风”廉洁文化专题文艺晚会、率先在全国国资系统创办反腐倡廉《国企清风》内刊、组织“廉洁从业大家谈”理论研讨、创作广东省国有企业廉洁文化之歌并组织职工学唱等多种创新举措，把廉洁文化融入到职工喜闻乐见的文体活动之中。廉洁文化，已成为广东国企一道亮丽风景。

“廉洁文化是企业文化在国有企业的延伸，它集文化魅力与廉洁要求于一体，具有独特的功能。”广东省国资委党委副书记、纪委书记吴清泉介绍，近年来，广东省国有企业把廉洁文化建设作为加强企业党风建设和反腐倡廉工作的具体举措，积极培育和大力弘扬廉洁从业的文化理念，着力推进廉洁文化进企业、进班子、进家庭，努力营造以廉为荣、以贪为耻、诚实守信、依法经营的良好氛围，以润物细无声的方式，逐渐形成了保证国企领导廉洁自律的一道有力的文化屏障。

（原载《南方》2008年11月下半月刊，与郑诚合作）

阵地　窗口　责任

——《国企清风》办刊工作回顾

省国资委纪委、监察专员办于2008年1月创办《国企清风》，我们办刊的出发点是指导和反映全省国资国企系统开展党风和反腐倡廉建设，成为全省国资国企纪检监察战线工作交流的宣传窗口和阵地，更好地服务于国资国企的中心工作。《国企清风》创办以来，我们秉持“姓纪姓粤姓企”的办刊宗旨，本着“反腐倡廉阵地、党风建设窗口、工作交流桥梁、国企职工益友”的办刊理念，注意导向性和可读性，精心组织做好刊物的整体策划，注重体现广东国资监管和国有企业的特点和风格，力求贴近实际、贴近国企、贴近工作，每期都力争做到重要报道有亮点、工作指导有重点、经验介绍有特点，努力发挥好指导和服务的作用。

一是精心策划重点栏目。我们从推进国企反腐倡廉工作深入发展出发，抓住工作重点，挖掘工作亮点，精心设置栏目。《国企清风》每期都设有16~18个栏目，着力办好层次比较高的重点栏目。如《国企清风》创刊号，适逢党的十七大刚刚胜利闭幕，我们设置了《纪委书记论坛》栏目，约请省属企业和深圳、佛山、珠海市国资委的11位纪委书记畅谈如何结合工作实际，学习贯彻十七大精神。第二期，以“以新一轮思想大解放，推动反腐倡廉工作大发展”为主题，组织策划了11位省属企业纪委书记畅谈思想大解放的新思路、新见解。为切实贯彻落实中纪委对国有企业领导人员廉洁自律提出的“七项要求”，在第三、第四期，我们设置了《深度观察》栏目，专门组织走访了20位省市国资委和省属企业主要领导，分别以“贯彻落实‘七项要求’，促进国企领导廉洁从业”、“规范用权，从严治企，广东国企在行动”为标题，畅谈如何学习贯彻“七项要求”，有效规范、约束国企领导人员用权。在今年第一期，为配合深入开展学习实践科学发展观活动，我们组织对7名省属企业主要领导作了专题访谈，并刊发了部分内容和精彩观点。我们在每一期《国企清风》都下力气抓了重点栏目的选题策划，进行具体组织，从不同的角度指导国有企业领导人和企业纪检监察干部围绕中心工作，做好反腐倡廉工作，《深度观察》、《南粤潮涌》、《国企在线》等逐步成为了刊物的品牌栏目。许多领导和读者反映，《国企清风》有特色，有深度，有看点，能够及时了解和掌握当前国企反腐倡廉工作的要求，为他们做好工作指明了方向。

二是认真组织重点文章。我们把中央、省和国资委关于国有企业反腐倡廉的重大部署和工作要求，作为选题的重中之重，让引导力体现在重点文章之中，每期都组织了2~4篇有特点、有分量的重要文章，在《要闻传真》、《深度观察》等栏目刊发，指导和推动反腐倡廉各项任务的落实。如《国企清风》创刊号，我们刊发了省纪委副书记赵振华解读十七大报告的文章《正确理解和深刻领会反腐倡廉工作新要求》，省国资委领导的《省属企业纪检监察工作‘四个三’》等文章；为贯彻落实好中纪委十七届二次全会和省纪委十届二次全会精神，第二期摘要刊登了胡锦涛、贺国强以及汪洋等省领导同志讲话的重要观点，还摘要刊发了省国资委主要领导同志对新一年国企反腐倡廉工作的部署和要求的文章；第三期摘要刊发了省纪委副书记赵振华、梁万里在有关会议上对国有企业反腐倡廉建设提出的任务和要求；第四期刊发了中央纪委副局级监察专员闫群力同志给本刊专稿《当前国有企业防止腐败的重点和难点》、《国企清风润南粤》等文章；今年第一期独家摘要刊发了省纪委、省国资委主要领导同志在全省国有企业反腐倡廉建设座谈会上的重要讲话及省纪委常委曹晓东在省属企业纪检监察业务培训班上的重要讲话等文章，努力提高广大纪检监察干部在国有企业反腐倡廉工作大局的高度认识和把握有关问题的能力，做好企业反腐倡廉工作。

三是注重评论的引导作用。我们特别注意配合当前反腐倡廉工作重点、工作亮点，下大力气抓了社论栏目《卷首语》的组织，力求以鲜明、准确、深入的论述，引导国资国企纪检监察工作当前要“干什么”、“怎么去干”，推动各项工作任务的落实。自《国企清风》创刊以来，先后刊发了《让国企清风濡润南粤大地》、《高扬解放思想反腐倡廉的风帆》、《以‘七项要求’，推动国企领导廉洁从业》、《‘七项要求’重在执行，贵在落实》、《用科学发展观统领新一年国企纪检监察工作》等评论，因其对当前国企反腐倡廉工作任务的要求把握得比较准，回答了读者普遍关心的重大问题，得到了各方面的肯定和好评。与此同时，我们注重做好《监督时评》、《现象透视》等言论栏目，刊发的“国企反腐倡廉要有新突破”、“国企老总薪酬约束制度尚需细化”、“天价年薪该叫停”、“做事与做官”等评论，进一步提高了刊物的整体思想水平和理论深度，产生了良好的引导作用。

四是大力宣传成功做法和先进典型。我们及时发现、总结和宣传国有企业反腐倡廉建设的好经验、好做法，努力为全省国资国企系统架起交流学习的平台。我们在《工作探索》、《清风正气》、《工作札记》等栏目刊发一大批经验类和体会类、探索类的文章，如《全力严防国有资产流失》、《对省属上市公司党风廉洁建设的调研与思考》、《创新思路、体现特色，着力推进国有企业惩防体系建设》、《当前国有企业反腐倡廉建设存在的主要问题及对策建议》等文章，其中5篇文章还被中央纪委的《研究与动态》、《南方》杂志、《广东纪检监察信息》等刊物刊载。许多企业纪委书记反映，《国企清风》刊登的经验类文章做法具体，操作性强，探讨类文章比较有深度，又结合实际，短小精悍，每期都看，对开展工作很有借鉴意义。在宣传典型人物上，我们注重宣传国企领导人在企业改革发展和反腐倡廉建设中廉洁从业、业绩突出的先进典型，每期都在《卫士风范》栏目宣传一名企业董事长，着力挖掘人物精神的闪光点，力求通过通俗平实的语言风格，生动形象的记述形式，使典型人物的宣传鲜活、丰满、实在。我们用较大篇幅先后组织采写了广晟公司纪委副书记刘伟、水电二局董事长黄迪领、丝绸纺织集团董事长蔡高声、外贸集团董事长欧广等典型人物的事迹，从中反映出这些国企领导人的优秀品质和时代特征。

五是以案为鉴重在警示教育。对违法违纪案件的剖析报道，我们重点放在揭示国企违法违纪案件的发生原因和应汲取的教训上，切实起到警示教育的作用，筑牢国企领导人和广大职工拒腐防变的思想道德防线。如省国资委纪委成功查办的广东省航运集团黎昌挪用公款案，在第二期刊发了《弄虚作假吞公款，蛇鼠一窝聚铁窗》的剖析文章，并加了编者按，告诫侵占国有资产，终究逃脱不了法律的制裁。我们刊发的《贪欲使他走向深渊》、《塑造和谐心里，抵制不良诱惑》、《把国企当私企，葬送自己也葬送企业》等发生在省属国有企业案例的10篇剖析文章及《案例评析》、《以案说纪》栏目刊登的要案点评文章，都重在启示广大国企领导人员以案为鉴，廉洁从业，干净干事。水电二局、建工集团等企业把《国企清风》独家刊登的案例作为纪律教育月学习活动的警示教育教材。

六是着力为企业提供有效服务。为增强《国企清风》服务企业的有效性，增加信息量，我们策划推出了一批对企业改革发展和反腐倡廉工作有借鉴意义的文章，刊发了一批对全局工作有指导意义和实用价值的知识类稿件。如，我们在《国企在线》、《信息博览》、《南粤潮涌》、《法规天地》、《办案实务》、《国际观察》、《历史回眸》等栏目，刊发的《全国纪检监察统一举报电话12388》、《广东国企领导：'律'出来的廉洁》、《广东省纪委出台促进经济平稳较快增长的'七条意见'》、《如何选准案件突破口》、《北欧国家执政党廉政建设特点分析》、《古代廉官拒贿十法》等一大批文章，这些文章都是围绕着反腐倡廉这个主题，内容全面、事例生动，为企业开展工作提供了可借鉴的知识和经验，受到企业纪检监察干部和读者的欢迎。为把《国企清风》办成全省国资国企纪检监察系统学习交流工作的平台，我们注重把反腐倡廉与国资监管、企业经营管理工作有效结合起来，在选稿用稿上，既注重对"面"的情况进行宣传报道，又做到眼睛向下，了解"点"的需求，尽量多刊发各市国资委、各企业的反腐倡廉信息类稿件，同时兼顾国资监管和企业生产经营情况的信息，努力增加信息量和覆盖面。如，第四期刊发《省属企业和省国资委机关纪律教育学习月活动亮点集锦》，第二期、第三期分别刊发的2007、2008年度省属企业等，每期刊发的各类信息都在30条左右。在封二、封三版，主要刊发省国资委主要活动的图片报道。我们还做好重大纪念活动的宣传，今年第一期，为纪念改革开放30周年暨党的纪检监察机关恢复重建30周年，我们查阅了大量资料并精心筛选，组织策划了"改革开放照亮广东国企，廉洁清风吹拂南粤热土"为题的大型图片报道，精心选出了18张图片并配上准确生动的文字说明，从不同侧面反映了30年来广东国有企业改革发展和反腐倡廉建设的辉煌历程和伟大成就。这一期，我们还组织刊发了以"铭记2008"为题的大型图片报道，收集和记录了在不寻常的2008年里，发生在国际和国内的重大事件。许多读者反映，这两组图片报道专版，图文并茂，很有可读性，也很有收藏价值和纪念意义，使刊物的社会影响力得到较大提升。同时，为了增强刊物的可读性和读者面，我们努力办好《清风园地》、《人生百态》、《文化视野》等栏目，刊发了一些贴近纪检监察工作的文学类、知识性的文章及摄影书法作品，省内知名的作家、诗人黄金明、蒋乐仪、谢琼杰等积极给本刊来稿，中央纪委监察专员闫群力同志、中国监察杂志社主编蒋国平同志和省纪委的领导同志、省委党校的教授等都积极为本刊赐稿，大大提高了刊物知名度和影响力。我们还注重做好刊物文字编辑和版面设计，文章提倡短小精悍，版面设计力求新颖、大方、活泼、美观、图文并茂，文章标题力求精炼、准确，字体醒目、多样，受到了读者的欢迎和好评。

《国企清风》创办一年多来，得到了上级领导，包括中央纪委有关领导、国务院国资委纪委、省纪委、省国资委和各企业、各兄弟单位等方面的认同和肯定。同时，《国企清风》走过的每个脚步，都铭刻着上级领导和各级国资监管机构、各级企业的支持，印记着社会各界、各位读者的帮助，凝聚着我们编辑部同志和各位通讯员的心血。我们将不辱使命，执着前行，齐心合力，为我省国资国企的改革发展和反腐倡廉建设谱写新篇章。

（本文为作者在《国企清风》办刊座谈会上的讲话，原载《国企清风》2009年第2期）

深情　期望　信心

——广东省纪委、省国资委纪委赴北京汇报工作侧记

一月的北京，数九寒冬，腊梅正艳。

1月3日至5日，省纪委副书记梁万里、常委曹晓东带领省纪委四室、省国资委纪委以及省新广国际集团纪委等一行8人，到中纪委、国务院国资委纪委汇报工作及赴湖北学习考察。此行得到上级领导和兄弟单位的高度重视，监察部副部长姚增科同志会见了汇报组的主要成员，中纪委一室、二室领导和国务院国资委纪委书记贾福兴等领导在百忙中抽时间听取汇报、作出指示，湖北省纪委、湖北省国资委纪委向汇报组介绍了查办国有企业领导人违纪违法案件的经验。上级领导的深情关怀，与兄弟单位的交流学习，使我们增强了做好国有企业纪检监察工作的信心和决心。

广东省纪委的工作得到中纪委领导的肯定

向中纪委汇报我省国有企业纪检监察工作情况和思路，是这次汇报的重点。1月3日下午，汇报组一下飞机就直接赶往中纪委二室汇报工作，中纪委二室主任李五四、副局级纪检监察专员邢天荣等同志听取汇报。万里、晓东同志首先简要汇报了广东近几年来的反腐倡廉工作，省纪委四室主任梁自荣同志汇报了四室近几年来的工作情况及贯彻落实“六个一”的工作思路和措施。李五四同志在听取汇报后首先对广东纪委近几年来对二室工作特别是在南海“806”专案、中山“709”专案中的大力支持以及梁万里副书记到二室沟通工作表示感谢，称赞广东国企改革发展和党风廉政建设走在全国前列，并逐步走向良性化发展的路子，消除了进一步发展的障碍，明确提出争创“广东特色国有企业案件检查工作”品牌，这同中纪委的工作思路相吻合，今年中纪委查处国有企业违法违纪案件还是重点，与广东同志的想法是一致的。认为广东纪委四室对国有企业的纪检监察工作研究得很透，材料观点明确、措施得当、条理

清晰，如在贯彻落实“六个一”的工作措施方面，做法很好，要好好研究、借鉴。邢天荣同志对汇报组的到来以及对广东纪委多年来的大力支持表示欢迎和感谢后说，二室的工作离不开广东纪委的支持，今后也一样离不开，并要我们转达对省纪委领导的问候。

1月4日上午，汇报组到中纪委一室汇报工作，中纪委一室所有在家的领导听取了汇报。梁万里同志首先汇报了近几年来广东的反腐倡廉工作，梁自荣同志汇报了近几年来四室的工作情况及贯彻落实“六个一”的工作思路和措施。中纪委一室副主任张雯首先传达了贺国强同志2007年12月10日在北京市国有企业负责人座谈会上的讲话精神，接着简单介绍了中纪委一室的情况后说：“广东纪委四室和中纪委一室非常对口，我们都是在研究同一个问题，四室的材料有很多亮点，对我们很有启发。”中纪委一室正局级纪检监察专员海燕、副局级纪检监察专员姚中一、柳林、康明德等同志听取了汇报，他们对广东纪委多年来工作上的支持表示感谢，认为今天这样的交流广东是第一家，很有必要，对广东纪委的真抓实干精神予以肯定。万里同志说：我们受广东省纪委主要领导委托，欢迎中纪委一室到广东来种“试验田”，如有全国性会议可考虑在广东召开，我们全力支持配合。张雯同志说：我们正在筹备召开国有企业党风和反腐倡廉工作会议，对广东省纪委和广东省国资委的邀请我们会认真考虑。

当天，监察部副部长姚增科同志会见了汇报组的主要成员，对广东纪委的反腐倡廉工作予以肯定，并与汇报组的主要成员合影留念。

国务院国资委纪委高度评价广东国有企业的反腐倡廉工作

4日上午，汇报组一行冒着严寒前往国务院国资委纪委汇报工作。国务院国资委纪委书记贾福兴、副书记石巍、熊皓等同志听取了汇报。省国资委纪委书记吴清泉同志首先汇报了广东省国资监管、纪检监察工作的基本情况和基本思路，重点汇报整合纪检监察力量，在省属企业开展综合督查和对信访案件进行查处的思路和做法。梁万里、曹晓东同志简要汇报广东省纪委在国有企业中开展惩治和预防腐败工作的情况。贾福兴、石巍、熊皓同志听取了汇报后，高度评价了广东省国有企业的纪检监察工作和为国有资产保值增值做出的贡献，称赞广东省国资委纪委开展综合督查和办案工作很有特色，要认真总结经验。

贾福兴同志说，地方省级纪委、国资委纪委联合来国务院国资委纪委汇报工作，广东是第一家。广东是中国改革开放的先行地和排头兵，在我国现代化建设全局中具有举足轻重的地位。广东省国有资产总额一万三千多亿元，占全省资产的三分之一，国有企业的反腐倡廉工作任务艰巨，纪检监察工作要适应国资国企改革的新情况、新形势，开拓思路，大胆创新，多出成效，多出经验；要抓好党的十七大精神和中纪委二中全会精神的贯彻落实，中央对国有企业的反腐倡廉工作非常重视，省纪委、省国资委纪委要加强对国有企业监督，加大纪检监察工作的力度，在加强教育、制度建设的同时，要加大案件的查办，特别是从事生产经营的二、三级企业，是个薄弱环节，尤其是企业招投标的“猫腻”很多，存在很多弊端，要作为重点加强监督和案件查办工作。贾福兴同志非常感谢多年来广东省纪委、广东省国资委纪委对驻粤中央企业案件查办工作的支持和配合，强调今后要加强联系和交流。贾福兴同志最后期望在以汪洋同志为班长的中共广东省委领导下，继续增创新优势，更上一层楼。万里、晓东、自荣、清泉同志对贾福兴同志的鼓励和能有机会到国务院国资委汇报学习表示感谢，并邀请国务院国资委来广东召开全国性会议，以推动广东国有企业反腐倡廉工作。

湖北省国有企业的反腐倡廉工作值得学习和借鉴

1月7日上午，学习考察组到湖北省纪委听取经验介绍。湖北省纪委常委唐白桦同志对我们的到来表示欢迎，并介绍了湖北省纪委查办国有企业领导人违纪违法案件的做法，还带领学习考察组的全体同志参观了办案工作点。

湖北省国资委纪委书记刘仲初同志向学习考察组介绍了湖北省国资委反腐倡廉工作情况。在听完经验介绍后，晓东、自荣、清泉同志感谢湖北省计委、国资委毫无保留地介绍情况和经验，表示很受鼓舞，很多做法值得学习和借鉴。同时，欢迎湖北省纪委、国资委到广东来指导工作。

1月7日下午，学习考察组到武汉大桥局听取了武汉大桥局纪委书记阳贤成同志介绍在建的武汉兴合洲公铁两用长江大桥的建设情况；接着，赴武汉钢铁（集团）公司听取该公司纪委书记张铁勋同志介绍武钢纪委以构建武钢特色惩防体系为主线不断深化党风建设和反腐倡廉工作的情况介绍。武钢纪委的

"用'六抓六化' 促惩防体系建设"、"强化'四个有机融合' 推进廉洁文化建设"、"以强化执行力为核心 深入推进企业效能监察"等经验，省国资委纪委副书记冼少文、广晟公司纪委书记黄国柱、新广国际集团纪委书记陈冰峰等同志认为值得学习和借鉴，表示回来后要好好加以研究、吸收。

1月8日上午，学习考察组利用到武汉考察的机会，在省广晟公司领导的陪同下，专程前往该公司在武汉投资的汉蔡高速公路建设现场视察，曹晓东、吴清泉同志充分肯定了广晟公司大胆走出去投资的战略，并要求加强项目的廉政建设，把汉蔡高速公路打造为平安路、阳光路。

（原载《国企清风》2008年第2期，与陈钟鹏合作）

为国有企业廉洁风险防控造就“金钟罩”

——广东省省属国有企业廉洁风险防控纪实

清风拂南粤，国企写新篇。

如果说中国经济的腾飞得益于广东经济的迅猛发展，那广东经济的崛起，则要归功于广东省省属国有企业这支南粤经济发展的主力军。在中国改革开放的春风骀荡下，广东省国有企业奔腾前行，创造了一个又一个让人翘首称赞的奇迹，取得了一个又一个骄人的业绩。但吴日晶、沈志强、曾德新等国企蛀虫的接连被查处，让人们对未来如何保证国企在风清气正中持续健康发展存在担忧。最近，中央纪委提出开展国企廉洁风险防控、推进惩防体系建设，则开出了一剂良方。广东省纪委积极响应中央纪委的决策部署，迅速成立由省纪委常委曹晓东为组长，省国资委党委副书记、纪委书记吴广明为副组长的国有企业廉洁风险防控调研小组，深入到省属部分国有企业进行了调研，进一步地推动了我省国有企业廉洁风险防控工作向纵深发展。

制度先行　将风险排除在框架外

“制度建设是遏制腐败的根本和源头问题的关键所在。每个企业家都能深知这个道理，让制度先行，将风险排除在框架外，做得好！相信只有在制度约束下的企业，才能真正防控住风险，得到发展。”在认真听取了各家企业关于廉洁风险防控工作的汇报后，调研组组长曹晓东高兴地如是说。确实，省属大部分企业都十分重视制度建设，他们根据企业实际不断建立和完善了党风廉政建设责任制、企业风险管理制度等一系列廉洁风险防控制度。特别是在广东省航运集团，他们甚至对集团原规章制度进行了废、改、立的全面整理，针对企业实际新增制度21项、修订43项，将生产经营管理责任制、部门岗位职责、程序操作、责任落实以及廉洁文化建设等廉洁风险防控可能涉及的方方面面都囊入其中，并将其汇编成册，成了集团行文做事的宝典。

好的制度，只有在保证有效实施下才能发挥功能。为了让制度约束真正起到功效，特别是在一些容易产生腐败的高危环节，省国资委在应对廉洁风险防控方面，坚持融入国有资产监管体系之中，构建完善企业经营常态监管、业绩考核分配等机制，很多国企也都充分采用了高科技手段。

在广晟公司，当调研组提起公司财务制度的管理，公司董事长满脸的兴奋："财务管理向来是企业反腐倡廉的第一道关口，对财务管理的把关不严，无异于洞开企业大门。为此我们广晟公司深知这个道理，我们针对财务制定了《财务管理办法》、《内部信贷管理办法》和《财务中心资金划付规定》等制度。特别是我们公司投资了近3000万元建立一套财务信息管理网络，通过这个网络管理平台，对所属企业财务运作实施全面统一管理，做到'收入一个笼子，支出一个漏斗'，实现了科学理财、阳光理财。"

在粤电集团财务公司，记者看到粤电集团也拥有属于自己的一套资金集中管理系统。当看到工作人员轻松动用鼠标，就可以清楚地搜查出集团每笔资金流向时，曹晓东组长笑着感叹道："财务是一个企业的心脏，资金是血液，经营现金流是命根子。如果资金出现问题，就会使企业血液不流畅，直接影响到企业的健康发展。粤电集团这个小小的系统却能保证资金流动的公开、顺畅，不但规范了企业资金使用，更有效避免了商业贿赂、'小金库'等腐败风险的发生，值得研究推广！"

除了建立资金集中管理系统，粤电集团为规避采购中出现的腐败风险，还于2009年投资800多万元启动建设了商务网。粤电集团党委书记、董事长潘力向调研组介绍道："对于我们这样一个大型发电企业，存在物资采购种类多、单项采购金额小、采购权限分散等许多难以管理的特点，往往导致物资采购领域出现腐败。通过启动这样集招标、投标、评标和结果发布于一体的电子在线交易信息平台，进一步提高了集团集约化管理，实现了阳光采购，为促进源头防腐提供了有效保障。"据了解，这个商务网具有招投标管理、询价与竞价管理、闲置物资出售管理以及供应商管理、评标专家管理、安全监察管理等多项功能。粤电集团规定集团所有的物资采购、废旧物资处理招标、询价业务必须通过商务网进行发布和交易，由集团统筹整合各单位物资采购计划，化整为零，减少采购成本的重复支出，使传统的粗放型分散采购向集约化、规模化采购转变，扩大了覆盖面，有效防范分散采购的廉洁风险。自商务网启动以来，目前已完成采购项目43000多项，涉及交易总额7.5亿元。

在粤海集团，他们根据境外企业的特殊环境，建立了一套全面、完整、具体、具有粤海特色的风险防控机制。粤海集团党组副书记、纪检组长吴建国介绍：“集团所属三级以上公司均在‘三重一大’集体决策中推行广域智能化决策表决系统制度，已从技术和制度上解决了领导班子管理运行中的集体决策难题。”据了解，2010年5月，中纪委专门派员来粤海集团实地调研和了解情况，并充分肯定了这种做法。目前，该集团各级企业广泛建立和应用企业资源计划管理系统，实时传输企业生产、销售、成本、利润等信息，较好地解决了廉洁风险防控与生产经营管理的“两张皮”现象。

强化监督　将风险遏制在萌芽状态

如果说完善的制度是为国企廉洁风险防控打造结实框架的话，那么强化企业监督则是为这一框架的实施提供了强有力的保障。

各国企为了进一步的强化监督制约，都积极推进建立“三位一体”的大监督机制，强化监督制约措施，稳步推进惩治和预防腐败体系建设。特别是省建工集团经过长期的工作实践，结合自身特点，创新性地在“三位一体”的基础之上，形成了纪检、监察、审计、信访（维稳）和内部监事会的“五位一体”模式，强化监督管理，积极发挥了整合合力的功能，从而实现了集团“大安全”的工作目标。调研组副组长吴广明在听取建工集团汇报后，积极地评价道：“建工集团在构建惩防体系基本框架方面，做得十分出色，它全面融入了建工集团企业管理系统，以流程控制为导向，通过认真梳理业务流程，实现重点环节、关键部位的有效、实时的掌控，有力促进了集团持续稳健快速发展，在省属企业中是不多见的。”

“搞好一个企业不容易，搞坏一个企业只要一个人。”企业领导人员的特殊地位，决定了其权力的唯一性。但吴日晶、曾德新、阎蜀南等一些国企领导人员的相继落马，一再证明失去监督的权力必然带来腐败。对国企领导人员权力运行的监督，自然成为国企廉洁风险防控工作的重中之重。很多企业也都对此采取了积极的措施。广业资产经营有限公司成立了职代会，主动构建了公司班子成员每年向全系统职工代表述职述廉及公开企业重大事项的平台。2011

年初，班子成员面对系统内147名职工代表，逐一做述职述廉报告，并接受职工代表的测评，这在约束企业领导人权力的同时，也切实扩大了企业职工民主监督的意识。广晟公司为了防止权力失控，坚持重大事项集体研究决策，杜绝“一言堂”；发挥纪检、审计、财务、法律等部门的监督作用，全程参与投资项目的论证；严格规范办事程序、决策程序，严谨领导人违规操作。航运集团也将贯彻落实《国有企业领导人员廉洁从业若干规定》作为民主生活会、年终述职述廉和职工代表大会评议的重要内容，接受监督和民主评议。该集团境外企业珠江船务公司，努力适应境外中资企业特点的廉洁防控制度和监管机制，建立了质量管理、安全管理和风险管理三大体系。目前，这三大体系涵盖公司经营管理、安全管理、财务管理、行政管理、人员管理、资本运营、发展项目和决策管理等八个方面。

提升教育　将风险防控在意识之外

国有企业的风清气正才能真正筑牢拒腐防变的防线，保障国有企业科学健康发展。因此，提升反腐倡廉教育一直是国企廉洁风险防控不可或缺的组成部分。

为此，各国有企业针对自身实际，创新廉洁教育形式，营造出风清气正的良好氛围。省交通集团坚持从思想教育入手，不断创新反腐倡廉教育方式方法，构建“大宣教”工作格局，形成反腐倡廉教育整体合力。他们切实把握关键岗位、重点人群、重点领域这条教育主线，一年突出一个教育主题，一年解决一两个实际问题。省农村信用社联合社将廉洁教育与党委中心组理论学习结合，进一步加强了领导干部的风险防范意识和合规经营意识；由于省联社主要面向农村，很多员工都在基层农村，他们就针对自身的实际情况，持续开展“知荣辱、守法纪，建和谐，树形象”教育，特别是“反赌博”教育的开展，要求每个单位组织员工签订反赌博责任书，有效防范了因赌腐败的现象发生。建工集团坚持将廉洁教育和家庭教育结合，把“廉内助”教育活动作为反腐倡廉教育的重点来抓，纯洁了“家庭圈”，提高了广大妇女的反腐倡廉意识、监督意识，使之能自觉营造廉洁自律、克己奉公的家庭氛围，让家成为和谐、廉政的港湾，有效地拓宽反腐倡廉思想道德建设的覆盖面。省交通集团则从以前单纯的党性党风党纪教育向廉洁从业教育转变，使反腐倡廉教育成为企业日常生产经营的一个重要组成部分，大大提升了反腐倡廉教育的总体效果。新广国际集团针对自身的重大经济损失案件，深刻剖析发生案件的原因，深入查找和整改在教育、制度、决策、管理、执行、监督等方面存在的问题，以案说纪、以事说法，吸取教训、加强教育。

廉洁风险防控为国企营造了风清气正的环境，焕发了企业积极向前的动力，成为企业跨步发展的“金钟罩”、“铁布衫”，但廉洁风险防控是一个系统工程，只有不断地巩固和经营建设，才能让它持久地为国企发展保驾护航，让国有企业更好地科学健康发展。

（原载《广东党风》2011年第9期）

让廉洁成为国企领导人员的从业习惯

——广东省纪委、省国资委开展对省属企业贯彻执行《廉洁从业规定》等五项制度工作情况检查工作述评

2009年以来，中共中央、国务院先后颁布了《国有企业领导人员廉洁从业若干规定》、《关于实行党风廉政建设责任制的规定》、《关于进一步推进国有企业贯彻落实“三重一大”决策制度的意见》；我省也相应制定出台了《广东省贯彻执行〈国有企业领导人员廉洁从业若干规定〉实施细则》和《加强和改进省国资委监管企业和省属金融机构纪检监察组织建设的实施办法》，以上总称五项制度。这些年来在省属企业贯彻执行情况究竟如何呢？2011年12月中旬，省纪委、省国资委联合组成六个检查组，重点对省机场集团、省广业公司、省广弘公司等12家省属企业进行了抽查。

重视学习宣传　思想认识到位

认识到位，是有效贯彻制度的先导。被检查的12家省属企业贯彻落实五项制度各有奇招，注重效果到位。机场集团将有关制度内容和要求制作成漫画下发，并在员工必经之处广泛张贴，同时编制贯彻落实自查表，要求党委成员带头学习，带头对照制度自查自纠。交通集团、建工集团、物资集团把学习贯彻五项制度列入重要议事日程，以《文件汇编》形式印发各企业，同时将制度摘录张贴公布，采取组织参加廉洁从业知识竞赛、观看教育片、听专题辅导课、撰写心得体会等形式，寓教于实际。广新控股将制度贯彻执行纳入到党风廉政建设责任制内容，制定和完善企业领导人员党风廉政建设责任制和岗位职责。航运集团在自办的《广东航运》报设置《监察前哨》专栏，及时宣传报道有关制度执行和建设情况。广业公司以《文件汇编》方式将有关制度编印下发，以组织指导到位、宣传监督到位、学习应用到位的形式，及时将制度最新要求融入到《党风廉政建设责任书》及考核。广弘公司在组织学习制度的同

时以案促学，通过观看《国企之殇》警示教育片，撰写和交流观后感，把廉洁思想灌输到位。粤海集团针对领导人员报告个人事项和加强“裸官”管理等规定，结合自身实际，以文件形式明确要求。盐业集团邀请专家解读，组织企业领导班子成员及重要岗位员工签订《廉洁从业承诺书》，还组织所属25个直属企业及112个县级公司“一把手”逐级签订《党风廉政建设责任书》，并列入年度工作内容进行考核。

融入企业经营　落实措施到位

作为国企反腐倡廉建设的纲领性文件，五项制度要落到实处，还必须结合各企业具体情形，以过硬的举措来保障其执行效果。物资集团新班子根据企业生产经营管理实际，修订了一批程序和规范类制度文件，明确检查考核类和问责的相关要求，并出台“十不准”和“十条禁令”等廉洁从业专项制度。机场集团对照五项制度要求，主动做到“两个结合”，即：与全面风险管理、企业内控管理相结合，成立风险管控办公室，增设财务结算中心，出台《投资监督管理办法》，建立物资采购管理系统，强化企业领导人员任期考核，推行经济责任审计；与业务监察工作相结合，提出业务监察的监督比例，特别是统计业务监督的覆盖率必须达到100%，强化风险防控。粤电集团先后建立健全《董事会议事规则》、《重大事项决策规定》等内控制度41项，通过建立高管人员重大事项报告、职务消费预算管理、公务接待“四定”管理等制度，注重将五项制度融入到本企业的经营实践中。广业公司、广弘公司以问责制度为切入点，推动相关制度的贯彻执行，推进提升企业领导人员贯彻落实制度的执行力，真正做到抓制度执行与抓生产经营同部署、同检查、同考核。建工集团推出所属单位领导班子会议纪要上报制度，资产处置报批制度、领导人员出外管理、分支机构管理办法等规定。粤海集团则积极开展内控工作规范建设，成立了集团内控工作建设领导小组及办公室，以完善的内控管理体系，狠抓制度执行力的到位。

严格监督管理　机制建设到位

贯彻执行五项制度必须有完善的监督机制。各省属企业结合自身特点，以贯彻落实制度为动力，不断创新监督工作思路，初步形成有效的企业经营管理监督机制。广晟公司大力推行纪检监察、审计、监事会、财务总监“四位一体”综合监督机制建设，明确由公司纪委牵头，组织纪检监察、监事会、审计、财务每年对所属企业进行一次以上的综合监督检查，有效整合各种监督资源，使监督信息能够及时互通，监督优势充分互补。机场集团对大额资金使用进行规范，明确四级联签程序，积极推行中层管理人员公开选聘方式，先后完成四次较大规模的竞争上岗工作，通过竞聘上岗方式任用中层管理人员141人，约占中层管理人员总数的38.3%，较好地防范了资金和人事管理方面的廉洁风险。粤电集团建立集招标、投标、评标和结果发布于一体的电子在线交易信息平台——粤电商务网，开展巡回监察，启动ERP财务系统项目（企业财务资源规划系统），推行总法律顾问制度。广新控股全面整合纪委、监察、审计、监事会和工会的监督资源，将纪律监督、行政监督、审计监督、财务监督、民主监督融为一体，建立由纪委统一领导的“五位一体”监督体系，对企业生产经营贯彻执行制度情况实行全过程、全方位监督。广业公司为形成落实责任制考核评价的激励机制，将考核结果纳入综合评价体系中，与企业领导人员的业绩评定、奖励惩处、选拔任用直接挂钩，严格对有严重失职渎职的领导人员实施责任追究。粤海集团着力构建监事会、纪检监察、稽核审计、财务管理、人事考核的综合监督机制，在下属二级以上公司推行“三重一大”集体决策的广域智能化决策表决系统，及时利用网上信息公开平台实现民主监督。还注重加强纪检监察队伍建设。目前集团专兼职纪检监察人员从原33人充实到50人。盐业集团开展效能监察、经济审计、招标监督和各种专项检查工作，加强对“三重一大”决策事项和重点建设工程、设备采购、业务外包等项目的检查监督，试行内部监事组检查活动等。建工集团将企业最优秀的纪检监察人员、审计人员聚集到纪检队伍。

问责和惩治并举　追究保障到位

问责和惩治并举，是制度贯彻执行的重要保障。各省属企业坚持违章必纠、违纪必查、违法必惩，查纠并重，确保制度贯彻执行得到保障。机场集团近年认真核查处理群众来信来访和电话举报48件，有6名党员领导受到党纪政纪处理；16人次受到诫勉谈话，较好地起到威慑和警示作用。交通集团密切关注出现重大经营风险的企业，通过纪检、审计和委派监事等多种手段加强对下属企业监督检查力度，对涉嫌违法违纪的企业管理人员进行了坚决查处。建工集团查办案件1宗，查处违纪违法人员2人，为受到举报3宗5人次的企业领导人员和职工澄清事实，消除影响。粤海集团针对下属公司违规越权签订巨额租赁合同一事进行了严肃处理，对相关责任人员作出相应处罚和予以通报。盐业集团对每件信访举报件能够认真及时处理。2011年，认真调查妥善处理了清远盐业用人事件，严肃查处汕头市盐务局违反公路三乱案件和下属电白盐场“小金库”等违纪违法问题，立案查处并给予党纪政纪处分5人，调离岗位处理3人。广弘公司重点针对决策失误，工作失职、失误，管理监督不力，滥用职权，尤其是“三重一大”事项决策失误等问责情形作出了明确界定，并规定对被问责的企业领导人员，除受政纪处理外，还附加相应经济处罚。广业公司为根治制度“挂在墙上、说在嘴上、落实不到行动上”的问题，制定了《企业领导人员问责暂行办法》，对因失职导致企业重大经营损失的某下属企业董事长进行了问责处理，在全集团反响很大。物资集团查处一起集体私分联营收益的案件，并对有关责任人进行问责处理等。

贯彻执行制度是一项长期的系统工程，需要不懈不怠、恒力为之，只有当企业领导人员真正将廉洁二字融入自身的思想中并使之成为自觉的行为习惯，才能真正确保省属国有企业在更加复杂的新形势和新环境下健康、快速地发展。

（原载《国企清风》2012年第1期，与王松强合作）

让廉洁文化在国企绽放奇葩

——广东省国资委开展企业廉洁文化建设纪实

常言道“一流企业做文化，二流企业做品牌，三流企业做产品”。企业文化对于延续企业核心价值观彰显企业品牌有无可替代的作用，而廉洁文化作为企业文化的重要组成部分，其重要性不言而喻。

在国有企业，廉洁文化怎么推进，一直是省国资委纪委关注和重视的课题。据省国资委纪委书记吴广明介绍，近年来，省国资委主要从创新廉洁教育载体为主，搭建廉洁文化平台，彰显廉洁文化特色，更注重倡导用优秀的廉洁文化影响人、教育人、提高人，增强感染力和吸引力，从而营造起廉洁从业的浓厚氛围，使省属国企廉洁文化建设呈现出盎然的生机与蓬勃的活力。

用一本内刊打开廉洁文化建设的窗口

省国资委纪委办了份内刊叫《国企清风》，说是内刊，它的名头可是叫得响的，不光是在省国资系统内，即使在全国国资系统，凡是接触过这本刊物的读者，都给予了很高的评价。创办于2008年的《国企清风》，作为全国国资系统首家创办反腐倡廉内刊，其内容的广度和深度、装帧的美观大方，很为全国同道所赞赏。4年以来，该刊物宣传廉洁从业典型，传播廉洁文化理念，鞭挞贪腐丑恶现象，已成为国有企业反腐倡廉建设学习、宣传、教育、交流的主要载体和窗口。

广东省国资委纪委充分利用这一载体，通过向企业领导人员和重点部门人员约有关党风建设和反腐倡廉工作方面的稿件，促使他们在写作中反思，在反思中提高对廉洁从业重要性的认识。4年多来，约请了40位省属企业董事长、总经理和64位纪委书记畅谈廉洁从业的体会和重要性，促使他们常修为政之德、常思贪欲之害、常怀律已之心。该刊物的创办得到了上级部门和企业的广泛好评。已有23篇文章被国家预防腐败局网、《中国纪检监察报》、《南方杂志》等多家主流媒体转载，扩大了反腐倡廉工作在国有企业的影响力和渗透力。目前，各省属国有企业在该刊物的影响下，纷纷利用自办的企业杂志或报刊，开设廉政建设专栏，广泛宣传廉洁文化理念。

用多种主题活动让廉洁文化全方位绽放

每年，广东省国资委都会确立一个主题活动来牵引企业廉洁文化建设，通过全员参与、熏陶辐射的方式，弘扬廉洁从业意识。

2007年，广东省国资委首次举办了“国企清风”广东省省属企业廉洁文化专题文艺晚会，通过企业自编、自导、自排、自演节目，讲述身边人，颂唱身边事，艺术地表现和诠释“廉洁”主题，充分展示省属企业改革发展和反腐倡廉的丰硕成果。“国企清风”晚会获得了广东省纪检监察宣传教育专项工作奖。2008年举办“国企风采”书画摄影作品大赛，展现廉洁文化建设成果。2009年，举办了省属企业“国企放歌”歌咏比赛，通过唱颂歌、忆先辈，纯净心灵，端正作风。2010年，举办了“国企书香”专题文艺晚会，以文艺形式展现读书思贤、思廉、思德、思进，通过读书提高修养。2011年，举办“清风颂廉”书画摄影展，充分发挥书画摄影作品的潜移默化、润物无声的教育作用，加大了廉洁文化的传播力度。各国有企业每年都组织开展各种形式的廉洁文化建设的主题活动，企业领导都能亲自负责、亲自组织、亲自参加。

据统计，五年来，各省属企业自办反腐倡廉方面的文艺晚会104场次，组织演讲比赛120场次，知识竞赛172场次，自创文艺节目448个等，形成了有效的廉洁文化传播机制。

用纪律教育学习月活动打造廉洁文化品牌

开展纪律教育学习月活动在广东省已有20个年头，独特的广东特色成效明显，成绩喜人，成为广东省党风廉政建设的一个重要品牌。

而广东省国资委充分利用每年一度的纪律教育学习月活动这个载体，坚持与时俱进地抓好纪律教育，创新教育形式，拓展教育载体，注重以发生在监管企业的案例为题材，通过每年编印一本《典型案件剖析材料》、制作或播放一批警示教育片、组织一次廉政教育参观、发放一批廉政书籍、请专家作一次廉政辅导、召开一次“以案说纪”座谈会及组织一次算“政治账、经济账、亲情账、荣誉账、自由账、地位账”等，一人不漏地在省属企业开展好纪律教育学习活动。

近两年，广东省国资委纪委注重用发生在国有企业的腐败案例来强化警示教育，先后以省盐业集团原董事长沈志强、省韶钢集团原董事长曾德新、广东新广国际集团原董事长吴日晶系列腐败窝案为题材，拍摄制作了《“蛀虫”透视》、《国企之殇》等警示教育片，以案说法，以案明纪，给企业领导和全体人员的心灵造成了巨大震撼。正如一位企业领导人员观后所言：“身边的企业，熟悉的人物，活生生的案例，哪位企业领导人员观后不痛触灵魂？震撼！贪欲无边坠深渊，毁了家庭、垮了企业，贪腐之祸、国企之殇，反腐倡廉任重道远。”各国有企业坚持每年一度纪律教育学习月活动，促使企业人员自觉地守纪律、正作风、讲廉洁，重视思想道德修养。据了解，广东省省属国有企业每年开展的纪律教育学习月活动，企业领导人员做廉洁从业方面的专题辅导报告442场次，组织各类教育和参观活动233场次，基本实现人人受教育的目标。

用信息网络载体有效宣扬廉洁文化理念

信息时代，网络载体是宣传廉洁文化的有效、创新的平台。广东省国资委在外网开设了“廉政建设”栏目，通过登载党风廉政建设有关方面的法律法规、理论研究、案例警示、国企动态等信息，客观真实地反映国有企业反腐倡廉工作的新情况、新动态，为企业提供学习、查询规章、借鉴经验的平台。

2010年，广东省国资委利用信息网络载体，以《国有企业领导人员廉洁从业若干规定》、《关于进一步推进国有企业贯彻落实“三重一大”决策制度的意见》和《加强和改进省国资委监管企业和省属金融机构纪检监察组织建设的实施办法》为主要内容，开展百题知识竞赛网上答题，要求企业领导人员和重点岗位人员必须参加，以比促教，以赛促思，以思促廉。同时在省国资委内网上开设了供所有人员讨论的“清风园地”专栏，让委机关人员可以在论坛上自由发表对反腐倡廉工作的见解、看法，提高对反腐倡廉工作的认识。目前该论坛已成为省国资委党委、纪委了解和掌握人员思想动态的重要窗口。各省属企业也广泛运用信息网络的牵引作用，强化信息防腐的宣传功能。据了解，2010年，省属企业利用信息网络手段开展党风廉政建设专网和构建反腐倡廉信息平台的省属企业达349家，每年增加14至20家。如广东省旅游集团在OA上开设“企业廉洁文化论坛”，组织廉洁文化大讨论，效果明显。

用抓好“一把手”工程推进廉洁文化进企业

廉洁文化进企业，只有“一把手抓”、“抓一把手”，才能有效地推进。广东省国资委始终将廉洁文化建设作为一项重要工作，明确省国资委和省属企业党政“一把手”为企业廉洁文化建设的第一负责人，要求各级领导人员带头参加廉洁文化建设活动。省国资委主要领导在每年省国资系统重大廉洁文化建设工作中，都亲自部署、亲自作动员作报告、亲自提要求。广东省国资委纪委主动负起牵头的职责，紧密结合企业实际，确定廉洁文化建设的主题、对象和内容，制定具体措施，进行具体部署，同时针对每个单位、每个部门、每个人员，抓好责任分解、检查考核、责任追究三个环节，建立由纪委牵头，相关职能处室参加的企业廉洁文化建设推进工作联席会议制度，相互配合，分工负责，分类指导，凝聚整体合力，促进廉洁文化进企业活动的有效落实。目前，廉洁文化建设成了各监管企业“一把手”工程，形成了各企业党委统一领导、纪委组织协调、相关部门密切配合的整体推进工作机制；各省属企业通过组织开展丰富多彩的廉洁文化活动，在廉洁从业的氛围中，不断地唱廉、说廉、颂廉、守廉，廉洁文化走进千家万户，如春风化雨滋润广大职工心田。

（原载《广东党风》2011年第11期，与王松强合作）

风险防控机制
为省属国有企业构建廉洁屏障

广东省国有资产总额2.59万亿元，企业员工139万人，其中省国资委监管企业26户、经营企业1570家，资产总额6230亿元，员工22.5万人。近年来，我们坚持把反腐倡廉建设融入国资监管和国有企业改革发展之中，创新思路，健全机制，强化廉洁风险防控，全面推进省属国有企业惩防体系建设，为确保我省国有资产保值增值和国有企业健康科学发展提供了坚强保障。

一、坚持治心为先理念，构建防控廉洁风险的思想教育机制

（一）弘扬廉洁思想，构建廉洁文化传播教育机制。我们坚持每年确立一个主题活动牵引企业廉洁文化建设，弘扬廉洁意识。2007年，举办了“国企清风”省属企业廉洁文化专题文艺晚会，企业自编自导、自排自演，艺术地表现和诠释廉洁主题；2008年，举办“国企风采”先进人物事迹巡回演讲活动，树立先进典型，弘扬廉洁正气；2009年，举办省属企业“国企放歌”歌咏比赛，纯净心灵；2010年，举办“国企书香”专题文艺晚会，以文艺形式展现读书思贤、思德、思廉；2011年举办“清风颂廉”书画摄影展，充分发挥书画摄影作品的潜移默化、润物无声的教育作用，加大廉洁文化的传播力度。各监管企业每年都组织开展各种形式的廉洁文化活动，形成了有效的廉洁文化传播教育机制。

（二）灌输廉洁理念，构建作风纪律警示教育机制。我们结合国有企业特点，把每年一度的全省纪律教育学习月活动融入到廉洁风险防控警示教育机制建设中，通过每年编印一本《典型案件剖析材料》、制作或播放一批警示教育片、组织一次廉政教育参观、发放一批廉政书籍、请专家作一次廉政辅导、召开一次“以案说纪”座谈会，一人不漏地开展好纪律教育学习活动。这两年，我们以省盐业集团原董事长沈志强、韶钢集团原董事长曾德新、新广国际集团原董事长吴日晶腐败窝案为题材，分别拍摄制作了《“蛀虫”透视》、《国企之殇》等警示教育片，利用身边人、身边案例警示教育各级企业领导和全体人员，促使全体企业人员自觉地守纪律、正作风、讲廉洁。

（三）增强廉洁意识，构建信息传媒常态教育机制。我们充分利用信息传媒载体，如在我省国资委外网上开设《廉政建设》栏目、在内网上开设《清风园地》栏目，创办反腐倡廉内刊《国企清风》等，构建廉洁风险防控常态教育机制，通过邀约相关企业领导人员畅谈廉洁从业体会和登载剖析一些典型案例，达到既教育别人、也警示自己的目的。特别是2008年创办的《国企清风》内刊，已成为全省国有企业反腐倡廉建设学习、宣传、教育、交流的主要载体。其中，有23篇文章被国家预防腐败局网、《中国纪检监察报》、《南方杂志》等多家主流媒体转载。

二、坚持规范管理原则，构建防控廉洁风险的制度建设机制

（一）融入国资监管体系，构建完善企业经营常态监管制度机制。我们注重将企业领导人员廉洁从业的规定要求，主动融入到建立现代企业制度体系和完善法人治理结构中，形成了50多项涵盖企业发展规划、改制重组、产权转让、业绩考核、监事会监督、经济责任审计等方面的国资监管制度体系，做到企业领导人员权力延伸到哪里，制度建设就跟建到哪里，监管工作就追踪到哪里，实现用制度管资产、管人、管事、管权。目前，我们还在积极推进规范董事会建设和国有产权多元化工作，完善制衡机制，较好地防范了企业领导人员廉洁风险。

（二）融入全面风险管理体系，构建完善企业人员廉洁从业制度机制。2007年11月，省国资委先后确定省机场集团、交通集团、广业公司为全面风险管理试点单位。我们一方面积极督促企业找出各类廉洁风险点。如省机场集团确定基建、投资、市场营销等领域风险点169个，省广业公司确定投资、资金、财务和市场管理等四个领域风险点114个。另一方面依据廉洁风险点建立制度体系。2009年，我们省国资委制定下发《省属企业惩防体系建设基本框架》；2010年，我委会同省纪委、省委组织部制定下发了《广东省贯彻执行〈国有企业领导人员廉洁从业若干规定〉实施细则》，对监管企业“三重一大”决策和生产经营的重点领域和关键环节的廉洁风险点进行程序性规范和禁止性要求；会同省纪委、省委组织部制定下发了《加强和改进省国资委监管企业和省属金融机构纪检监察组织建设的实施办法》，推动企业纪检监察、审计、监事会及法律部门等监督力量整合，探索并指导企业建立廉洁风险防控线，建立企业领导违规决策责任追究制度，促进了企业领导人员的廉洁从业工作。

（三）融入企业考核分配体系，构建完善企业人员利益挂构制度机制。

我们坚持一手抓好每年一度的党风廉政建设责任目标考核工作；一手将企业本部及下属企业发生的违纪违法案件、造成重大经济损失以及廉洁风险融入到企业领导人员经营业绩考核工作中，与经济利益挂钩，增加党风廉政建设分值比重，同时将绩效年薪的30%作为企业负责人经营和廉洁风险保证金延期兑现，促使企业领导人员更加重视廉洁风险的防控工作，确保“一岗双责”工作的落实。

三、坚持重点监管方略，构建防控廉洁风险的监督管理机制

（一）开展效能监察工作，构建重点项目监廉机制。我们专门制定下发了《广东省国资委监管企业效能监察工作暂行办法》，紧紧围绕重大决策、重组改制、资金运作、物资采购、工程建设、重大投资等重点项目部署开展效能监察，看是否有违规违法和不廉行为，着力实现“开展一个项目效能监察、完善一批制度，堵塞一个方面漏洞，规范一个方面管理，教育一大批人员”的目标。2010年，我们重点对省铁投集团城际轻轨铁路、省广业公司污水处理工程两项重点建设项目开展效能监察，推行“阳光工程”和“廉洁工程”建设试点，较好地防范了不廉行为的发生。

（二）运用现代科技手段，构建关键环节保廉机制。我们充分利用现代科技成果，对企业经营管理活动关键环节实行智能化、信息化、网络化监管，防控廉洁风险。省国资委率先启动建设国有资产监督管理信息系统，实现了与各监管企业资金往来、抵押担保、财务担保、财务帐目的在线监督。省粤海集团、省粤电集团等省属企业通过建立会议智能化决策系统和“商务网”，有效地防范了决策腐败和物资采购上的廉洁风险。

（三）加强企业综合督查，构建领导班子促廉机制。我们从2008年起，在省属企业组织开展了综合督查工作，由省属企业纪委书记领队，抽调企业纪检监察、财务审计、综合法律等监督部门专业人才组成督查组，采取党委统一组织、纪委统筹协调、企业对口互查、深挖细研问题等方式，利用企业人才熟悉企业运作情况等优势，每年抽选3至4家经营问题突出、廉洁风险较大的企业进行综合督查，有效地促使各企业领导班子更加重视廉洁风险防控，更加重视惩防体系建设。

四、坚持查案建威促廉，构建防控廉洁风险的惩治工作机制

（一）认真查处大案要案，构建以惩促建工作机制。这些年，我们集中力量先后组织查处了省韶钢集团、盐业集团、新广国际原主要领导人员的腐败窝案以及省机场集团云梯山庄近3亿元国有资产损失案和省航运集团航兴公司原总经理挪用公款2900多万元案等。对查办过的大案要案，我们都认真剖析原因，并对相关职能部门和企业提出整改建议要求。如针对新广国际重大经济损失案暴露出的主要问题，进一步修订完善国资监管制度体系，加大财务专项审计和监事会当期监督力度，建立企业重要人事“谁使用、谁负责，谁考察、谁负责”的选拔使用问责机制，推动规范董事会建设和企业“裸官”监督管理等工作，建立以惩促建的工作机制。

（二）积极推行交叉办案，构建以惩促防工作机制。信访举报案件核查是发现问题、防控廉洁风险最有效办法之一。我们针对一些企业纪检监察部门对查办本企业案件顾虑较多和不敢查、不愿查等现象，以及监管部门纪检监察机构人少事多等矛盾，选定20家有一定办案能力的企业，按照新老搭配、专业结构协调、经验互补的原则，组成20个办案组，开展企业之间交叉办案。2008年以来，共组织初核违纪线索518个，立案35件，办案数量超过前4年总和，并为企业挽回或减少经济损失8亿元。通过加大信访案件核查工作力度，推动企业廉洁风险防控工作的深入开展。

（三）切实抓好专项治理，构建以惩促治工作机制。我们坚持案件查处与专项治理两手都要硬，先后在省属企业组织开展了治理商业贿赂、纠正行业不正之风、工程建设领域突出问题、“小金库”治理、诚信体系建设等专项治理活动。2010年，我们通过查处纠风突出问题43个、商业贿赂案件5起、私设“小金库”企业91家、工程建设领域信访案件12起、对5家中介组织实施禁入等，力求做到专项治理一线，便建立一线规章制度、完善一线监管体系、规范一线工作秩序。如企业普遍存在的工程建设领域招投标和超概算问题，我们通过工程建设专项治理，发现和需整改问题191项，督导企业制定完善相关制度93项，有效预防了工程建设领域的廉洁风险。

近年来，我们在加强廉洁风险防控、推进企业惩防体系建设方面做了一些探索，取得了初步成效。今后，我们将紧密结合国资监管实际，进一步完善企业领导人员廉洁风险防控机制，深入推进国有企业惩防体系建设，努力为国有企业持续健康科学发展作出新的贡献。

（原载《国企清风》2012年第1期）

规范用权行为　加强监督管理

——解读《广东省贯彻执行〈国有企业领导人员廉洁从业若干规定〉实施细则》

一、《实施细则》的制定背景和简要过程

中央纪委第十七届二次全会提出国有企业领导人员廉洁自律“七项要求”，2009年7月，中央办公厅、国务院办公厅又印发了《国有企业领导人员廉洁从业若干规定》。这两部法规制度的出台，国资监管机构、纪检监察机关和国有企业普遍反映很有针对性，切中要害，抓住了国有企业领导人员廉洁从业的突出问题，明确了企业反腐倡廉工作的重点领域和关键环节，对于规范国有企业领导人员用权行为，维护国家和出资人利益，促进国有企业科学发展具有重要作用。2008年5月，省国资委把落实“七项要求”列为新一轮解放思想调研活动十个专题之一，组织力量拟制“贯彻落实‘七项要求’实施细则”。根据省国资委党委和时任纪委书记吴清泉的要求，由监察专员办公室李家瑞、王松强同志牵头组织起草，相关处（室）协助，组成了调研起草小组，深入到广业公司、交通集团、粤电集团等15家省属企业调研，先后三次组织了部分省属企业纪委书记、有关人员座谈会和委机关处室负责人座谈会，广泛征求意见，初步拟制了贯彻落实国有企业领导人员廉洁自律“七项要求”实施细则。2009年7月，《国有企业领导人员廉洁从业若干规定》（以下简称《若干规定》）颁布后，根据省纪委主要领导的指示，省纪委分管负责同志和党廉室负责人还专门到省国资委部署制定贯彻落实《若干规定》工作，并要求抓紧制订贯彻落实的实施细则。于是，我们在已初步拟制贯彻落实“七项要求”实施细则的基础上，认真学习领会和把握《若干规定》的重要意义、精神实质、内容要求，并落实到国资监管和企业改革发展实践之中，吸收了中央纪委2008年提出的“七项要求”，强调完善“三重一大”集体决策制度等重要内容，修改完善成《广东省贯彻执行〈国有企业领导人员廉洁从业若干规定〉实施细则》（简称《实施细则》），并先后两次召开省属企业纪委书记联席会议进行研究

和征求委机关各处（室）意见。2009年12月，根据省纪委主要领导的要求，省纪委党廉室孙跃山、聂公佐同志与我们起草小组同志一起对《实施细则》的草稿认真反复作了审议和修改。尔后又报送给省纪委、省委组织部相关处室和印发各市国资委、各省属企业及委机关各处（室），广泛征求意见。今年3月，省国资委纪委书记吴广明又召集委有关领导和各处室主要负责人座谈，按照各处室职能要求再提出修改意见。我们起草小组根据反馈意见组织修改后又报送给省纪委党廉室审核后形成了《实施细则》的审议稿。4月9日，获省国资委党委会审议通过。可以说，这个《实施细则》的形成是集体智慧的结晶。

二、《实施细则》的精神实质和主要内容

《实施细则》以规范国有企业领导人员权力运行为重点，围绕国有企业经营管理的重大事项，整合中央和省以往有关国企领导人员廉洁自律工作的各项要求，强调重在预防的原则，明确责任并规定了组织实施与监督检查的措施，充分体现了“管资产和管人、管事相结合”的要求。

《实施细则》共4章26条、约7000字，主要包括四个方面内容：第一部分为“总则”部分，共2条，明确提出制定《实施细则》的目的和适用范围。第二部分为“廉洁从业行为规范”，共10条，这是全文的主体部分，这部分大量涉及企业经营管理业务问题和相关的制度规定，涵盖企业“三重一大”、重大投资活动、财务管理、企业招投标、国有资产转让、资产重组、资本运作、薪酬分配、职务消费、廉洁自律和作风建设等内容。对此，我们注重把反腐倡廉理念贯穿于完善国资监管中，从源头上防范决策、经营风险以及腐败风险，并逐条进一步做了分解细化，力求内涵更丰富，针对性更强，条文更具体，更便于实际操作，从而从内容、制度和程序上规范企业领导人员用权行为，更加明确了哪些事情可以做，哪些事情不能做，让企业领导人员在腐败上不愿为、不敢为、不能为。第三部分为“组织实施与监督检查”，共6条，第十三条、十四条明确了贯彻执行《实施细则》组织实施的责任主体及要求，第十五条明确了行使出资人职责机构监督检查的要求，第十六条明确了纪检监察部门的要求，第十七条、十八条明确了国有企业领导人员违反《若干规定》实施细则实施责任追究和依法依纪处分的具体规定。第四部分为“附则”，共8条，其中第十九条至第二十三条，相继对企业重大决策事项、重要人事安排、重大投资活动、大额度资金使用以及领导班子集体研究决定的含意作了说明。同时明确了本《实施细则》由省纪委、省委组织部、省国资委负责解释。

三、《实施细则》注重四个方面的结合

制定《实施细则》是贯彻执行《若干规定》的重要举措，有利于规范国企领导人员用权行为，有利于加强国企反腐倡廉建设，对于我省国有企业稳步推进改革和健康发展具有重要意义。对此，我们注重以下四个方面的结合：一是注重与适应国有企业改革发展相结合。通篇都考虑了如何保障和促进国有企业改革发展的问题，为企业科学发展保驾护航。二是注重与完善企业法人治理结构相结合。有关条款都考虑企业领导人依法用权要与权力制衡、监督有机结合起来，要求企业班子依据职责、权限和规则，进行集体研究决策和按照国资监管规定进行报审。三是注重与健全国资监管和企业规章制度相结合。《实施细则》是国资监管和企业规章制度的重要组成部分，通篇明确企业领导人员应严格遵守什么规定，不得有哪些行为，并明确了行使出资人职责的机构对国企领导人员的监督和管理职责。四是注重与适用党纪政纪法规相结合。监督检查和责任追究是落实《若干规定》的重要保证，《实施细则》对违反《若干规定》的，明确了依据有关法律法规、党的纪律和企业规章制度，追究有关责任人责任和严格处理办法。

（原载《国企清风》2010年第1期，与王松强合作）

纪律教育：一声棒喝　效果凸显

——广东省属国企反腐倡廉宣教工作凸显效果

2011，一部《国企之殇》警示片在省属国企一石击水，涟漪不断，引发了广大企业领导人员和职工的大讨论，不少人纷纷拿起了笔或敲起了键盘，把所思所想坦率地讲了出来，有的还把自己的观后心得寄给省国资委纪委的《国企清风》杂志，可以说，以身边案例说身边事，触及灵魂的反省最能警示人、教育人。

省国资委纪委开展的主题纪律教育学习月活动之所以取得如此明显的成效，主要还是得益于能够紧紧抓住一根主线，成功策划了四大亮点，找准了三个平台。

此言从何说起呢?

一根主线：警示片一声棒喝

去年，一部警示片《国企之殇——新广国际集团国有资产重大损失案警示录》所带来的“蝴蝶效应”是明显的，它犹如盛夏七月的一声棒喝，警醒了不少欲望途中的夜行人。这部由省纪委和省国资委联合摄制的警示教育片，深入剖析了国企蛀虫吴日晶、章望生、冯志标、耿　等人的犯罪事实及原因，并在纪律教育学习月期间，发放到了各地市国资系统和省属企业，要求认真组织观看，一人不漏。该片在国企领导人员和广大职工之中引起了强烈反响。省国资委机关和省属企业根据这一现象，要求各省属企业结合国资监管实际，召开观后座谈会和撰写观后感等形式，以案为鉴、吸取教训，增强纪律教育的感染力。部分企业顺着这一思路，还组织观看了《暴风雨中的忏悔》、《工程建设领域腐败剖实录》、《欲盖弥彰——刘志华腐败警示录》等警示片，撰写心得体会，开展案例分析，以案说纪、以案施教，使每位国有企业领导人员都能从案例中得到警示，增强正确行使权力的意识，达到以腐为戒、警钟长鸣的教育目的。

四大亮点：纪律教育精彩迭显

亮点之一：专家走进国企辅导

省国资委纪委通过召开纪律教育学习月动员大会、举办专题辅导讲座等形式，促使国有企业领导人员加强学习、加强思考、加强修养。2011年，省国资委纪委邀请了省纪委常委、省监察厅副厅长曾庆荣同志作专题辅导报告，邀请了中央纪委法规室副主任姜文鹏同志作“贯彻落实《国有企业领导人员廉洁从业若干规定》”为主题的辅导讲座。通过领导和专家深入分析当前党风廉政建设和反腐败斗争的形势，增强了广大企业领导人员的纪律意识、法规意识、责任意识和使命意识。

亮点之二：参观学习听现身说法

纪律教育学习月活动期间，省国资委通过组织参观“全国窃密泄密案例警示教育展”和廉洁图片展等活动，积极营造了贪耻廉荣、守纪光荣的廉洁从业氛围。各省属企业围绕主题，上下联动。省机场集团组织企业中层领导人员前往广东省女子监狱参观，听取职务犯罪服刑人员的现身说法；省联合收费公司组织员工参观“毛泽东廉洁风范图片展”活动，强化企业人员特别是领导人员的廉洁从业意识，构筑拒腐防变的思想道德防线。据统计，纪律教育学习月期间，各省属企业共举办各层面的动员大会885场次，举办各类专题辅导讲座710场次，组织各类警示教育等1274场次，参观活动564次，参加纪律教育学习月活动总人次达15万人次，确保了活动时间、内容、人员、效果“四落实”。

亮点之三：读书思廉活动有载体

省国资委先后发放《反腐倡廉教育读本（2011年）》、《广东廉洁文化理论实践与战略》、《反腐倡廉10个热点问题》等多册廉洁书籍，通过采取集中学习讨论、个人业余自学等形式，充分运用勤廉兼优先进典型人物的榜样和反腐倡廉理论指导，着力引导企业领导人员在潜移默化中强化以廉为荣、以贪为耻的理念。在全省国资系统及监管企业部署开展了以“读廉洁书籍、扬国企清风”为主题的廉洁书籍读后感征文活动，并将于6月份评选奖励，通报表彰，将优秀作品结集成册，以此加强反腐倡廉的教育力度，大力传播廉洁文化。他们还认真组织开展纪念建党90周年反腐倡廉知识竞赛活动，通过广泛宣传、深入发动，以赛促廉，促进了广大领导人员和职工对反腐倡廉理论、知识的学习，增强了廉洁自律意识。

亮点之四："清风颂廉"有品位

2011年7月，省国资委纪委组织开展了全省国资系统"清风颂廉"廉洁文化书画摄影作品大赛活动，共征集到1491件参赛作品并评选出若干奖项，当年8月份在广东省文联艺术馆举办了为期一周的书画摄影作品展览，活动得到了省领导高度重视，时任省委副书记、省长黄华华和省纪委领导分别为展览题词。通过展览活动，艺术地展示了我省国资系统廉洁文化建设的成果，广泛传播廉洁文化，有效地增强了企业廉洁文化的影响力、渗透力和感染力，推进了反腐倡廉工作深入开展。

三个平台：推演宣教效果

内部刊物平台。2008年省国资委在全国国资系统率先创办的《国企清风》反腐倡廉杂志，已成为全省国有企业反腐倡廉建设学习、宣传、教育、交流的主要载体。四年多来，该刊紧紧贴近实际，服务国企，体现特色，积极宣传廉洁从业典型，传播廉洁文化理念，鞭挞贪腐丑恶现象。省国资委纪委利用这一传播平台，通过邀约相关企业领导人员畅谈廉洁从业体会和刊载剖析典型案例，加强反腐倡廉教育力度，起到警钟长鸣的作用。其中，有30余篇文章被国家预防腐败局网、《中国纪检监察报》、《南方杂志》、《广东党风》等多家媒体转载，扩大了反腐倡廉工作在国有企业的影响力，有效地增强了廉洁文化的渗透力和感染力。目前，各省属国有企业在该刊物的影响下，纷纷利用自办的企业杂志或报刊，开设廉政建设专栏，广泛传播廉洁文化。

网站专栏平台。在省国资委外网上开设廉政建设栏目，建立了《要闻传真》、《法规天地》、《工作探索》、《警钟长鸣》等子栏目；在内网上开设了"清风园地"栏目，定期更新并做好维护，传达了省国资系统反腐倡廉动态和资讯，以供交流借鉴。

工作简报平台。一年来，省国资委共编印《国资纪检监察信息》简报9期，推出《省属国有企业工程项目超概算成因与对策研究》、《强化监督制约措施　构建惩防体系建设机制》、《省建工集团因案施教　认真贯彻"大安全"工作理念》等简报，充分利用工作简报为学习载体，不断增加领导人员和职工的接受教育面，多渠道、全方位地开展纪律教育，多措并举，构建廉洁风险防控常态教育机制。

（原载《国企清风》2012年第2期，与王松强合作）

走出去　看得住　管得好

——广东省属企业境外资产监管工作的做法与成效

国企境外资产怎么监管，一直为人们关注和担忧。曾经爆发的中航油期货事件以及某央企海外项目巨亏40多亿元的新闻，犹如一枚枚重磅炸弹，以巨额的“学费”警醒了国资监管机构的监管意识。那么，面对境外资产，我们是否具有监管有力的招数呢？作为我国改革开放前沿的广东又是怎么做的呢？带着这个问题，本刊记者走访了广东省国资委纪委。

设机构立规矩　注重防范“四大风险”

据省国资委党委副书记、纪委书记吴广明介绍，目前，我省有境外资产的14户省属企业，大部分设立了专门的监管机构，统一对境外国有资产实行归口管理。暂时没有成立专门机构的，也将监管责任落实到相关职能部门。个别企业还专门成立了境外资产营运公司。如广新控股集团为实施“走出去”发展战略，于2005年组建了广新控股有限公司，整合了除宝粤公司外所有的境外资产、业务、资金、人员等，由广新控股有限公司统一对境外国有资产进行经营和管理，取得了较好效果。

“境外企业主要存在四大风险，即政治风险、经济风险、安全风险和人员不廉洁的风险。如何防控省属国企在境外企业或境外资产、境外项目的风险，近年来，广东省国资委作了积极的探索，也颁布了暂行办法。但进一步完善尚有一段路要走。”吴广明如是说。他认为，当前国内一些企业，由于母公司对海外下属企业监管不到位，曾发生过严重的国资流失问题和违法违纪现象。这也是广东省属国企的前车之鉴，必须引起高度警觉。比如说一些境外企业设置不规范、管理不完善，给内部人控制、化公为私等行为提供了可乘之机，造成了境外国资流失。”

随着广东省国有企业“走出去”战略的加快实施，省国资委加强了对省属国企在境外资产的监管，探索建立有效管制的组织治理机构，确保廉洁风险防控落到实处。一些企业制定了专门的境外国有资产监管制度，如交通集团制定了《广东省交通集团有限公司境外企业国有资本和财务管理暂行办法》。粤海集团建立以董事会18条禁令为核心的规章制度，内容涉及公司设立、产权转让、资产处置、大额资金审批、对外融资和对外担保等方面。而南粤集团针对企业的新情况、新特点，重新修订了有关规章制度，明确由集团计划财务部负责财务审核、经营管理部负责技术和管理审核、监察审计部负责全程跟进监督的管理体系。

规范投资理财　注重建立法人治理

据了解，广东省14户省属企业境外公司治理各具特色。广晟公司根据境外企业所在地的法律法规强化境外企业法人治理建设，有效维护了我方合法权益，如并购的澳大利亚佩利雅上市公司，按当地法规董事会由6名董事组成，中金岭南派出3名董事并出任董事会主席，另有外籍董事3名，根据佩利雅公司董事会议事规则，当出现表决僵局时，董事会主席有决定票权，因经理层属于董事会决议的执行机构，任何未经董事会决策的事项均属违规，中金岭南实际控制佩利雅公司董事会。交通集团规定，各驻港企业的董事会议题，在企业董事会召开前必须以征求股东意见的形式报集团审批，由集团相关职能部门审议后，形成集团表决意见交由派出董事在企业董事会表决。航运集团制定了《“三重一大”集体决策实施细则》，进一步规范境外企业“三重一大”事项运作，并通过公司章程明确界定集团与境外企业的权、责界限，境外企业重大事项严格按规定报集团审批。

省国资委主任温国辉在日前召开的省属境外资产监管工作座谈会上强调说，在境外企业法人治理完善之后，必须对投资和财务管理进行规范。对所有境外投资必须设定关键业绩指标和关键风险指标。财务指标考核，不仅看利润还要看负债率。这是抓“牛鼻子”。粤海集团多次修订《广东粤海控股公司投资管理规定》，项目上报、评估、审核实行制度化管理，投资必须设定关键指标。航运集团专门制定了《投资监管办法》，对境外项目的立项、评估论证、个案审核、实施、后评价、监督考核和责任追究作了明确规定，境外股权投资或股权追加投资，不论投资额大小，按重大投资的审核方式管理。省广新控股重点抓好境外投资、财务监管、内部控制三项制度建设和业务流程规范。广晟公司对海外项目实行源头管理，明确海外投资项目要过三关：一是否符合公司长远发展战略，二是在同类项目中是否具有比较优势，三是在尽职调查和项目评估的基础上是否具有可行性。交通集团为规范境外企业国有资本收益的上缴和使用，制定了《广东省交通集团有限公司境外企业国有资本收益专户管理办法》，对国有资本收益实行专户管理，严格监控境外企业国有资本收益的积累和使用，境外企业同时也纳入集团全面预算管理体系，定期上报预算执行情况。目前看来，省属国有企业的这些举措都收到了一定的成效。

“走出去”战略成效显现　仍需强化防控风险意识

由于省国资委十分注重省属企业境外资产的风险防控，健全了组织机构和管理制度，防控水平得到了明显提高。如粤海集团通过章程约束加强对离岸公司的管理，离岸公司的经营运作、人事任免、产权转让、对外股权投资等重大事项均须报集团审批；所有银行账户均开设于香港或内地，且账户的签字人及签字权的设定均须得到集团审批。交通集团对境外以个人名义代持股的手续作了详细规定，境外企业在日常管理中均按相关制度执行。粤电集团要求境外企业全面了解注册地和运作国家或地区的社会习俗、政治、经济、法律等情况，充分估计对企业可能造成实际影响的各种风险，做好可行性研究和风险应对措施。建工集团严格控制境外公司经营股票、期货等风险性业务，严格控制其银行贷款和对外提供信用担保。

正是因为对省属企业境外企业和境外资产采取了行之有效的防控风险举措，为各企业积极稳妥地实施“走出去”战略，带来了明显成效。如广晟公司获得澳大利亚PNA（泛澳）公司增资后股本中19.9%的股权以及卡利登资源公司100%的股权，该公司控股的中金岭南成功收购澳大利亚PEM公司50.1%的股权和加拿大全球星公司100%的股权，进一步做大做强主业。粤电集团收购澳大利亚纳拉布莱煤矿7.5%股份，努力打造完整产业链。广新控股获得拥有全球最大锌矿的澳大利亚上市公司KAGARA（卡加拉）公司19.9%的股权和香港联交所上市的兴发铝业29.42%股权，并通过并购澳大利亚卡加拉公司等国内外上市公司，实现了从纯外贸向“科工贸投”的华丽转型。

境外国有资产监管工作的有效加强，有力促进了境外国有企业的发展壮大。据有关资料统计，目前24户省属企业中，14户企业有境外资产，业务遍布亚洲、非洲、北美洲、欧洲、大洋洲的19个国家和地区，经营范围从起初的基础公用、外贸外经等延伸到能源矿产、房地产、高端服务、工业制造、工程建设等多领域。境外资产总额达854.63亿元，占同期全部省属企业总量的12.88%。2011年利润总额51.80亿元，超过24家省属企业利润总和的四分之一。其中，境外资产总额前五名的粤海集团、交通集团、航运集团、广晟公司、广新公司的境外资产总额、归属于母公司所有者权益、利润总额分别占14户省属企业境外资产总量的93.63%、93.42%、94.91%。

此外，省属驻港澳企业认真贯彻落实“一国两制”方针，积极履行“言商”、“言政”职责，维护港、澳地区正常市场秩序，支持港、澳政府依法施政，为香港、澳门的繁荣稳定作出了应有贡献，展示了省属企业的良好形象。

（原载《国企清风》2012年第2期，与罗星明合作）

清风给力　国企前行

——2010年省属国企反腐倡廉“得意之笔”大扫描

清风起南粤，国企扬帆行。刚刚过去的2010年，在省纪委和省国资委党委的正确领导下，省属国有企业以强化党风廉政建设责任制落实为基础，以建立完善惩防体系建设为主线，突出重点，创新思路，惩防并举，整体推进，为确保企业科学健康发展，确保国有资产安全和保值增值提供了坚强的纪律保障。

本刊对一年来省属国有企业反腐倡廉建设一些有特色、有创新、有成效的做法作个扫描，希望在新的一年里，反腐倡廉建设在省属国有企业中更加扎实、深入地开展，取得更大的成效。

廉洁宣传教育有新形式

用先进的思想来武装、先进的文化来熏陶是提高国有企业反腐倡廉教育效果的重要方法。一年来，省属国有企业坚持先进思想和先进文化为指导，着力创新反腐倡廉宣传教育形式，有效增强了国有企业从业人员的廉洁从业和拒腐防变意识。

创新企业领导人员廉洁从业教育。各省属企业狠抓企业党委理论中心组学习，积极开展企业领导人员任前廉政谈话、诫勉谈话、询问咨询活动，有力规范和促进了企业领导人员廉洁从业。省建工集团在开展反腐倡廉教育中注重“四性”、“三结合”，在教育对象上突出针对性、在教育形式上突出多样性、在教育内容上突出警示性、在教育过程中突出实效性，经常性教育与专题性教育相结合、正面教育与反面教育相结合、组织教育和家庭教育相结合。省广业公司坚持做到“四个结合”，即与纪律教育学习月活动相结合，与企业文化建设相结合，与评先评优相结合，与领导人员选拔任用相结合，强化了反腐倡廉教育效果。省航运集团将“三重一大”、《廉政准则》、《若干规定》及

《实施细则》等文件汇编成册，发至中层以上领导人员进行学习，提高规范履职意识。省物资集团抓好“一把手”工程建设，出台了“四个程序”、“六个不准”、“九个注意”规定。

创新企业廉洁文化建设。省属国有企业坚持以廉洁文化建设为主题，采取多种形式，积极开展廉洁文化进企业、进班子、进岗位、进家庭活动，组织开展了各具特色的企业廉洁文化建设。省水电集团组织“五岗”人员廉洁教育培训会，要求领导人员带头提高“一个认识”、强化“两种意识”、规范“三个圈子”、保持“四个敬畏”，做到“九个坚持”。省建工集团积极开展“廉内助”评选、“廉政进家园”等活动，纯洁“家庭圈”。省商业集团坚持四个“纳入”，将企业廉洁文化建设纳入党建工作、职工素质教育、企业文化建设和生产经营管理之中。省粤旅集团在OA上开设“企业廉洁文化论坛”，组织开展廉洁文化大讨论活动，积极传播企业廉洁文化，打造党员企业领导人员学习交流的平台。

创新纪律教育学习月活动。突出以“加强制度教育，构筑拒腐防线”为主题，全面加强对省属国有企业职工特别是企业领导人员的纪律教育。各省属企业在完成“规定动作”的同时，不断创新教育方法。省机场集团组织企业中层领导人员前往番禺监狱参观，接受警示教育；精选出多幅廉政漫画和文章，连续在集团内部刊物《白云空港》杂志上刊登，收到了较好的教育效果。省广新外贸集团结合战略转型重点抓好企业领导人员执行集团战略、忠实履职的廉洁教育。省水电集团还将学习教育录像片上传至办公自动化网上供党员职工随时点播“学习”，并在知名网站上开设博客、微博，在集团内部电视上循环播放纪律教育光盘，拓宽反腐倡廉宣传教育渠道。南粤集团将“一国两制”方针、澳门基本法、粤澳更紧密合作形势以及南粤肩负的责任和使命等纳入教育学习的范围，组织各级党员干部深入探讨如何惩治和预防腐败，防范境外运营风险。

惩防体系建设有新突破

一年来，省属国有企业始终将惩防体系建设作为党风廉政建设和反腐败工作的主线，不断在创新、完善和求突破上下功夫，提高国有企业反腐倡廉建设水平。

党风廉政建设责任制落实到位。各省属企业纪委在推动惩防体系建设中，认真落实党风廉政建设责任制。省机场集团以与各二级公司签订的《党风廉政建设责任书》为框架，明确各企业主要领导人员对贯彻执行《廉洁从业规定》的责任及分工。先后对《广东省机场管理集团公司奖惩指导意见》、《广东省机场管理集团公司机关员工纪律处罚规定》等多份文件从加强监察考核、完善监督管理的角度提出具体修改意见。省广业公司注重党风廉政建设责任目标的下达和考核，同时制定出台《企业领导人员问责暂行办法》，对作风不实、行为失范现象实行严格问责，使党风廉政建设责任由“软要求”变成“硬约束”，推动党风廉政建设责任制有效落实到位。省广晟公司对所属企业落实党风廉政责任制情况以及生产经营、安全生产、计划生育责任制落实情况进行统一考核，考核结果实行一票否决制。省广新外贸集团制定了《省广新外贸集团党风廉政建设第一责任人述职实施细则》。省建工集团坚持党风廉政建设责任书“三级两签订”，党风廉政建设责任制落实“三同时”，强化齐抓共管的工作格局，促进了“一岗双责”的落实，形成了良好的运行机制。省联合收费公司将风险管理理论和现代质量管理方法引入党风廉政建设，积极推进廉政风险防范管理工作。

惩防体系运行平稳协调。省属国有企业以省国资委2010年初组织开展的企业惩防体系建设检查发现和指出的问题为指引，认真开展整改落实工作。省机场集团深化惩防体系运行协调机制，通过完善内部流程的制度安排，在进行全面风险管理和企业内部控制的过程中同步推进惩防体系建设。省广业公司在惩防体系建设上注意抓好“三个结合”：与全面风险管理相结合，参与全面风险管理，协助排查风险点，制定风险管控措施；与效能监察相结合，围绕“降费降耗”、“坏账损失资产”、“技术改造”、“资产处置”等重点工作选题立项；与信访案件查处相结合，解决和落实群众反映的主要问题，充分发挥了信访工作“治于未病，治于初病”的功能和作用。省广新外贸集团制定了《2010年推进惩防体系建设实施意见》、《2010年推进惩防体系建设工作指南》，进一步明确了集团各部室和各企业的工作范围及工作方法，规定了工作标准，并提出了工作检查的要求。省航运集团在修订《集团及下属公司党组织工作暂行规定》中，将党组织参与“三重一大”的主要内容和程序明确下来。省粤电集团完善“三位一体”监督体系建设，试行集团所投资公司外派专职监事会主席机制，组织监事会开展年度检查。省联合收费公司完善了公司五个跨部门工作小组工作制度、费用使用审批制度、中层以上领导干部述职述廉制度、人事管理机制和内部审计等相关工作制度，夯实惩防体系工作基础。目前，各省属国有企业正在按照省国资委纪委的部署，组织开展2010年度惩防体系建设“回头看”检查工作。

综合监督工作有新举措

省属国有企业主动将纪检监察工作融入企业生产经营全过程，深入企业一线，运用现代手段，创新监督方式，有力促进了国有企业反腐倡廉建设。

依托效能监察助推企业经济效益提升。省机场集团以迎亚运为契机重点加强了涉亚物资设备采购项目效能监察工作，加强对中标项目执行情况的动态跟踪检查，对变更招标方式的行为对相关部门提出质询，对重大项目合同的签订、履行情况进行监督，共参加涉亚项目招标监督活动169次，节约使用资金1300多万元。省航运集团制定了《广东省航运集团有限公司效能监察实施细则》，将效能监察工作的主要内容、主要方法和应当遵循的基本程序进行具体化。省恒健公司纪检监察部门紧密配合公司投资业务推进步伐，积极开展投资业务监察评价工作，重点加强对投资业务涉及的调研活动、评估环节、审议流程、审批程序等进行监督评价。通过主动参与公司重大投资项目的调研、论证与评估，配合公司风险法务部门对投资建议书、投资协议、合同与章程等重要文件材料进行审核把关，对重大投资项目的合法合规性提出独立的监督评价意见和风险防范建议。

运用科技信息手段助推企业内部监管水平提升。积极运用科技防腐手段，推动国有企业反腐倡廉建设向更高层次发展，有效提升了企业经营管理监督效果和企业惩防体系建设的科技含量。省粤海集团建立广域智能化会议决策系统，借助计算机具有的智能、客观、高效等优势，运用科学合理的设计，搭建起互相制衡的决策权行使平台，将涉及到人、财、物的“三重一大”事项决策纳入系统表决，从根本上保证了“三重一大”集体决策制度的落实。省广晟公司建立ERP财务系统，对所属企业财务运作实施全面统一管理，切实做到“收入一个笼子，支出一个漏斗”，较好地化解了因企业设立“小金库”等不规范行为造成党员领导干部腐败案件发生的风险。省物资集团汽车贸易公司积极推进ERP系统，通过建立ERP报账中心规范资金收付流程，加强费用项目预算管理、自动归集和分析，实现了监控流程与业务流程同步。省粤电集团建设运营“商务网”，实现了招标公告、开标评标、定标审批等工作环节全部在线进行，有效降低了采购风险和成本，减少了招标采购过程中的人为因素。

强化执行力建设助推企业各项工作落实。一年来，各省属国有企业采取综合督查、纪律巡查、专项督办等方式，加强监督检查工作和执行力建设。省广晟公司着重抓好两项法规联系点工作，努力探索抓好企业经营管理与贯彻落实两项法规的结合点。省粤电集团提出“三个转变”、“三个服务”（转变观念、转变职能、转变作风，为发展服务、为企业服务、为员工群众服务）。省物资集团注重以落实责任制为杠杆来推动提高执行力，成立巡视组、调研组、考核组，在各成员企业设立资金监督管理员，通过各种形式的巡视、检查、审计跟踪和考核等手段来强化有关责任和有关制度的落实；同时，想方设法利用纪检监察工作资源大力支持和积极介入清欠工作，支持帮助多个成员企业追回数额颇为可观的堪称“硬骨头”的陈年旧债，防止了国有资产的流失。省联合收费公司组织开展深化执行力建设大讨论，在公司内网开设了《深化执行力建设问题大家谈》栏目。

专项治理工作有新进展

一年来，省属国有企业认真贯彻中央纪委和省纪委的决策部署，积极开展重点领域专项治理工作，以重点领域的重点治理带动反腐倡廉工作的重点突破。

纠风工作治理。省属国有企业结合所处行业实际，积极参与省纠风办组织的“广东民声热线”栏目，组织开展“窗口之星”评比，推进企业党务厂务公开。粤海集团出台了《窗口单位首问负责制》、《行风建设领导责任追究制》、《行风建设考核细则》等规章制度，并纳入岗位目标责任制考核和干部考核。省交通集团坚持加强行风建设，坚持以窗口单位为重点，以群众满意为标准，以作风教育和“服务标准化”建设为抓手，努力创建人民满意的交通行业，重点在汽车运输、高速公路营运企业等窗口行业开展了“文明服务月”活动。省水电集团将厂务公开、党务公开与企业中心工作相结合，从确定载体、建立制度、落实责任、加强监督入手，重点推进厂务公开、党务公开，使其成为企业反腐败抓源头工作的“助推器”。

工程建设治理。省机场集团专门召开工程治理排查整改研讨会，对检查中发现的52个问题逐一进行成因和性质分析，提出整改的措施和解决问题的途径，共形成5份整改落实情况报告，2套问题整改情况表，健全完善工程建设管理制度20余项。11月份，省治工办以“省机场集团四个强化，扎实推进工程建设领域突出问题整改工作”为题，专门刊登简报。省广业公司重点做好了省内东西北地区污水处理建设项目的专项治理工作。面对建设项目合规性手续方面存在的问题，坚持实事求是，千方百计地做好完善有关审批程序和补办手续等整改工作，采取多种措施，切实防范污水处理项目建设过程中可能出现的廉洁风险。省交通集团认真抓好专项预防、廉政合同、廉政监督员等三项工程建设项目廉政制度的贯彻落实，扎实开展工程建设领域突出问题专项治理，积极推进重点工程建设项目专项预防职务犯罪工作。

“小金库”专项治理。各省属企业认真按照中央和省的工作部署，把握重点，有针对性地开展了“小金库”自查自纠和整改工作，并如实上报有关自查情况。省广新外贸集团组织自查企业户数178户，自查发现“小金库”4个，并本着“更加严格、更加自律、更加规范”的原则，积极开展了自纠整改。省广盐集团要求所属单位将自查结果张榜公布一周，接受群众监督，同时畅通举报渠道，职工群众可向省公司直接举报有关“小金库”的问题。省粤旅集团明确各企业一把手负领导责任，财务经理负直接责任，并将存在管理隐患的特殊管理资金或资产也列入本次的清理排查范围，其中包括未纳入财务决算合并范围的表外企业、从成本费用中提取的并由企业管理的各类基金、工会管理资产、留存境外的投资收益等。

商业贿赂工作治理。省广业公司重点对产权制度改革、资产处理等涉及产权交易的环节进行了排查，保证所有产权交易事项均按规定程序操作，进入国资委认定的产权交易机构挂牌交易。省粤旅集团针对营销、物资采购、工程建设及其他商业性质领域工作的员工，加强防贿赂教育；针对在容易产生商业贿赂问题的部位和环节，加强管理，规范行为，按管理标准和程序实施。省粤电集团组织开展规范员工持股及深化多经改革工作，减少关联交易比例。此外，各省属企业认真按照上级部署，积极组织开展了市场中介组织防治腐败工作。

信访和办案工作有新思维

查办案件是推进国有企业党风廉政建设和反腐败工作的重要手段，也是推进惩防体系建设的重要助推剂。一年来，省属国有企业纪检监察机关坚持反腐倡廉战略方针，不断加大查办案件工作力度，有力地推动了党风廉政建设和反腐败斗争深入开展。

信访举报工作。省属国有企业纪检监察部门认真按照“谁主管，谁负责”的原则，严格落实“一案双责制”，切实加大信访维稳工作的调处力度和解决信访维稳问题的资金投入，加强信访案件查办工作。省广晟公司对署名信和需要回复的信访件一一进行回复，还坚持半年编写一次信访信息，通报一次信访情况，确保公司信访信息渠道畅通。另外还对两个企业发生的被骗案和贸易纠纷案进行了调查，查清原因，厘清责任，提出处理意见。省航运集团以维稳为大局，对影响集团内部稳定的集体宿舍拆迁、福利分房和房产证办理、离退休职工待遇问题等问题，制定防控措施，定岗定位、定职定责做好重点群体和重点人员的稳控工作。先后投入资金735万余元，解决了退休人员一次性缴交医疗保险、计生奖、养老保险、职工房产证、职工旧（危）房维修等问题，尽最大努力解决员工切身利益问题。近年来，省属企业没有出现大面积的职工上访，重大节庆、敏感时期没有发生到省到京非正常上访事件，也没有发生让省委、省政府操心的大规模群体事件。

案件查办工作。各省属国有企业坚持“查出问题、惩治腐败是成绩，查清事实、澄清是非也是成绩”的工作理念，正确处理好查办案件和稳定和谐的关系，切实加强了企业办案工作。省广业公司查处的“粤华集团境外国有资产流失”案，被省纪委、监察厅评为“优质案件”，还受到了上级的物质嘉奖。省交通集团纪委重点查办了南粤物流实业公司毛青勋、陈国、王莉等三人受贿案，创造了企业纪委自办案件的成功案例，被省纪委、省监察厅评为2007—2010年度“优质案件”。省商业集团要求纪检监察干部牢固树立“查办案件是本职、不查案件是失职、查不好案件是不称职”的观念，重点加大了对违规交易、贪污受贿、挪用公款、严重侵害职工群众合法权益等方面的违法违纪行为的查处力度，始终保持对腐败分子高压态势。省粤电集团在办案工作中，注重区分因缺乏经验出现的工作失误和违法违纪的界限，既认真调查了解信件反映的问题，又注重对受到诬告、错告的领导人员及时澄清是非，为想干事、能干事、干实事的同志营造良好的环境。2010年该集团共受理来信来访13件，初核率、办结率均为100%。

企业纪检监察队伍建设有新提高

省属国有企业采取多种形式，加强纪检监察队伍组织建设和素质建设，有效地提高了国资监管和纪检监察工作能力。省机场集团出台了《广东省机场管理集团公司党委关于加强和改进纪检监察组织建设的实施细则》，对各单位纪检监察组织建设做出了详细的规定，使纪检监察队伍和领导力量得到有效加强。省建工集团党委下发了《加强和改进纪检监察组织建设的实施意见》，明确了纪检监察机构的领导班子建设、人员配备、工作职能等事项，增加了内部监事会的监督管理职能，初步建立"纪检、监察、审计、内部监事会"的大监督体系。省粤电集团按照政治坚强、公正清廉、纪律严明、业务精通、作风优良的要求，注意把品性好、有理想、学历高的员工充实到纪检监察部门，优化纪检监察队伍专业结构和知识结构。省交通集团加强对纪检监察干部的教育培训，及时安排新任命的直属企业纪委书记、纪检监察部门负责人参加上级纪检监察部门组织的各种培训；注重实践锻炼，通过参加查办案件、撰写论文、以会代培等形式，提高纪检监察干部的业务能力。省水电集团着力加强基层党风廉政建设，充分发挥基层党支部纪检委员的作用，通过填报工作报表等方式加强工作沟通，更好了解基层各单位党风廉政建设的动态。省联合收费公司增设了审计监察部，并配备了专职人员，建立健全了内部审计职能。

一年来，省属国有企业自主或配合开展了多项专题调研工作，以调研促工作、推发展。省粤海集团配合省纪委、省国资委纪委开展了省属境外企业反腐倡廉建设情况专题调研，配合中纪委一室对利用智能决策系统落实"三重一大"集体决策制度工作进行了专题调研。各省属国有企业按照省国资委纪委要求，配合开展了"强化风险防控加快推进国有企业惩防体系建设"课题调研工作，撰写了一批经验总结材料，提出了不少新的建设思路。2010年9月，省国资委纪委在东莞组织召开了省属企业纪委书记专题座谈会，并就如何将全面风险管理融入企业惩防体系建设进行了深入研讨。

（原载《国企清风》2011年第1期）

精心筹办国企清风晚会
倾力弘扬廉洁文化理念

由省纪委指导、省国资委主办的“国企清风”——广东省省属企业廉洁文化专题文艺晚会，于1月15日晚在省委礼堂举行并取得圆满成功。这台晚会是我省首次举办的国有企业廉洁文化专题文艺晚会，较好地展现了国有企业改革发展和反腐倡廉的丰硕成果，有效地推进了廉洁文化进企业活动的深入开展和廉洁文化理念的传播。省领导刘玉浦、钟阳胜、谢强华、王兆林和省纪委、省国资委领导、有关部门负责同志及省属企业干部职工代表等观看演出后，对晚会给予了高度评价和赞扬。《南方日报》、《羊城晚报》、《广州日报》和广东电视台等新闻媒体对这台晚会作了宣传报道。2月2日，广东电视台播出了晚会实况录像，在社会和企业上产生了强烈反响，达到了预期效果。本人作为这台晚会的执行策划和组织者之一，借此机会，谈谈一些做法和体会。

一、明确定位，认真做好晚会的方案策划

根据去年初省纪委、省国资委下发的国有企业反腐倡廉工作意见的部署，由省纪委支持指导、省国资委主办一台廉洁文化专题文艺晚会。按照省纪委、省国资委领导的指示和意图，我们于去年8月草拟了晚会的策划方案，并以“国企清风”作为晚会的命题。在晚会方案策划中，我们着重明确三个定位：一是明确晚会宗旨和主题的定位。我们把晚会的宗旨和主题定位为通过作品的政治性、思想性、艺术性、娱乐性、观赏性的有机结合，艺术地展示国有企业改革发展和反腐倡廉工作的丰硕成果，营造“廉洁、守法、和谐、高效”的企业文化氛围，促进企业健康持续稳定发展。我们要求晚会紧扣“廉洁”主题，积极弘扬和诠释、演绎国有企业廉洁文化理念，讴歌遵纪守法、廉洁从业、诚信经营的良好风尚，颂扬廉洁为荣、腐败为耻、奋发向上的时代新风，促进廉洁文化进企业活动的深入开展。为了更好突出晚会主题，我们邀请了省纪委常委、秘书长蒋乐仪同志创作了《国企清风》——广东国有企业廉洁文化之歌，作为晚会的主题歌曲。二是明确晚会艺术表现形式的定位。我们明确晚会艺术形式是一台集歌、舞、诗、画为一体的综艺晚会，节目形式多样，不拘一格，包括歌舞、演唱、说唱、合唱、曲艺、情景短剧、朗诵、小品等，强化用多节目形式、多表现手法、多侧面选题、多视角、多层次地表现晚会的宗旨和主题。我们要求晚会主题鲜明、格调高雅、色彩亮丽、节奏适度、语言时尚、节目精彩、气氛欢快、参与性强，具有强烈的现代感和教育风格，全方位地展示国有企业的廉洁文化理念。三是明确晚会性质和特色的定位。我们明确晚会的性质是一台融高度的思想性、较高的艺术水准、浓郁的人性美、较强的欣赏性和强烈的广东国有企业文化特色为一体的廉洁文化专题文艺晚会，力求突出广东国有企业特色、特点，通过讲述身边人、颂唱身边事，反映国有企业对推动我省经济社会发展、构建和谐广东所起的作用和所肩负的责任，展现企业广大干部职工廉洁从业、奋发向上的时代风采。我们要求各企业根据本企业实际及文艺特长组织创作节目，积极从企业新人新事和改革发展中挖掘题材，创作作品，尽量避免题材出现"拿来主义"，力求整台晚会都是原创题材，通过各种艺术形式生动再现国企特点，再现廉洁文化。比如韶钢集团创作表演的诗乐舞《罗东元之歌》、广晟公司创作表演的音乐短剧《国企本色》、粤电沙角A厂创作表演的情景剧《守住心中的那一片蓝天》、交通集团创作表演的踢踏说唱《一条开阳路、一面廉政旗》、物资集团创作表演的情景歌舞《车改佳话》、机场集团创作表演的音乐短剧《情系空港》、广业公司创作表演的小品《雷雨夜》等节目，都是来源于国有企业的实际和国企人的生活当中，艺术地表现了晚会的主题。

二、建立机构，积极做好晚会的组织协调

"国企清风"晚会策划方案确定后，我们按照省纪委赵振华副书记、蒋乐仪常委、省国资委叶力行副书记等领导的批示要求，从去年9月开始，认真做好晚会组织发动工作，精心筹划，积极实施。一是搭建晚会组织机构。成立了组委会，省国资委党委书记为组委会主任，副书记、纪委书记叶力行同志为组委会副主任兼任办公室主任，监察室副主任李家瑞为办公室副主任，办公室下设了组织协调、节目监审、节目评奖三个工作小组，办公室具体负责晚会组织筹备和演出的统筹协调工作。省纪委还委派了宣教室副主任杨晓萍同志和党廉室副处级监察员郑建萍同志参与晚会组织筹备工作。二是搭建晚会专业指导机构。为了使这台晚会达到较高的艺术水平，组委会聘请广东电视台作为承办单位，进行专业指导和舞美灯光设计，并得到支持，广东电视台搭建了由大型节目部主任谭颖为总导演的编导工作班子，抽调了舞蹈、音乐、制片、语言、文学等编导人员，负责晚会节目的策划统筹、艺术审查指导、舞台监督、舞美灯光设计、串词撰写等工作，为整台晚会的成功演出提供了艺术保障。三是积极开展组织发动工作。为做好晚会节目的组织和准备工作，组委会于去年9月底向各省属企业下发了关于举办“国企清风”晚会的通知，并先后两次召开各省属企业党委副书记或纪委书记及组织节目负责人等参加的文艺晚会筹备工作会议和节目准备情况汇报会议，专题研究和部署节目的准备和进展工作情况。要求各省属企业要在自主组织演出活动的基础上，创作和选送1~2个优秀节目，参加晚会的节目筛选；要求各企业演员为所属企业在册职工，编导工作可聘请专业人员指导，但不得聘请专业演员参加演出。各省属企业高度重视，积极响应，指定懂艺术、责任心强的人员负责组织，根据本企业实际和文艺特长，认真组织创作节目和组织员工排练节目。广弘公司组织了100人的合唱团、230多人的互动表演团，粤电集团、交通集团、广晟公司、韶钢集团、机场集团、物资集团、金威啤酒集团等抽调全集团的文艺骨干进行创作表演。

三、精心组织，努力确保晚会节目的艺术水平

我们从组织节目到编排、审查、挑选、打造精品节目，都做了精心组织、精心筹划，确保晚会节目的艺术水平。主要抓了三项工作：一是抓好节目的初审指导。组委会办公室和编导人员首先对各企业选送的剧本逐一进行初审把关，审查剧本是否符合晚会“廉洁”主题的要求，主题思想是否健康向上，具有廉洁文化内涵，并提出了修改意见。再是深入企业审查节目，先后6次在广弘公司集中审查节目，还深入到了深圳、东莞、高明、韶关、花都等地认真对24家省属企业编排的节目进行了审查，每次审查都召集编导和领队进行逐个点评，提出了具体的指导和修改意见。至去年12月初，组委会办公室和编导人员对各企业选送的节目，从节目形式、主题、台词、音乐效果到演员的表演艺术、服装、道具等都作了全面审查指导，有的节目作了3至5次审查，最后初步筛选出21个节目参加节目预演晚会。二是抓好节目的预演评比。去年12月21日晚，在省委礼堂举行了“国企清风”文艺节目预演晚会，并组织由省纪委、省国资委领导人员、省电视台编导人员和企业代表人员组成的评委会，依照节目的主题思想、艺术水平、表现形式、创新创意、表演效果等标准要求，对每一个预演节目进行了现场评分，共评选出优秀节目15个，优秀组织奖10个，为晚会演出节目的确定打下了基础。三是抓好节目的艺术水平提升。节目预演晚会后，为把晚会办成有较高的思想性、较高的艺术水准和富有广东国有企业特色的廉洁专题文艺晚会，我们在选定晚会节目时，注重以节目质量为主，力求表现形式多样化，从优秀节目中培育和打造精品节目。我们专门邀请了省内著名的词作家、曲作家创作了大合唱《国企清风》、《南国的春天》和男声五重唱《咱们的老李》及女声独唱《守护在廉政建设的旗帜下》等歌曲，使晚会的主题更为鲜明突出，形式更加生动活泼。我们还针对舞蹈节目偏少的情况，临时组织编排了舞蹈节目《莲》。最终确定了14个节目参加晚会演出。为了使这14个节目都成为“精品”，组委会办公室和编导人员多次召开现场会议，深入企业审查指导，对每个节目的名称、内容、表现形式及演员的表演动作、服装道具等都提出了具体的修改指导意见。特别是叶力行同志运筹帷幄、亲力亲为，深入企业排练现场，对每一个节目、每一句台词、每一个舞蹈动作、每一幅布景都作了认真的指导，精雕细刻、精益求精，有效提升了每一个节目的艺术水平和档次。我们每一个组织人员也尽职尽责，努力做好具体的组织、统筹、协调工作。同时，我们还在省属企业员工中海选晚会主持人，通过企业推荐、调看录相光盘、现场主持表演等形式进行海选，最后确定了2男2女作为晚会主持人，他们的成功主持，赢得了赞誉，较好地树立了国企员工的形象。

四、落实责任，切实搞好晚会的剧务保障

省国资委首次举办由24家省属企业参与的大型综艺晚会，规模大，涉及范围广，标准要求高，工作任务重，组织协调难度大，演员就达600多人，我们又缺乏经验。如何做好剧务保障，是搞好这台晚会的重要保证。为此，我们从分工负责、落实责任入手，注重做好每一项环节、每一个细节的工作。重点抓了三个落实：一是落实组委会办公室的责任。为了搞好晚会演出组织工作，我们从委机关监察室、办公室、党群处、人事处、法规处等处室抽调精兵强将负责晚会剧务保障工作，我们还从广晟公司组织了20人的礼仪队、交通集团组织了10人的保安队分别负责接待和维护秩序工作，邀请了珠江啤酒集团管乐队义务演奏，活跃了会场气氛。我们及时编印了晚会组织手册，成立了秘书组、后勤组和舞台监督协助组，制定了工作日程安排表，明确了组织保障具体任务与要求，明确了参加演出和组织观看晚会的有关规定与要求，重点就协调沟通、后勤接待、安全保卫、交通疏导、舞台监督、道具摆放及演员区域安排、化妆组织等每项工作进行了严格、明确、细致的分工，并对每个组、每个人员的工作职责、内容、标准和时限要求具体落实到人，让每个人知道自己应该干什么，怎么干，基本做到了工作不漏项、细节不出错、事事有人管。二是落实编导人员的责任。我们积极做好与晚会编导人员及舞台监督、舞美置景、灯光音响人员的配合、协调和沟通，明确工作标准、内容和时限的责任要求。广东电视台参与晚会工作的同志，以精良的专业水平和良好的职业道德，认真按照组委会的要求，狠抓工作落实，将参演节目整合成一台达到演出标准和要求的文艺晚会。文学统筹吕岛亲自撰写主持串词和负责主持人训练，帮助参演企业修改剧本台词；舞蹈统筹陈海涛深入企业指导伴舞造型排练和互动排练；音乐统筹连向先在《国企清风》第一次谱曲不够理想的基础上，亲自作曲，确保了整台晚会的质量和效果。三是落实各演出单位的责任。为保证晚会演出顺利进行，我们除了要求各企业抓好节目组织、保证节目艺术水平外，在走台、合成、连排、彩排和正式演出期间，要求各演出单位必须严格组织纪律，服从指挥，听从调度，认真组织好演职人员按照节目顺序、时限要求，完成好演出工作，同时要求认真检查和准备好演出中的相关工作，确保演员的身体健康和安全。各省属企业都能积极维护企业的形象和声誉，高度重视，指定专人负责，确保了各节目在台上演出万无一失。

“国企清风”文艺晚会的成功演出，是对省属企业廉洁文化的一次深情诠释和激情演绎，是省委、省政府、省纪委和省国资委、省属企业等各级领导大力支持的结果，也是全体编导人员、工作人员和广大演职人员配合协作、共同努力的结果。通过这台由省属企业自编自导自演晚会的演出，对进一步加强企业党风建设和反腐倡廉工作、传播廉洁文化理念、活跃职工文化生活起到了重要的促进作用，对促进国有企业健康持续稳定发展有着重大的意义和深远的影响，同时也从中发现和培育了企业的一批文艺骨干和人才。通过筹办这台晚会并能取得成功，我们体会到：必须得到各级领导和各级企业的重视和支持，赢得企业广大职工和组织者的积极响应、参与和配合，目标一致，齐抓共管，这是确保晚会取得成功的根本保证；必须认真制定策划方案，明确晚会主题定位，保证人员到位、组织到位，节目艺术水平达到标准要求，这是晚会取得成功的重要基础；必须紧紧围绕企业改革发展和反腐倡廉工作实际，富有国企文化特色，源于生活，高于生活，这是晚会取得成功的重要原则；必须做好各个工作环节的责任落实，责任到位，措施到位，这是晚会取得成功的有力保障。

（撰于2007年1月）

不尽清风徐徐来

——广东省国资委推进企业廉洁文化建设纪事

“三流企业做产品，二流企业做品牌，一流企业做文化”。这是时下企业界流行的一句话。随着我国市场经济体制改革稳步深入推进，市场资源竞争日益激烈，国有企业如何发挥自身优势，向着“一流企业”的目标迈进，保持旺盛的生命力和竞争力?

近年来，广东省国资委在加大国有资产监管力度、推进企业改革发展的同时，大力推进企业廉洁文化建设，创新丰富廉洁教育模式，打造企业廉洁文化品牌，营造廉洁从业的浓厚氛围，呈现出一派生机和活力。

创新信息载体　强化导向作用

该省国资委纪委创办的《国企清风》杂志，是全国国资系统的首份内刊。该刊宣传廉洁从业典型，传播廉洁文化理念，鞭挞贪腐丑恶现象，成为国有企业反腐倡廉建设学习、宣传、教育、交流的主要载体和窗口。几年来，该刊约请40位省属企业董事长、总经理和64位纪委书记畅谈廉洁从业的体会，促使他们常修为政之德、常思贪欲之害、常怀律己之心。该刊创办以来，共有23篇文章被国内多家主流媒体转载。各省属国有企业积极开展学刊用刊活动，开设廉政建设专栏，宣传廉洁文化理念。

该省国资委充分利用信息网络载体，在外网上开设了“廉政建设”栏目。通过登载党风廉政建设有关方面的法律法规、理论研究、案例警示、国企动态等信息，客观真实反映国有企业反腐倡廉工作的新情况，为省属企业提供参阅学习、查询借鉴的平台。2010年，他们组织开展以《国有企业领导人员廉洁从业若干规定》、《关于进一步推进国有企业贯彻落实“三重一大”决策制度的意见》和《加强和改进省国资委监管企业和省属金融机构纪检监察组织建设的实施办法》为主要内容的“百题知识竞赛”网上答题，要求企业领导人员和重点岗位人员必须参加，以比促教，以拼促思，以思促廉。同时，他们在该系统内网上开设《清风园地》专栏，供所有人员对反腐倡廉工作发表见解、参与讨论，进一步加强对此项工作的认识。目前，该专栏已经成为该省国资委党委、纪委了解和掌握人员思想动态的重要窗口。各省属企业也广泛运用信息网络的牵引作用，强化信息防腐的宣传功能。据统计，利用信息网络手段开展党风廉政建设专网和构建反腐倡廉信息平台的省属企业已达349家。

开展主题教育　发挥教化作用

该省国资委充分利用每年一度的“纪律教育学习月”活动，创新教育形式，注重以发生在监管企业的案例为题材，通过每年编印一本《典型案例剖析材料》、制作或播放一批警示教育片、组织一次廉政教育参观、发放一批廉政教育书籍、请专家作一次廉政辅导、召开一次“以案说纪”座谈会等形式，组织广大干部职工开展纪律教育学习活动。近年来，该省国资委纪委拍摄了《“蛀虫”透视》、《国企之殇》等警示教育片，组织省属企业领导人作有关廉洁从业的专题辅导报告442场次，开展教育和参观活动233场次。

今年，该省国资委举办“清风颂廉”书画摄影展，充分发挥书画摄影作品潜移默化、润物无声的教育作用。几年来，他们举办“国企清风”廉洁文化专题文艺晚会，通过企业自编、自导、自排、自演节目，讲述身边人，颂唱身边事，艺术地表现和诠释“廉洁”主题，获得该省纪检监察宣传教育专项工作奖；举办省属企业“国企放歌”歌唱比赛，通过唱红歌、忆先辈，纯净心灵，端正作风；举办“国企书香”专题文艺晚会，以文艺形式展现读书思贤、思廉、思德、思进，提高修养。5年来，各省属企业积极组织开展各种形式的廉洁文化建设的主题活动，自办反腐倡廉方面的文艺晚会104场次、组织演讲比赛120场次、举办知识竞赛172场次，自创文艺节目448个，形成了有效的廉洁文化传播机制。

强化责任机制　凝聚整体合力

该省国资委始终将廉洁文化建设作为一项重要工作，明确省国资委和省属企业党政“一把手”为企业廉洁文化建设的第一负责人，要求各级领导带头参加廉洁文化建设活动。

该省国资委纪委主动负起牵头的职责，紧密结合企业实际，确定廉洁文化建设的主题、对象和内容，制定具体措施，对各个单位、部门、人员，抓好责任分解、检查考核、责任追究三个环节，建立由纪委牵头，相关职能处室参加的企业廉洁文化建设推进工作联席会议制度，相互配合，分工负责，分类指导，凝聚整体合力，促进廉洁文化进企业活动有效落实。

目前，廉洁文化建设已经成为各监管企业的“一把手”工程，形成由各企业党委统一领导、纪委组织协调、相关部门密切配合的整体推进工作机制。

（原载《中国纪检监察报》2011年10月22日，与王景喜合作）

深耕细作　彰显特色

——2012年省国资委系统纪律教育学习月活动纪实

9月下旬一天，阳光下的罗浮山显得更加葱郁，在东江纵队纪念馆广场前，中央政治局常委、广东省委书记汪洋与省属企业来这里参观红色圣地的员工们不期而遇，并欣然与大家合影留念。

7月中旬的一天，省纪委副书记王兴宁如约来到省国资委召开的纪律教育月活动动员大会现场，他侃侃而谈，对如何认识当前反腐败建设的形势与任务，如何加强国有企业反腐倡廉建设，强化纪律教育实效作了专题辅导。

8月9日至13日，省国资委纪委组织省国资委机关干部来到了井冈山革命圣地进行党性历练教育，与井冈山的“活字典”原井冈山革命博物馆馆长毛秉华教授互动交流……

——这是今年省国资委系统纪律教育学习月活动摘取的几个精彩镜头。

自7月17日，省国资委党委召开纪律教育学习月活动动员大会以来，省国资委机关和各省属企业积极行动起来，结合本单位实际，有声有色地开展纪律教育学习月活动。

据省国资委纪委书记吴广明介绍，省国资委机关和省属企业今年开展纪律教育月活动的基本思路是，“规定动作”不含糊，“自选动作”重创新，总的来看，重点突出，特色鲜明，组织有序，全系统140841人次参加，参加这次教育活动人员达91%，基本实现了“层层有部署，人人受教育，认识有提高，问题有解决”的目标。

特色一：领导亲自上讲台讲廉说法

领导带头见效快，这是一切工作的经验之谈。

7月17日，省国资委党委组织召开了由机关干部和省属企业主要负责人参加的2012年纪律教育月活动动员大会，省国资委主任、党委书记温国辉亲自作总动员，党委副书记、纪委书记吴广明亲自部署任务，会上，还特别邀请了省纪委副书记王兴宁作专题辅导报告，自此拉开了省国资委机关和各省属企业2012年纪律教育学习月活动序幕。各省属企业按照省国资委党委要求，主要领导亲自部署、亲自动员，纪检监察部门具体抓，其他部门协助落实，一级抓一级、层层见实效，切实加强对纪律教育学习活动的组织领导。特别是企业主要负责人亲自作动员报告，亲自走上讲台讲课，剖析案例，以案说廉弘法，有效促进了教育学习活动的不断深入。据统计，24家省属企业“一把手”讲座472次，参加听众达47497人次。

特色二：善于抓住关键点创新

学习教育抓关键点、着力点是今年纪律教育学习活动的一大亮点。

省国资委党委针对工作实际，在完成规定学习教育内容的基础上，重点突出了《国有企业领导人员廉洁从业若干规定》等有关企业领导人员廉洁从业规章制度的学习和教育内容。省属企业积极创新活动形式，在完成八项规定动作的基础上，创新“自选动作”，既突出今年学习教育重点，又使学习教育内容不断得到丰富和升华。

航运集团重点抓好“书记项目”工程，以党支部书记工作培训班为着力点，认真抓好党员和管理人员的素质培训，从而使基层党支部书记履职能力大为增强。交通集团充分利用信息化手段，搭建纪律教育新平台。该集团根据高速公路营运项目和工程建设项目线长点多、人员流动分散的特点，通过视频会议形式组织教育学习，扩大了教育面，做到纪律教育不留空白和盲点。联合电子公司等企业不仅利用公司画报、内部网络、宣传栏等传统载体推介学习教育内容，还利用廉政短信容易传播、沟通的特点，精心创作手机廉政短信，把生活味、人情味、哲理味融入廉洁从业教育之中，以情喻理，以理动人，达到了良好的熏陶效果。

特色三：纪律教育与实际工作黏在一起“接地气”

学习教育最怕从学习到学习，绕了个圈儿，道理大家都明白了，但就是落不了地。

这次纪律教育学习活动，省国资委党委注重将纪律教育学习融入到重点工作中，与今年“三打两建”工作相结合，与治理工程领域突出问题和治理企业“小金库”等专项行动相结合，特别是与开展的省国有企业廉洁风险防控工作，召开的国有企业境外投资监管工作会议，组织的省纪委、机场集团纪委“政企共建”活动等国有企业反腐倡廉重点工作相结合，融入教育学习内容，做到有的放矢，相互促进。

各省属企业统筹安排工作和学习活动，以解决生产经营过程中存在的具体问题为契机，虚实结合，相得益彰。如粤电集团、铁投集团、建工集团、水电集团等企业按照省纪委、省国资委整顿挂靠借用资质投标、违规出借资质问题的专项清理工作要求，对2011年以来新开工、投资额500万元以上的项目进行了梳理，重点对建设工程项目中的分包和转包过程是否存在无资质企业、个人利用其他企业的资质及名义承接工程等问题进行排查，对查出的问题认真进行整改。

广业公司纪委结合企业内部发生的违纪案例，以身边案例警醒大家吸取教训，引以为鉴，如对属下方力公司旭日雅苑管理处收费员挪用公款案件进行通报，严格规范企业资金管理。还有不少企业将纪律教育学习月活动与为群众排忧解难结合起来。据统计，纪律教育学习月活动期间，全系统为群众解决热点、难点问题450余件，进一步密切了党群干群关系。如广弘公司下属的本草公司筹集资金370余万元，解决该公司早期退出人员的住房补贴等历史遗留问题；盐业公司筹集善款90多万元建立“省属盐场困难职工子女职业教育基金”，以解决需要帮扶的学生每年全额的学费、住宿费、课本费等；水电集团利用“七一”、“八一”两大纪念日慰问贫困老党员，把组织的关怀带给贫困家庭职工，用实事、好事感染人、带动人，促进社会稳定和谐。

特色四：既读廉洁书，也看廉政教育基地

古人主张“读万卷书，行万里路”。可见，知行合一是完善自我的有效途径。

为确保今年纪律教育学习效果，省国资委机关和省属企业开展了独具特

色的“五个一”工程，即“听一次专题讲座、读一本反腐倡廉书籍、看一次党性教育电影、搞一次党性历练活动、写一篇心得体会”。

省国资委纪委组织专题“读廉洁书籍、扬国企清风”读书活动，并利用创办的《国企清风》杂志宣扬读书活动成果。邀请井冈山历史博物馆馆长毛秉华教授讲授党课，开展党性历练，纯洁党员队伍的思想；组织力量编纂并公开出版发行的《警醒与沉思——广东国有企业典型腐败案例盘点》一书成为今年全省国资系统纪律教育月活动最受欢迎的教材，不少省属企业各单位中层以上领导人员人手一册，领导人员讲评剖析，引发深层思考，使警示教育达到良好效果。还有一批富有深刻教育意义的影视片如《忠诚与背叛》、《信仰》和《失德之害》等列入今年的纪律学习教育教材，在组织集体观看后受到热议和追捧。据统计，省国资系统共发放廉政教育读本等书籍和各类音像制品达36020本（张）。机场集团和盐业公司等企业在开展“读廉洁书籍、扬国企清风”读书活动中，采取集中阅读与个人自学互补、独立思考与相互交流对接等形式，强化了读书效果。不少企业举办了观后感、读后感征文比赛，大家交流心得体会，慎思之、明辨之，净化心灵和思想。

通过现场参观，也是增强学习效果的重要途径。水电集团和广新控股集团组织中高层领导人员参观省廉政教育基地——番禺监狱；盐业集团组织党员领导人员参观预防和打击商业贿赂工作展览；物资集团组织到惠州市罗浮山东江纵队纪念馆；建工集团组织到梅州叶剑英故居；商业集团组织参观全国廉政教育基地——孙中山故居纪念馆等。据统计，全国资系统组织参观本省或周边地区红色革命历史圣地、廉政教育基地等活动524次，27000多人受到了革命传统文化和廉洁文化的洗礼。丰富多样的学习教育形式，触发了受教育人群的共鸣意识，增强了纪律教育的感染和教化功能，达到了知行合一、入心入脑的效果。

特色五：党员主动“揭短”、“亮丑”

通过纪律教育月学习活动，查摆问题，敢于掀开遮羞布，自曝家丑，正确面对，这是今年大家有深刻感受的一大特色。

一位机关处室负责人表示：“这种自揭遮羞布的做法，能够把平时司空见惯的问题，通过这次学习教育进行整改，有助于增强党员队伍的纯洁性，提升领导班子的凝聚力和战斗力。”

省国资委机关和省属企业各级党组织召开民主生活会359次，查找党风党纪方面存在的问题147个，有效整改问题116个，未完成整改的问题也列入了各级党组织工作计划，要求限期整改。如铁投集团利用党支部组织生活会的形式，开展“发挥先锋模范作用，转变工作作风”行动，在党员民主生活会上发动每个党员“揭短”、“亮丑”，抓整改，促提高，自我净化。该企业所属地铁公司在广州、粤北、粤东三个地区，共组织282人开展专题组织生活会，提出弘扬以汗水换质量、以质量保安全的要求，促进了班子队伍作风建设。不少企业还借开展纪律教育学习的契机，查找制度漏洞，清除制度盲点，以整改的成果完善好制度规范，提升企业的科学化管理水平。

（原载《国企清风》2012年第4期）

生于忧患：广东国企为境外投资监管探路

引言

境外投资，随着中国改革开放的不断推进，呈现出迅猛之势，尤其毗邻港澳的广东，依据地缘的便利，开风气之先，其势如长江入海，广度和深度都令人瞩目。然而，也正因如此，难免出现泥沙俱下、良莠不齐的现象。不少企业由于所面对的视野宽了、环境变了，就像新嫁娘坐轿子一切都是头一遭，因此，不得不揣着摸石头过河的心理，走一步回回头，看看水势深浅，掂量掂量机遇和风险，也是常理通识。

纵观国有企业境外投资的历程，我们不难看出，凡是抱着干事创业的心思在境外投资的，看到的是弘大的发展空间；抱着小农经济思想出去捞世界的，往往打拼几年，也仅仅建了个办事处，起到个迎来送往的作用；那些揣着个人“小九九”的行为不端者，则趁着监管缺位、制度缺失的空当，借机打开贪腐的“潘多拉盒子”，最后导致国有资产如泥牛入海。如广州天龙集团谢鹤亭利用职务便利侵吞、挪用公款后携部分赃款潜逃一案，省海外集团公司总经理耿　贪污失职案，珠海市原人大副主任冼文在任某国有企业董事长时利用香港分公司违规违纪处理私人借款的呆账、坏账等问题。可以说，由于监管不力，某些境外公司也成了个别腐败官员满足个人欲望的摇钱树，以至于造成国有资产大量流失，令人触目惊心，同时，警示我们：加强国有企业境外投资监管已刻不容缓。

据有关人员分析，境外国有资产流失有如下几种形式：一是企业境外投资科学论证和风险分析不到位，缺乏一整套行之有效的科学保证体系；二是驻外企业管理者本身素质和水平低下，对投资所在国政治、经济、法律等缺乏认识，不具备投资的基本风险意识，管理失控；三是驻外企业经管人员违法违规经营，甚至从事的经营活动与所在国法律相抵触；四是有的驻外企业管理人员通过贪污受贿、非法交易，以私人名义注册公司等方式，隐匿、侵占、转移、挪用、私分国有资产，恶意造成国有资产流失。

孟子说，生于忧患，死于安乐。越来越多的政府官员和业内有识之士开始关注境外国有企业投资的有效监管问题，以力求建立和完善行之有效的科学监管体系，将投资风险、国资流失风险掌握在可控范围之内，以绝蚁穴之患。

不少专家建言，加强境外投资监管的根本问题，在于解决“出资人”缺位问题，应把重点放在现代公司治理结构的建立和完善上，以及企业内部利益机制的设计和构造上。此外，被监管者与监管部门之间也应建立准确、透明的企业信息形成、传递制度，以改变监管部门的信息弱势地位，真正使境外投资监管置于阳光之下。

广东省纪委、省国资委非常重视国有企业的境外投资监管问题，9月7日，由省纪委、省国资委组织召开的全省国有企业境外投资监督管理工作会议在广州召开。会议充分肯定了我省国有企业境外投资监管工作取得的成绩和经验，分析探讨了新形势下面临的主要问题，对进一步加强我省国有企业境外投资监管工作作了具体部署，并提出了新的要求。这次会议指明了我省国有企业境外投资监管的方向，明确了监管思路，强调了相应举措，必将促使我省国有企业境外投资更加规范、科学、安全。其意义不言而喻。

走出去有一片新天，看好路心里踏实。加强监管已刻不容缓，这是大家形成的一个基本共识。令人欣喜的是，在省委、省纪委和省国资委的高度重视下，不少省属企业实施“走出去”战略，充分利用自身优势，抓住机遇，敢为人先，自我提升，监管有道，既走得精彩，也走得稳妥，做出了一番令人瞩目的业绩。他们的经验和模式，将启迪和引导更多的国有企业在实施“走出去”战略时，步子更加沉稳，收益更加丰实。

探路

国有境外投资如何进行有效监管，广东国企作为探路者和领航者，既是地缘优势使然，也是改革开放的形势必然。2012年9月7日，由省纪委、省国资委组织召开的全省国有企业境外投资监督管理工作会议在广州召开。会议充分肯定了我省国有企业境外投资监管工作取得的成绩和经验，分析探讨了新形势下面临的主要问题，对进一步加强我省国有企业境外投资监管工作作了具体部署，并提出了新的要求。省广晟公司等4家省属企业在会上交流了本企业在境外投资监管方面探索的一些成功经验，为今后进一步完善和提升广东省境外投资监管提供了有益的启示。

广晟公司：规避海外并购投资风险创新招

省广晟资产经营有限公司（以下简称广晟公司）是一家以矿业为核心主业的充分竞争性省属企业。2008年国际金融危机爆发后，该公司紧紧抓住全球矿产资源价格大幅下跌的机遇，精心策划，步步为营，积极稳妥地实施“走出去”战略，投资近10亿美元，低成本并购了澳大利亚的佩利雅、泛澳、卡利登和加拿大的全球星等4家矿产资源类上市公司，成为国内“走出去”比较成功的企业之一。

据广晟公司董事长陈良贤介绍，广晟公司近五年来，抓住全球矿产资源价格大幅下跌的机遇，积极谋划“走出去”战略，他们主要得益于严格把握“六大原则”，科学决策。

一是围绕战略、突出主业原则。要求海外并购项目必须符合公司发展战略和主业方向，如该公司属下的中金岭南公司曾在智利考察过一个项目，尽管对方给出的条件非常优惠，但与主业不符，只好忍痛割爱。二是区分国情、注重邦交原则。目前完成的并购项目基本是在澳洲、加拿大等投资风险较低的发达国家和地区。三是严密论证、好中选优原则。他们在论证海外投资项目时，会选择多个同类项目进行横向比较，好中选优，如在对卡利登项目的论证中对焦煤的论证决策，历时半年，反复进行优劣比对，最后才决定收购。四是量力而行、择机而动原则。如抓住2008年爆发金融危机海外并购成本大幅下降的机遇，成功并购了泛澳公司和佩利亚公司。其中，佩利亚公司的并购成本仅为2008年上半年的1/20。五是独立运作、减少阻力原则。注重商业运作和独立自主性，防止并购对象和外国审批机构因误读本公司的市场行为而增加并购阻力。六是循序渐进、先小后大原则。如该公司通过对泛澳项目的“试水”成功，锻炼了团队，积累了经验。之后，我们逐步实施对卡利登项目的并购。这个项目目前是省属企业实施“走出去”战略后投资额最大的项目。

广晟公司在把握“六大原则”进行并购决策的同时，还非常重视专业的管理团队和科学的调查论证。他们注重培育专业团队，重用领军人才的作用。如重用毕业于北京大学和哈佛大学、有过在国务院和联合国的工作经历的海外并购领军人物的李泽中兼任卡利登公司董事长，就发挥了重要作用。

为了摸清项目的真实情况，宁可多花中介费借脑一流中介，做好项目论证。在每次重要谈判之前，都制定翔实的谈判工作手册，合理预估最低和最高目标、需要采取的谈判技巧及注意事项，分析推测对方的谈判底线和真实意图。然后在谈判中灵活采取攻防策略，充分把握谈判的主动权，赢得先机。如在并购泛澳公司时，通过巧妙谈判，成功地以国际罕见的市价折让方式取得了第一大股东地位，并约定在广晟公司获得全部政府审批之后，泛澳公司将向广晟公司支付650万澳元资金承诺费。大大节约了投资收购成本。

及时介入并购项目管理，完成项目平稳过渡和有效控制，是保证并购项目安全、实现运作正常化、赢得经济效益的重要步骤。广晟公司及时介入过渡期管理，避免出现管理“真空”。具体措施是选派外语水平好、思想素质高的矿业、法律和财务人员组成过渡工作组，先行参与目标公司的重大决策，尽早实现管理对接，确保信息对称，充分保障本公司的合法权益。

他们还及时进行章程修订和机构改组，及时优化管理团队，及时推进文化融合，及时建立与当地使领馆沟通机制，及时建立健全内控机制，以确保在实施“走出去”战略的过程中，走得稳，走得准，走得好。

粤海控股：抓住内控体系规范建设关键

广东粤海控股有限公司（以下简称粤海控股）是在重组原香港粤海企业（集团）有限公司、澳门南粤（集团）有限公司和广东省东江—深圳供水工程管理局的基础上，于2000年1月31日在广州注册成立的省属国有资产授权经营单位和省属监管企业。粤海控股集团有限公司（以下简称香港粤海，与粤海控股统称集团）是粤海控股在香港注册成立的全资子公司，控股和管理粤海控股境外的主要附属公司和资产项目，是我省在境外规模最大的综合性企业集团。按2011年审计数据，粤海控股总资产595亿元（人民币，下同）、净资产303亿元、营业收入148亿元、利润总额45亿元。

粤海控股公司在进行境外投资过程中，致力于建立企业内部控制体系，积极适应严格法制下的完全市场经济环境，其具体做法是：

一是建立内控体系，为防范境外投资风险提供机制保障。2011年，粤海控股选择所属的中山中粤马口铁工业有限公司开展内控体系建设试点工作。主要围绕企业运作中的“三流”（即物流、资金流、信息流）和工作流程中的“三点”（即关键点、风险点、控制点），结合“三体系”（即质量、健康和环境管理体系），在原有的《企业内部控制规范》基础上，完成了试点企业的制度设计、岗位说明书、作业指导书和文档等4层内控体系建设，完成了16项指引流程建设，梳理出关键控制点105个、风险点363个。目前正在探索利用信息化手段对流程进行固化。通过试点，该公司已初步形成1个《工作手册》和3个《工作指南》。

二是将廉政建设与内控建设有机结合，为境外投资筑造廉洁防线。粤海控股通过内控建设推进廉洁从业风险防控机制建设，把廉洁风险防控、“三重一大”、“企业领导人员廉洁从业”等核心要素融入内控体系中，按照PDCA（P—计划、D—执行、C—检查、A—整改）循环的工作程序，围绕权力运行和监督制约机制，将风险识别、评估、预警、控制和监督融入日常生产经营活动的各个环节，构建廉洁风险防控网络，形成符合社会主义市场经济要求的、有效能、有效率的惩防体系，实现反腐倡廉工作常态化。

三是建立健全境外投资监督管理制度体系，为境外投资提供制度保障。该公司坚持“落实管理责任、严控重大事项、规范特殊业务”的定位，建立了包括《广东粤海控股有限公司董事会禁令》在内的涉及治理、监管、奖惩等90多项与国际接轨的现代企业制度，涵盖人、财、物、事等各方面。通过严格控制公司设立权、资产处置权、大额资金支付和管理权、对外融资权，为防范境外投资风险提供了有效的制度保障。

粤海控股对境外投资实行集中控制、分级授权管理，并确立了以经济效益为中心，以现有业务和资源为基础，以外部环境和行业发展为条件，以集团发展战略规划为依归，以协同、稳健、可持续发展为目标的投资管理原则。主要采取事前控制以保证境外投资决策正确，事中监控以确保项目按计划合法、有序开展，事后评估以不断提升投资决策水平。

为了进一步完善法人治理结构，该公司借鉴境外成熟的市场管治模式，进一步完善法人治理结构。如尊重香港的法制体系和法治精神，严格遵守当地的法律规定，自觉接受约束和监管，按法定规则、规程办事。在法人治理结构上参照国际通行规则进行探索，通过规范董事会运作，加大对决策权的有效制约，充分发挥监督作用，促进境外投资业务规范运作。在境外上市公司的公司治理方面，按照上市公司的独立性和规范性要求，严格遵守香港当地的法律法规，妥善处理好公司治理与国企管理的关系，清晰界定不同的监督、监管和执行当局在职责上的分工，及时准确披露重大信息，以保护全体股东利益。

南粤集团：立足粤澳合作项目确保投资安全

广东南粤集团有限公司（以下简称南粤集团）于2009年6月重组成立。在澳门这个博彩业一业独大、市场拓展空间小、竞争激烈且完全市场化的经营环境中，集团以服务粤澳合作为发展战略，注重与澳门一业独大的博彩业错位发展，创新经营管理模式，在澳各项业务实现了跨越式发展，经营和资产规模不断壮大、经济效益明显提高。通过三年多时间的经营，集团主营业务总收入增长5.37倍，归属母公司利润增长3倍，资产规模增长2.2倍，净资产规模增长3.46倍。已成为服务粤澳合作事业的排头兵和促进澳门经济适度多元发展的重要力量。

南粤集团针对公司重组之初主营业务不清晰、业务之间关联度低、缺乏核心竞争力的情况，积极采取措施，不断加快推进企业的转型升级。

一是在整合原有建筑、建材、地产等关联业务的基础上，从以建筑施工为主逐步将发展重点转移到大型项目尤其是粤澳合作项目的策划、咨询、管理和投资开发上。如对澳大项目和新通道项目的探索就是例证。二是通过在上游收购和建设自己的食品生产、供应基地，在下游建设自有的食品销售网络，打造完整的业务链条，实现了由食品代理商向输澳绿色食品主供商角色的转变。该业务板块有望年内在香港上市。三是实施回收处理港澳废旧汽车及家电产品项目和参照香港模式处理澳门的建筑余泥项目，介入粤澳两地的环保产业。四是通过股份收购的方式获得劳务经营资格，成立了人力资源公司，进入劳务输出这一朝阳产业。

南粤集团通过以上措施，基本完成了主营业务的科学布局，并逐步实现转型升级，形成了投资经营与开发建设、绿色食品生产与贸易、粤港澳环保合作事业、输澳劳务归口管理与输出四大主营业务。

为了做强做大主业，确保投资收益大幅增长，南粤集团紧紧围绕服务粤澳合作的发展战略，致力澳门民生幸福建设，积极推动、探索重大粤澳合作项目。如管理和建设总造价约80亿元的澳门大学新校区项目，积极推动总造价约100亿元的粤澳新通道项目，协助澳门政府建设经济房屋2000套等项目，都有比较好的社会效益和经济效益。另外，输澳民生食品占到澳门市场份额的80%以上，在稳定澳门民生市场方面起到了举足轻重的作用。

澳门大学横琴新校区项目是“一国两制”制度下的合作示范项目，投资主体是澳门特区政府，但施工点却在珠海横琴。南粤集团作为建设和管理单位，讲求“小业主、大社会”，在广泛吸收、借鉴国内外经验的基础上，从管理体制、机制、制度到运作方式，都进行了一系列大胆探索和创新，创建了一套境外大型项目建设和廉政建设同步推进的新模式。

在造价管理方面，该公司采用港澳及国际先进做法，聘请香港知名工料测量师行对工程全过程进行监控和把握。同时，还分别委托两家以上的咨询公司独立编制预算，对各家预算进行分析、对比，确保最高限价科学、合理、客观，降低投资成本。

在投资成本的控制方面，该公司采取以委派项目财务总监和监察员的形式对澳大项目进行监督。项目财务总监和监察员由集团总部下派，直属集团总部领导，采取“垂直式”管理，有效减少了项目公司的内部干预，进一步提升了监管效能。探索“监理加管理”和“专业对口管理”模式。由澳门特区政府派工务部门专员并聘用4家顾问单位，对在澳大项目实施监理的3家监理公司进行监督管理，实现了对监理职权的制衡。

在资金管理方面主要从深化制度设计上着手，制定了一系列适应境外项目的检查、审计和责任追究等制度，建立了与内控体系建设紧密结合的合同管理、分包管理、材料管理等方面的风险防范制度，逐步形成了一套较为完善的境外项目监管机制。实行资金支出集体审批制度。项目全部收支纳入预算管理，对于资金额度超过10000元的支出，坚持由3名以上董事集体签批，重点把好投入资金的“出口”关。

珠江船务：境外投资突出主业严控风险

珠江船务企业（集团）有限公司（以下简称珠江船务）是广东省航运集团（以下简称航运集团）驻香港企业，主要从事港口航运物流、水路高速客运等业务。该公司着力于突出主业，做强实业，构建了粤港澳营销、运输、码头和信息四大网络，延伸完善了船舶经营管理、修理、供油、保险等产业链。近年来，珠江船务每年净利润达到2亿元以上，成为珠江流域最大的内河港口物流服务商和粤港澳最有竞争力的水路高速客运运营商。

对于怎样防控境外投资风险。珠江船务的做法是，把握投资原则，围绕在完全竞争中如何提高竞争力来构建主业网络和产业链。珠江船务规定新增投资项目必须符合集团发展战略规划，有利于突出主业发展方向和利用境外资源，增强企业核心竞争力。近年来，该公司利用国际金融危机影响的契机，以低成本扩张方式，陆续投入巨资增持、收购、兼并港澳和珠三角港口码头。目前，全资或控股经营珠三角港口码头20多个，进一步优化了港口网络布局。

该公司注重选择有带动效应的重点项目，延伸和完善产业链。如珠江船务属下的金珠船务项目和香港国际机场的海天客运码头，就属于委托经营、输出管理的产业延伸项目。营运近五年来，带动了客运配套业务——码头服务、供油、船舶修理、旅游等的同步发展，取得了良好的投资效益和社会效益。

为了有效规避投资风险，该公司严格把住经营现金流和投资规模两条主线，严格执行“四条禁令”：对不利于主业发展的、与主业关联度不大的、超出企业资金承受能力的、没有人力资源支撑的，坚决不投资。同时，坚决不做代开信用证、商业汇票、炒卖期货等高风险金融衍生业务。

坚持事前科学论证事后评估的倒逼原则，也是珠江船务规避投资风险的法宝之一。该公司规定，境外股权投资或股权追加投资按重大投资审核方式管理。如投资规模1000万元（人民币）或上年度资产值5%以上的投资项目，以及在国外、台湾地区的投资项目或再投资项目，都要按程序上报集团审批。同时，对境外投资发展项目的立项、评估论证、审核、实施等作了明确规定，强调程序不可逆，严格审批控制。建立项目后评估、监督考核制度，以倒逼机制强化违规责任追究。

众所周知，完善法人治理结构是有效监管境外投资的关键所在，珠江船务根据香港上市公司的管治要求，外聘了三名具有不同行业背景、丰富企业管理和风险防控经验的独立非执行董事，确保董事会科学决策。建立健全董事会和经理班子议事制度，最大限度地防范决策风险。董事会下设执行委员会、审核委员会、薪酬委员会和提名委员会，分别监控公司营运、投资、财务、人事、薪酬等方面的运作。同时，进一步优化管理架构，珠江船务实行总部在香港的“一司两地”运作模式，把珠江船务、珠江股份两级架构进行整合，形成珠江船务为控股公司、珠江股份为实体公司的格局，缩短了管理链条。在境内成立珠江船务（广东）物流有限公司，归口管理珠江船务在境内的珠三角物流企业。

严格遵守上市规则，每年两次公告公司业绩，主动、及时、准确地向公众披露股价敏感信息，严控内幕交易风险。在上市公司和大股东关联交易时，按照联交所的规定聘请独立财务顾问出具报告，召开特别股东大会并由小股东投票表决。上市以来，珠江船务未发生因为违反上市规则而受到交易所处罚的现象，赢得了市场的一致好评。

（原载《国企清风》2012年第4期）

往前探路与回头思考

——一本荟萃广东国企廉洁风险防控做法与经验的好书

近年来，如何防控廉洁风险越来越受到社会各界的关注和重视。大学里从事廉政理论研究的学者有论述，担负监督检查责任的纪检监察工作者在不断思考，许多国有企业也在实践中不断探索。实践出真知，作为改革开放的前沿阵地，广东的国有企业先行先试，探索实践，把廉洁风险防控机制建设不断引向深入，并取得了不菲的成效。这是让人欣喜的事情。

国务院国资委纪委政策研究室主任李正义最近在广东的一次国企防控廉洁风险会议上指出，必须把握廉洁风险的客观性、危害性和不确定性特征。排查风险的标准要持之有度，否则宽严皆误。他认为，廉洁风险防控的目的在于确保权力受控，确保廉洁风险因素逐年减少，确保重大腐败案件不发生。为此，加强实践经验的总结、加强理论战略的研究，意义深远，非常必要。

于是，《廉洁风险防控——广东国有企业的探索与思考》（以下简称：《廉洁风险防控》）的出版就显得正当其时。这本新近由广东省纪委和广东省国资委联合编印的书籍，带着从事国有资产监管和纪检监察工作者智慧和汗水的芬芳，绽放在五月万物竞荣的季节，它贴近实践，贴近实用，既有指导性价值，也有借鉴意义，值得一读。

该书主要精选收录了2012年3月广东省纪委、广东省国资委联合组织召开的全省国有企业反腐倡廉建设工作会议上各国有企业和各地市国资监管机构提交的经验材料，以及近年来在全国性会议上交流发言或在有关报刊发表的关于廉洁风险防控工作的文章60多篇。可以说，这既是广东国有企业开展反腐倡廉建设的成果展示，也是对近年来国有企业廉洁风险防控工作的探索和总结，这是有普遍意义的“广东经验”，也可以说是为我国国有企业的廉洁风险防控机制建设的探索和示范，对于今后不断拓宽反腐倡廉建设领域，探讨廉洁风险防控新路，提升廉洁风险防控水平，有着导向的作用。

它与生俱来的实用性、工具性、指导性等特点，决定了它的价值所在。

作为一本立足于不同地域、不同行业、不同层面的国企系统风险防控的集大成之作，它不仅总结了广东省国有企业廉洁风险防控的有效做法，而且通过理性的思考和全方位的检视，使近年来广东在各个领域先行先试的品性再次显露。实际上，往前探路的勇气与回头思考的意义，仿佛两条腿走路，缺其一皆会止步不前。

“冰冻三尺非一日之寒”，任何事物的本质无论向哪个方向发生变化，都需要一个量的积累过程。仅仅专注于脚踏实地的实践、满足于勇气可嘉的先行先试，是不够的；善于做回头看的思考与总结，才是智慧，更是策略。任何一次螺旋式进步，都是基于深刻认识了事物的发展规律，掌握了科学的方法论。正因如此，我们的探索才会留下足印，才会在未来必经的道路上留下醒目的标志。

毫无疑问，要维护国有资产安全，保障国有企业健康发展，廉洁风险防控实践探索的推进是必不可少的，我们要往前积极探讨如何更好地把廉洁风险防控机制建设作为强化国有资产监管的一项重要手段，融入国资监管，以达到推动国有企业廉洁风险预警防控机制向纵深发展的目的。因此，当我们理解这一点，《廉洁风险防控》一书，就不会成为读者书桌上的一个摆设、一个装点知识门面的饰物了。

本书的出版得到了各级领导的大力支持和指导，中共广东省委常委、省纪委书记黄先耀，国务院国资委纪委书记强卫东，中央纪委一室主任贾育林在百忙之中欣然为本书作序。广东省纪委副书记梁万里，广东省国资委主任、党委书记温国辉等领导还亲自撰文参与探讨。这些元素的共同组合，成就了这本书不同寻常的意义。我们相信，本书的问世能够对我省国有企业开展廉洁风险防控工作，推进反腐倡廉建设有所启发、有所助益。

（原载《国企清风》2012年第2期，与罗星明合作）

凝心聚力　再谱新篇

南粤大地万象更新，改革发展再写新篇。在一个写满梦想与希望的春天里，广东省商务厅正式成立了，这是梦想成真，更是新的期待与责任。

省商务厅的成立，是我省全面深化改革、推进政府职能转变的重大举措，也是我省优化对内对外开放格局、增创商务发展新优势的重要契机。新设立的商务厅整合了原省外经贸厅的全部职责和省经信委的商贸流通管理及经济协作职责，形成了比较完备的内贸、外贸、外资、外经和口岸管理机制，基本实现了内外贸统一管理，这既有利于我省统筹利用国际国内“两个市场、两种资源”，充分发挥外贸大省和内需大省的优势，又有利于对外开放和扩大内需进一步结合，打造形成统一的大市场和大流通的新格局，必将为我省商务事业发展注入新的动力和活力。

在过去的岁月里，伴随着改革开放的大潮，不管是从事外经贸工作的同志，还是从事商贸流通管理的同志，与我省的商务事业共命运齐奋进，在各自的岗位上恪尽职守、锐意创新、奋发有为，创造了一个又一个骄人业绩，书写了一篇又一篇壮美华章，为广东改革开放和商务事业发展发挥了积极作用，作出了重要贡献。

商务发展正当时，乘胜而上又一春！党的十八届三中全会对构建开放型经济新体制提出了明确要求，最近召开的全省商务工作会议对全年商务工作作了全面部署。如今，改革的集结号已吹响，广东商务事业新的蓝图已绘就，新的征程已开启，责任重大，使命光荣。我们广东商务人必须用执着诠释责任，用梦想拥抱未来，在厅党组的带领下，以商务厅成立为新的起点，秉承敢为人先、开拓创新的精神，同心同德，施展才智，彰显活力，从春天再出发，阔步前行，奋力书写伟大中国梦的广东商务改革发展新篇章！

（撰于2014年3月广东省商务厅挂牌成立之际）

03

析廉之论

实践要有成效，必须依靠理论的指导。当前腐败正以新方式、新手段出现，日趋复杂化、隐蔽化、智能化，而正风反腐也成为当今中国的新常态，极有震慑力，让人充满期待。作者结合工作实践，对如何加快推进惩治和预防腐败体系建设、如何改革完善纪检监察体制机制、如何深入查找体制机制存在的薄弱环节等作了一些调研和思考探索，虽很肤浅，但也有所获，譬如《对改革完善派驻机构体制机制的几点认识和思考》一文，就得到了省纪委主要领导的肯定。作者愿意与同行和读者朋友们一起继续探索前行。

对改革完善派驻机构体制机制的几点认识和思考

十八届中央纪委三次全会作出纪检监察体制改革的决策部署，派驻机构的改革首当其冲。最近，广东省纪委明确提出要创新反腐败体制机制，改革和完善纪检监察派驻机构，推动派驻机构履行好监督职责，争当全国反腐倡廉建设的排头兵。近段时间，本人以积极心态投身其中，结合在派驻机构的工作实践，通过参加有关座谈、访谈调研等方式，认真学习，倾心研析，对如何改革和完善派驻机构体制机制进行探讨和思考。

一、明确这次派驻机构体制机制改革的重点任务

自2004年开始，根据中央决定，广东省纪委对省直派驻机构实行统一管理，改革领导体制，将派驻机构由省纪委与驻在部门双重领导改为由省纪委直接领导，主要体现在对干部和业务工作的直接领导上。改革对派驻机构的管理方式，是为了在新形势下进一步加强对驻在部门权力的制约和领导干部的监督。近几年，广东省的深圳、惠州、珠海等市积极对派驻机构改革作有益的探索和实践，有些做法值得学习和借鉴。

中央纪委三次全会提出改革完善纪检监察派驻机构的任务，主要包括三个方面：一是中央纪委向中央一级党和国家机关派驻纪检监察机构，逐步实现派驻机构全覆盖。二是要求派驻机构向派出机关负责，统一名称，统一管理，探索不同层级派驻机构建设的有效途径。三是全面履行监督职责，派驻纪检组组长不分管业务工作，加强对驻在部门领导班子及其成员的监督。为派驻机构履行职责提供保障，工作经费在驻在部门预算中单列。以上三项内容，第一项是中央纪委层面需要研究解决的问题，第二项是目前省纪委层面正在研究解决的问题，第三项与我们派驻机构密切相关，就是切实履行监督职责，只对派出机关省纪委负责。我们必须明确这次改革的重点任务，明确职责定位，聚焦中心任务，按照省纪委的部署要求，扎扎实实把监督责任履行好。

二、当前派驻机构开展工作的现状和存在问题及原因分析

自广东省纪委、省监察厅对派驻机构实行统一管理以来，按照上级的部署要求，派驻机构不辱使命，围绕中心、服务大局，努力履行执纪监督职责，积极协助驻在部门抓好党风廉政建设，认真把好关、执好纪、问好责，不断加强自身建设，同时派驻机构工作的独立性和权威性也得到明显提升，履行执纪监督职责的能力得到明显增强，取得了明显成效。但从当前开展工作的情况看，派驻机构在统一管理体制和履行监督职责中还存在着需要进一步破解和解决的矛盾、问题。本人认为，产生这些矛盾和问题原因是多方面的，既有对派驻机构工作的特点、难点研究不够，领导、指导和管理有待加强和改进的客观原因，也有派驻机构履职不够、驻在部门支持配合不够等主观因素，但更重要的是统管体制机制问题，很值得分析和思考。

（一）在思想认识上，派驻意识不够清晰，派驻机构履职理念观念有待增强。

一方面，派驻机构干部的职责职能虽已确定，但角色定位的认识仍不够明确。目前，省直35家派驻机构干部，大都是先后在2004年、2009年的派驻机构改革时从内设纪检监察室划编过来，虽已明确是在省纪委、省监察厅的领导下，实行统一管理，对省纪委负责。但由于派驻机构干部长期在驻在部门领导下开展工作，工作、学习和生活同在一起，行为定势、惯性思维根深蒂固。再加上派驻机构干部“回家”汇报交流的机会少，享受“家”的温暖少，对自己是省纪委、省监察厅派到驻在部门履行监督工作的意识不是很清晰，缺少认同感、归属感，对“我是谁？”、“我是干什么的？”，在受谁领导、对谁负责的问题上的认识有偏差，遇到情况向驻在部门领导请示汇报多，主动向省纪委请示报告不够。另一方面，派驻机构与驻在部门的管理体制虽已明晰，但驻在部门在认识上仍存在误区。中央纪委尽管对“派驻机构对派出机关负责”、“纪检监察机关对派驻机构实行统一管理”等规定三令五申，广泛宣传，但有些驻在部门党组及人员对派驻机构履职责任的思想认识没有转变过来，没有改变以往双重领导的思维模式，仍然把派驻机构视为内设机构，认为是“自己内部的人”，同样进行职能分工，组织各类业务检查指派派驻机构人员参加，或者凡是省纪委、省监察厅下发的文件和牵头或参与的工作，都交给派驻机构负责。产生原因主要是对派驻机构的职责职能和身份定位等的舆论宣传工作不够

深入，没有及时更新思想观念，致使有些派驻机构与驻在部门的角色定位理念有偏差，派驻机构和驻在部门双方的派驻意识都有待提高。

（二）在工作关系上，领导体制存在矛盾，派驻机构履行监督难和落实“两个责任”的问题有待破解。

一方面，派驻机构与驻在部门监督与被监督的关系虽已明确，但监督难问题突出。目前派驻机构直接受省纪委、省监察厅领导，工作对省纪委、省监察厅负责，明确规定派驻机构对驻在部门党组及其班子成员履行监督责任。而现行领导体制是派驻纪检组长又担任党组成员，实施的仍然是“同体监督”，同时受驻在部门党组书记的领导，监督者受被监督者领导这种体制设计，客观上存在矛盾，难以实施有效监督和工作的开展。现实中，驻在部门班子成员之间分工不同、各管一块，派驻纪检组长难以有途径、有手段了解其工作情况，掌握有效信息，仅被动地依靠信访举报，难免会造成监督“缺位”，这就很难履行监督和制约。当前派驻机构普遍存在着监督执行困难、监督力度不够和监督成效不明显等问题。从近年来查处省直单位领导违纪违法案件情况看，几乎没有派驻机构提供案件线索和组织查办的案件。甚至有的驻在部门认为派驻机构是省纪委专门派来监督的，工作中存在着提防意识和抵触情绪；有的有意淡化参与权、知情权、查处权，有的有意弱化派驻机构的监督职能，在工作保障上也未能积极提供。最近本人向20家派驻机构了解工作经费在驻在部门预算中单列的落实情况，仍有5家没有实行，所需经费须驻在部门临时审批。另一方面，驻在部门的主体责任与派驻机构的监督责任虽有规定，但在落实上仍有偏差。中央明确规定党委（党组）对党风廉政建设负主体责任，纪委（纪检组）负监督责任。派驻机构对驻在部门履行执纪监督职责，同时又要协助督促驻在部门党组抓好党风廉政建设。而在实际运行中，驻在部门如何落实好主体责任？派驻机构如何落实监督责任？不仅需要在认识上进一步深化，还要在行动上进一步落实。目前，许多驻在部门党组仍然存在着认为党风廉政建设是派驻机构的事，驻在部门党组是领导主体而不是工作主体的认识误区。比如，每年开展的纪律教育学习月活动，许多单位都是党组名义上开个动员会，讲个话，其他工作都是派驻纪检组“包打天下”。当前派驻机构普遍存在着工作面铺得过宽、职能泛化和主责弱化等现象。在日常工作中，派驻机构对驻在部门党组安排的工作任务也很难推脱，比如政府采购招投标、网上办事大厅建设、政风行风评议等，有的派驻机构还过多地牵头或参与了驻在部门的业务工作，有时甚至还出现协调变牵头，牵头变主抓，主抓变负责。有的驻在部门党组还安排纪检组长分管党办、信访、扶贫等工作，造成工作“错位”、“越位”，不可否认这是“种了别人的责任田”。产生的原因主要是派驻机构体制改革统管不彻底，派驻机构不完全独立，履行监督职责与被监督者存在着从属和依赖关系，平时的工作保障和行政经费都由被监督者提供，工作上许多都要依附于驻在部门，需要驻在部门的支持，造成履职没有底气。现行的领导体制，派驻机构相对于驻在部门领导班子处于弱势，缺乏权威性，履行监督缺乏过硬的措施作为“尚方宝剑”，难以掌控监督对象的有效信息。比如驻在部门领导干部个人有关事项报告、省纪委给驻在部门领导发信访函询书等，目前在制度设计上绕开了派驻机构，这不便于发现问题，开展有效监督。此外，还受个人私利和思维定势的影响，有的派驻干部怕不管事、不做事会被边缘化，认为管得多就是权力大、有实权，管得宽就是能力强、有本事。

（三）在履行职责上，统管制度不够完善，派驻机构的制度建设有待加强。

首先，派驻统管的制度虽已启动，但配套制度不够完善。目前中央和省对派驻机构的统一管理和职责职能规定都是以文件形式指导的，没有出台相关条例，存在着工作制度不够完善的缺陷，派驻工作的权威性、独立性和规范性都有待加强。当前上级纪检监察机关要求落实转职能、转方式、转作风，但没有具体的指导意见，有些派驻机构不知道如何“转”，比如对所参与的议事协调机构应如何压减、减多少，保留多少等。现行的统一管理，实际只是干部与业务的管理，工作保障、人事档案、退休等仍保留在驻在部门管理。上级纪检监察机关如何在思想上、工作上、组织上和后勤保障上加强对派驻机构的领导和管理缺乏具体办法和配套制度，这些都有待尽快出台。其次，派驻机构干部身份关系虽已确定，但相关工作机制不够顺畅。比较突出的有两个不够规范：一是与省纪委机关的关系不够规范。省纪委机关与派驻机构既是一种领导与被领导的关系，也是相互协作的关系，派驻干部和机关干部同是省纪委的干部，应一视同仁，在工作上、使用上如何体现应作进一步明确。二是与驻在部门的关系不够规范。派驻机构与驻在部门既是监督与被监督的关系，也是相互支持合作的关系，但受方方面面的制约，作为党组成员的纪检组长在班子中的排名普遍靠后，相对处于弱势，对派驻机构在驻在部门和派驻纪检组组长在班子中的地位、作用等相关的工作配套制度有待规范和完善。再次，派驻机构干部职责定位虽已建立，但岗位责任不够明确。目前派驻机构的人员定编和职责由省纪委统一管理，但派驻机构每个领导岗位职数和职责是什么，尚未明确。如有的派驻机构设有正厅、副厅级纪检监察专员与纪检组长的职责关系，纪检组副组长兼监察室主任与专职纪检组副组长之间的分工职责、领导关系及排名等都不够明确，虽然这样的职位设置照顾、解决了一些派驻机构干部的待遇问题，但派驻机构人员编制本来就少，很大程度上影响了开展监督工作的协调，影响了工作积极性、主动性的发挥，相关的岗位职责制度有待进一步完善。产生原因主要是受现行领导体制的掣肘，管理制度研究设计滞后，没有与时俱进地根据派驻机构出现的新情况、新问题进行修订完善；省纪委对派驻机构的支持力度还不够，没有很好地理顺工作关系，进行规范、指导和协调，为派驻机构大胆履职和排忧解难提供具体支持。此外，目前派驻机构干部的工资福利、后勤保障和退休关系等由驻在部门管理承担，使派驻机构干部有后顾之忧，不利于独立开展履职监督。

（四）在队伍建设上，考评机制不够科学，派驻机构的履职责任和能力有待强化。

首先，派驻机构干部队伍虽得到有效加强，但履职力量仍然薄弱。近几年，省纪委对派驻机构统管后的干部队伍建设比较重视，业务培训和使用交流的力度在不断加大，履职能力也得到明显提升，但对派驻干部队伍建设的深入研究和支持还不够到位。目前派驻机构人员编制约270人，可说是一支比较庞大的队伍，而整体上比较分散，派驻监督的合力不足，有的监督重点模糊、渠道狭窄、手段有限，有的人员定编不合理，人少事多，除了要完成省纪委布置的任务外，还要承担驻在部门及上级布置的任务。目前，虽然各派驻机构在履行职责上都比较努力，也想了不少办法，但履职情况却不尽人意，主要体现在查办违纪违规案件方面的作用有限，初核数量、立案数量都比较低。据有关资料，2013年，省直35家派驻机构信访举报初核率仅为12%，立案仅87件，不少派驻机构多年未办过案。现在的省直35家派驻机构是在省纪委实行统一管理时划转过来的，干部的素质能力参差不齐，有的没有从事过纪检监察工作，对业务不够熟悉，不知监督如何下手。尤其在查办案件方面，由于核查案件机会少，经验不足，会办案、能办案、办好案的不多。甚至个别是照顾性划转过来，年龄偏大，影响了队伍质量，造成派驻干部活力不足，创新意识不强。有的执纪监督能力与履职要求存在差距，即使有的想做好监督，但对履行监督的方法方式把握不准，心里没有底数，监督效果差。其次，派驻机构干部虽加大了使用交流力度，但许多制约因素没有很好清除。近几年省纪委对派驻机构干部使用交流的力度在不断加大，尤其是对派驻纪检组长层面的交流比较顺畅，但组长以下的干部交流渠道仍然不够畅通，干部的进出缺乏制度化的机制安排。派驻机构与省纪委机关、驻在部门以及派驻机构之间的干部交流尚未充分实现“流得动、转得开、出得去”，目前“流不动、转不开、出不去”的问题依然存在。再次，对派驻机构干部虽作了考核评价，但相关机制有待完善。目前，中央和省尚未制定关于派驻机构干部工作考核的制度规定，更谈不上建立科学的考核评价机制。上级对派驻纪检组长的了解仅是一年一次的述职报告，对其他干部也仅凭一张考核表，很难全面准确地评价他们的工作实绩与存在问题。存在这些问题的原因主要是对派驻机构干部的教育培训和相互交流没有及时跟上。最后，受错位的政绩观影响，有的急于出成果，也想打“大老虎”，愿望虽好，却没有考虑派驻机构人少、手段有限的实际；有的存在好人主义，尽量不得罪人，甚至利用与上级纪检、检察机关比较熟悉去说情“保护”，认为驻在部门一年到头没有违纪违法案件、平安无事就是成绩，致使有案也不想查、不愿查。

三、改革完善派驻机构体制机制的建议与思路

十八届中央纪委三次全会提出要积极探索加强不同层次派驻机构建设的有效途径，要求转职能、转方式、转作风，聚焦主业，强化监督。根据中央纪委的部署，我省要充分发挥敢为人先、先行先试的优势，积极实践、大胆探索，把改革和完善派驻机构体制机制工作放在全面深化改革的大局中去思考、谋划和推进，切实使派驻机构敢于担当，承担好执纪监督这个沉甸甸的责任。

（一）强化顶层设计，完善派驻机构的制度体系。

根据纪检监察体制改革的要求和派驻机构的现状，派驻机构体制改革要强化顶层设计，健全制度、完善机制，并作为实现纪检监察派驻机构治理能力现代化的一项重大举措。

1．建立健全派驻机构加强统管和履职的配套制度。一是在中央纪委、监察部层面，按照党章和行政监察法的规定，尽快研究出台《纪检监察派驻机构管理条例》，明确和规范派驻机构的工作职责、工作定位、工作关系、教育管理和工作保障等，依法领导和管理派驻机构，从制度层面解决派驻机构职责定位模糊、与驻在部门职责分工不清、监督重点不突出、关系不顺畅等问题，使派驻机构能够依法履行职责，驻在部门也能够依法支持配合派驻机构积极履职。二是在省纪委、省监察厅层面，加快建立健全派驻机构加强监督管理的配套制度，落实相关监督权力，进一步加强派驻机构的指导、统管和协调，对派驻机构履行监督检查的内容和监督方式进行细化，以及对派驻机构查办案件的权限和程序进行明确，为派驻机构履行监督职责提供制度保障。

2．明确和完善派驻机构与驻在部门的工作责任制度。按照各级党委（党组）要承担党风廉政建设主体责任、各级纪委（纪检组）要承担监督责任的要求，切实落实主体责任和监督责任。明确哪些工作应由驻在部门完成，哪些工作应由派驻机构独立完成、协助完成，这些都要明确规范，一一列出责任清单，确保各责任主体主动作为，各司其职。进一步强化派驻意识和责任意识，切实增强履行责任的思想自觉和行动自觉，真正做到守土有责、守土尽责。派驻机构要明确自身角色定位，切实履行责任担当，耕好自己的“责任田”，积极发挥组织协调作用，既要代表省纪委对驻在部门实施监督，督促驻在部门党组认真履行党风廉政建设主体责任，又要尊重和协助好驻在部门，正确处理与驻在部门的关系，当好省纪委的“眼睛”和“耳朵”。驻在部门党组要切实扛起党风廉政建设主体责任，以实际行动支持配合派驻机构履行监督职责。鉴于已经明确驻在部门党风廉政建设的主体责任，建议驻在部门设立党风廉政建设办公室，与机关党办、机关纪委合署，承担本部门的党风廉政建设具体工作，派驻机构履行督促检查职能。

（二）创新监督方式，建立派驻机构履职监督机制。

按照转职能、转方式、转作风的要求，派驻机构要改进工作方式，创新监督手段，转变工作作风，更加科学有效地履行执纪监督职能。

1．注重在推进“三转”中创新监督机制。推进“三转”，是加强纪检监察体制机制创新的必然要求。派驻机构要聚焦中心任务，突出主业主责，以强烈的使命感和责任感履行好监督职责，不断创新监督方式，探寻监督办法，优化监督内容。把工作切入点从配合驻在部门开展业务检查，转变到对驻在部门依法履行职责、承担监管职能情况的监督检查上来，将工作从大包大揽转到组织协调上来，摆正监督与被监督的关系，集中精力督促驻在部门严格履行职责。坚决从驻在部门业务工作中脱离出来，不再介入监督对象的具体监管行为，把不该管的工作交还主责部门。强化对驻在部门领导班子及成员的监督，加强责任追究，注重执纪问责。同时，在“三转”中要注重联系驻在部门的实际，把强有力的监督建立在相信和依靠驻在部门党员干部的基础之上。

2．建立坚持问题导向的履职责任机制。派驻机构要注重用法治思维和法治方式履行监督职责，在法律、条规、政策的框架下执纪监督。坚持问题导向，问题出在哪里，监督就跟到哪里，加强对问题的前瞻性研究，探索和把握问题产生的规律、特征，制定措施加以防范，把问题消灭在萌芽状态。注重把驻在部门的中心任务与履行职能结合起来，既注重惩治腐败，完善发现和查处案件线索的工作机制，又重视教育监督管理，把严肃查办案件与教育挽救干部结合起来，对发现苗头性、倾向性问题和尚不构成违纪的一般性问题，及时进行提醒谈话和诫勉谈话。积极探索建立驻在部门内设机构向派驻机构汇报工作和派驻机构负责人约谈驻在部门内设机构负责人的制度，增强工作的有效性和针对性，切实解决监督力度不够、办法手段不多等问题。

3．建立开展经常性监督检查机制。派驻机构要把开展经常性的监督检查贯穿于工作的始终，坚持抓早抓小，防微杜渐，建立和完善经常性监督检查机制。按照“谁主管、谁负责”的原则，严肃查处驻在部门的职能处室在履行职责上不作为、乱作为、慢作为等现象，加大执纪问责力度，健全责任制倒查追究工作机制，以严厉的问责措施倒逼驻在部门认真履职、依法行政。注重深入研究驻在部门工作特点、热点和存在的突出问题，分析原因，找准症结，努力寻求能够解决问题的新途径、新办法，积极做好经常性的监督工作。比如，省商务系统举办和参加的展会、博览会等各类商务活动多，组织到境外招商引资的次数、人数、支出经费多，流通领域、餐饮服务业薄弱环节多，内外贸专项资金安排的项目面广点多，与企业、行业和社会中介组织打交道也很多。又如，省国资系统在企业改革和经营活动中，兼并重组破产、产权交易、投资决策、招标采购等是查办重点，维护国有资产安全、防止国有资产流失的责任重大，监督落实“三重一大”决策是关键。要把这些特点和“热点”当作开展经常性监督检查的出发点和着眼点，提高履职监督的工作实效。

（三）改革体制机制，完善派驻机构统一管理模式。

对派驻机构管理体制机制改革，是纪检监察体制机制改革的重要内容，也是更好发挥派驻机构职能作用的重大举措。要针对当前派驻机构的现状和问题，立足实际，大胆探索统管新模式。

1．改进和强化对派驻机构的领导方式。派驻机构是省纪委的重要组成部分，是一支重要力量。省纪委对派驻机构工作需进一步加强领导和指导，把派驻工作纳入工作重点，同研究、同要求、同部署、同推进。经常深入到派驻机构和驻在部门听取情况汇报，了解掌握真实情况，指导和帮助解决实际困难和问题，为派驻机构执纪监督提供坚强后盾。派驻机构也要主动请示报告，对涉及驻在部门的重要问题及时报告，对有关核查事项随时报告，对阶段性工作情况定期报告。自觉接受省纪委机关的领导、管理，服从安排，听从指挥。从加强对派驻机构的日常管理和工作指导出发，建议省纪委设立专门的派驻机构指导管理室，或在干部监督室加挂牌子，专人负责对派驻机构统一管理的指导、协调和管理工作，包括统管人、财、物，并负责重点派驻的工作经费和其他后勤保障费用的直接下拨，由驻在部门代管，让派驻机构干部有归属感，消除后顾之忧。

2．改革和优化派驻机构的设置模式。目前省直35家派驻机构队伍庞大，但点多、面宽，较为分散，管理难度也很大。建议以不改变基本管理体制、不改变干部管理权限、有利于强化监督检查职能作为出发点，改革和优化派驻机构的设置模式，科学确定统管方式，减少派驻个数，探索实行分重点、分片派驻。根据省直单位的规模、性质、人数、直管范围和职能相近、行业相关等情况，分门别类进行或重点或分片派驻，如教育、国资和公、检、法系统，可探索重点派驻；如文体宣传口、农口、经济口等，可探索分片派驻。每个派驻机构人数10至15人，有效解决由于受体制机制影响造成的监督队伍分散、监督力量不足和办案力量弱、经验不足等问题。可先进行试点，循序渐进，力争在两至三年实现省直党政部门派驻机构全覆盖。目前派驻机构的最大优势和特点是与驻在部门工作生活在一起，紧密贴近驻在单位，容易深入了解情况，便于有针对性地开展监督。这两种模式各有利弊，重点派驻要防止出现与驻在部门形成利益关系，不利于监督。分片派驻要防止监督与业务脱节，防止出现纪检机关不是纪检机关、巡视机构不是巡视机构、派驻机构不是派驻机构的“三不像”现象。

3．理顺和厘清派驻机构的工作关系。一个单位的党风廉政建设做得如何，主要是要看驻在部门党组，特别是“一把手”的重视支持力度，以及对派驻机构的支持配合程度。注重配套衔接，进一步加强相关制度授权和政策支持，不断探索同级监督的有效途径，重点理顺派驻机构与驻在部门的工作关系，解决目前存在的派驻机构独立性、权威性不够及领导体制机制等问题。要突出“派驻”属性，在保持纪检组长担任驻在部门党组成员的同时，要明确纪检组长在驻在部门的独立性，保障和落实参与权、知情权。要进一步明确派驻机构与驻在部门是监督与被监督的关系，不是在驻在部门领导下开展工作；明确纪检组长不分管驻在部门业务工作，派驻机构不参与驻在部门议事协调机构，派驻机构领导干部不兼任驻在部门机关纪委书记，减少对驻在部门班子及其成员监督的顾虑，充分保障派驻机构监督权相对独立。

（四）打造过硬队伍，建立派驻机构政绩导向机制。

按照“用铁的纪律打造过硬队伍”的要求，对派驻机构不仅要严格要求、严格管理、严格监督，还要建立和完善科学精准的政绩导向机制，来考核、评价派驻机构的履职能力和成效，激励其充分履职。

1．健全完善派驻机构干部监管机制。派驻机构远离省纪委机关，工作相对独立，自由度较大，驻在部门也不好多过问干预，如果没有监督和约束，必然也会导致失职甚至腐败。派驻机构干部只有纪律过硬、作风过硬、能力过硬、廉洁过硬，自身行得端、走得正，才有资格和底气去监督别人。按照“打铁还需自身硬”和《广东省纪检监察干部行为规范》要求，注重对派驻机构干部加强责任意识、派驻意识教育，树立正确的政绩观，加强培训学习，既要熟悉和掌握纪检监察业务知识，又要充分了解驻在部门业务知识和熟悉法律法规知识，不断提高队伍履职能力。注重对派驻机构干部加强监督，强化作风建设，建立健全工作约谈、定期报告工作、执纪办案工作管理等机制。强化监督者更要自觉接受监督，严格对派驻机构干部违纪违规行为的查处，解决好自身建设中的“灯下黑”问题。加强对派驻机构干部履职不实不力的责任追究，有效解决有案不想查、不愿查的问题。对不胜任现职者一律调离队伍，始终保持派驻机构干部队伍的纯洁性。

2．选优配强派驻机构干部队伍。派驻纪检组长的工作能力和水平的高低，会直接决定着派驻机构的工作水平和质量。纪检组长作风正、能力强、水平高，才能在驻在部门有为有位。注重选优配强纪检组长和监察室主任，不能把派驻机构当作安置性、照顾性的岗位。省纪委在选调选派到派驻机构人员之前，应与纪检组长协商，让纪检组长既有管事权，又有管人权。加快健全派驻机构干部队伍提拔任用和交流机制，打通省纪委机关干部与派驻机构干部和派驻机构干部之间相互交流任职的渠道，有效解决干部“流不动、转不开、出不去”的问题，为干部的成长搭建平台。

3．科学建立派驻机构干部考核机制。针对目前存在的比较单一、笼统、抽象的考核方式，制定派驻机构考核办法，把定性与定量考核结合起来，把考核内容和要素具体化，注意运用有关数据和事例来评价派驻机构干部的工作实绩，形成科学、合理、客观的，能够起到充分激励作用的考核机制。特别是注重建立倡导派驻干部刚正不阿、秉公执纪、坚持原则、敢抓敢管的激励机制，对于履职监督、查办案件有突出贡献的，应予以重奖和重用。

（原载南粤清风网、《岭南学刊》2014年第6期，被《中国纪检监察报》2014年7月29日、《中国纪检监察》2014年第15期摘登，获中国延安干部学院第2期年轻干部党性教育专题研修班“学员建言”优秀奖）

聚焦“四风” 推进“三转”
努力助推广东开放型经济水平提升

党的十八届三中全会对构建开放型经济新体制提出了明确要求。构建开放型经济新体制，必须坚持以开放促改革、促转型、促发展。广东作为改革开放的先行地，外贸总量占全国四分之一强，连续26年保持全国外贸第一大省地位，经济外向度高是明显优势。在第一批党的群众路线教育实践活动中，广东省商务厅（原省外经贸厅）坚持聚焦“四风”存在的突出问题，扎实推进转变作风、转变职能、转变方式的“三转”工作，以实践活动提供的重要契机和发展空间来助推广东开放型经济水平提升，用“三转”的新成效来印证和检验实践活动的新成果。

一、推进转变作风，努力在整治“四风”中取信于民

整治“四风”，首先要转变作风。转变作风能不能落到实处，取得成效，最终的评价标准是要看外经贸工作是否得到有力的推动，取得明显的成效。我们真正把自己摆进去，围绕解决“四风”问题，将推进转变作风作为实践活动的一项重要任务，贯穿到学习提高、对照检查、召开民主生活会和整改落实的全过程，以作风建设的实际成效取信于民。

*（一）突出真学真教，注重学习教育贯穿始终。*开展实践活动，学习教育是首要任务。坚持把加强学习教育作为基础性工作贯穿实践活动始终。注重突出外经贸工作特点，采取集中学习、辅导学习等方式，引导和组织党员干部认真开展学习，先后多次邀请上级领导、企业负责人、专家学者给党员干部作辅导报告。领导班子带头学习，学深学透，学以致用，着力在真学真懂真用上下功夫，努力将学习成果转化为具体的工作措施。通过举办专题研讨班、培训讲座，创办简报、板报和组织参观省反腐倡廉教育基地、党支部“每周一学”、“群众路线大家谈”活动等多种形式，强化学习教育实效。坚持政治理论学习与业务工作相结合，分析外经贸工作发展方向，拓宽外经贸发展思路，

研究探讨新形势下提升广东开放型经济水平的新思路、新举措，采取有效措施推动工作开展。

（二）突出真听真查，注重听到意见找到问题。实践活动的主要任务就是集中解决“四风”问题。只有听得到意见，才能找得到问题。一方面是到群众中去广泛听取意见。通过面对面、背靠背、请进来、走出去等多种形式，聚焦“四风”征求各方面的意见；通过召开各类座谈会、印发调查问卷、发送征求意见函、深入各地市外经贸主管部门和企业调研等多种渠道，开展听取建议，查找问题。另一方面是从心灵深处去认真深挖真查。注重对照上级的要求，对照外经贸工作面临的形势任务，对照领导班子实际进行思考，深入查找“四风”方面存在的突出问题。领导班子和成员认真撰写对照检查材料，逐项深入剖析，力求找问题准确，剖析深刻到位。紧紧抓住召开专题民主生活会这个重要环节，聚焦“四风”，勇于揭短亮丑，深挖思想根源，从工作中上、思想上、党性上找差距，并通过“回头看”查找不足和薄弱环节，进行“回炉”补课。

（三）突出真整真改，注重实际成效建立长效。整治“四风”能否取得成效，重在真刀真枪、真整真改，贵在持之以恒、取信于民。对查摆出来的“四风”问题，认真梳理，切实整改，切实改进作风，制定了101条整改措施，由“一把手”对整改负总责，班子成员根据分工职责，牵头相关处室组织落实，明确整改时限，并开展专项整治和督查，做到“事事有着落，件件有回音”。如，针对群众关切的“文山会海”、“三公”经费开支过大等问题，对文件、简报、招商活动大“删减”，对“三公”经费大“瘦身”。坚持以问题为导向，以长效机制为目标，促进作风建设常态化和长效化。围绕促进外经贸发展中心任务，努力以制度机制固化实践活动成果，对近年来制定下发的规范性、制度性文件进行全面梳理，做好废、改、立，力求有效管用。又如，在纠正形式主义，增强工作实效性方面的整改，认真梳理加快外经贸转型升级、提升开放型经济水平的有关政策文件，制定促进外经贸区域平衡发展的措施，并组织实施。

二、推进转变职能，努力在优化服务中提高效能

十八届三中全会指出，必须切实转变政府职能，深化行政体制改革，创新行政管理方式，建设法治型、服务型政府。在教育实践活动中，我们始终贴紧职能任务、贴紧服务企业，把克服“四风”、立行立改内化为主动为基层、为企业服务，提高效能的动力和行动。

（一）开展调研督导，认真做实服务指导。以调研督导为抓手，深化服务，切实解决查摆“四风”存在的调研不够深入、务实实干作风不够等问题。坚持有针对性地开展调研检查，对各项优惠政策措施落实不到位或执行有偏差的情况及时予以纠正，督促抓好落实，促使服务效能提升。认真听取外资企业、外贸企业和服务对象意见和建议，积极采取有效措施牵线搭桥，提供服务。适时开展外经贸形势分析，组织外经贸系统负责人和相关企业进行座谈沟通，听取意见，对发现问题及时提出建议，督促整改。如，按照省委省政府决策部署，专门组织力量开展自由贸易园区申报工作，广泛调研，主动协调指导广州、深圳等地市做好相关工作，加强与商务部等国家部委的沟通、汇报，申报工作得到有关方面的认同和支持。

（二）力推简政放权，努力做好帮扶服务。注重推进简政放权的落实，着力解决在查摆“四风”存在的职能转变还不够到位问题，切实做好对企业的帮扶服务，最大限度减少和规范行政审批，纠正“重事前审批，轻事后监管”的倾向。对外经贸、口岸领域的行政审批事项进行全面清理，简政放权，该取消的取消，该下放的下放，削减率达到80%以上，极大地方便了投资者来粤投资兴业。积极协调和争取有关部门落实外经贸企业税费减免政策，帮助外贸企业积极应对国际贸易壁垒，用实际行动为企业“减负”。如：组织应对美国对我国冷冻暖水虾发起首例农产品反补贴调查案，积极提供应诉和抗辩指导，取得了中国企业罕有的在美国应对“双反”调查胜诉，保护了湛江国联公司在美国的市场份额，维护了群众的切身利益。

（三）运用效能监察，积极提供支撑保障。推进职能转变，必须聚焦外经贸中心任务，切实发挥监督保障作用，做到不缺位、不越位、不错位。针对查摆“四风”存在的监督检查不够到位问题，结合政风行风评议和“民声热线”上线、开展治理庸懒散奢等工作，进一步改进监督方式，完善监督机制，规范监督行为，增强实践活动实效。通过发放调查问卷，利用手机短信进行群众满意度测评和省行风评议团帮助查找等形式，查找存在的突出问题，对那些影响机关工作效率、影响服务基层、影响转型升级和加快发展的突出问题，及时督促整改。注重发挥行政效能监察的职能作用，修订完善《广东省外经贸厅行政审批监督管理办法》，加强对简政放权、职能转变的监督检查，做到该管的管住管好，不该管的不管、不干预，为促进业务管理科学化发挥保障作用。

三、推进转变方式，努力在对外开放中改革创新

2013年广东外贸进出口突破万亿美元大关，加工贸易、服务贸易、吸收外资和对外投资一直居全国前茅，但转变外经贸发展方式的任务仍然十分艰巨。我们把实践活动作为提升广东开放型经济水平和促进外经贸转变发展方式的重要契机，围绕作风方面存在的突出问题，着力提高作风建设能力，切实增效率、正风气，营造良好发展环境，把在对外开放中改革创新贯穿到实践活动的全过程。

（一）着力推进外经贸稳增长、促转型。注重拓宽外经贸工作思路，加大促进外经贸稳增长、促转型工作力度，着力解决查摆“四风”存在的转型升级有待深化和创新推动力不够足问题，转变工作作风，创新调研方式，为转型发展清障护航，大力推进外经贸结构战略性调整，激发转型升级活力。在稳增长上，积极培育和推广发展外经贸新业态，支持鼓励外贸企业自主创新和国际知名品牌建设，扩大高新技术产品和自主品牌产品出口；加大市场开拓力度，加强省市联合开拓国际市场，加快推进贸易主体、商品结构、贸易方式的优化，大力开拓东盟、欧美等市场。在促转型上，创新加工贸易模式，推动转型升级，加大外贸转型升级示范基地建设力度，着力发展服务贸易和服务外包，积极谋划扩大与海上丝绸之路相关国家和地区的经贸合作，多渠道开拓国际市场，培育外经贸发展新优势，真正把稳增长、促转型落到实处。

（二）着力创新外经贸发展方式。注重提高战略发展能力，深入摸排制约外经贸发展的体制机制障碍，着力解决查摆“四风”存在的外经贸活力动力不足和开拓创新能力不够问题，切实提高驾驭外经贸工作能力，创新工作方法，增强工作效能，把推动外经贸发展的立足点转到提高质量和效益上来，转变发展模式，激发发展新活力。一方面，积极培育吸引外资的新优势。放宽外商投资市场准入，提高利用外资综合效益，利用外资注重与调整经济结构、转变经济发展方式、促进国内市场竞争相结合，尤其注重引进先进技术、管理经验和专业人才，把引导利用外资从注重规模向提高质量与综合效益转变。加强利用外资规划和对外合作平台建设，引导外资投向现代服务业、先进制造业和战略性新兴产业。加强与欧美等发达国家的经贸合作，推动我省经济在与发达国家的优势产业、领先技术、先进经验相结合中提高质量水平，不断增创对外开放新优势。另一方面，大力打造“走出去”的新增长点。积极、有序、安全开展对外投资合作，鼓励和引导有实力的企业到海外整合和延伸产业链，抱团参加海外专业展会，支持各种所有制企业按国际通行规则开展国际化经营，吸纳先进生产要素，多渠道开拓国际市场。联合外汇管理、金融机构研究制定支持企业“走出去”的贷款贴息、以奖代补、股权投资和担保信保资金的使用办法，搭建“走出去”资金服务平台。着力优化广东外经贸海外布局，研究制定和组织实施进一步加强与欧美、东盟经贸合作的实施方案。目前正在推进在欧美发达国家设立广东经贸代表处，为“走出去”、“引进来”提供平台服务，不断拓展对外开放新空间。

（三）着力推进外经贸深化改革、扩大开放。针对外经贸发展面临日益复杂多变的外部环境，注重在重点领域和关键环节通过深化改革开放来构建竞争新动力和新机制，着力克服查摆“四风”存在的深化改革魄力不够大和外经贸活动重形式、轻实效问题。认真分析形势，求真务实，注重察实情、鼓实劲、出实招、办实事、求实效。积极以申报设立自由贸易园区为突破口，开展一揽子涉外经济体制改革试点，改革推广“三个一”通关模式，扩大服务业对外开放，推进粤港澳服务贸易自由化。深化对外投资管理和审批体制改革，创新对外经贸合作模式，打造市场化、法制化营商环境，争取国家在我省开展外商投资准入前国民待遇加负面清单管理模式试点，努力促使营商环境与国际接轨。改革招商引资方式，以“不问规模人数、只重实际效果”为原则，与各市、县联合组织“小分队”赴海外开展招商活动，打造开放型经济新亮点。同时积极扩大对外宣传，重点在欧美地区加大对广东营商环境的推介力度，让外商进一步了解广东、投资广东。这些，对提升广东开放型经济水平起到了积极的推动作用。

（原载南粤清风网、《南方日报》2014年4月12日、《广东纪检监察信息》2014年第16期）

广东国有企业“走出去”战略的探索与监管思考

中国实施“走出去”战略是“引进来”战略的延续，是融入世界经济的必然要求。广东国有企业“走出去”战略的实施，既得益于毗邻港澳的地缘优势，也得益于广东原住民的不安现状、敢为人先的吃螃蟹精神。大家知道，150年前的清末时期，就有不少广东人漂洋过海，到南洋或美国旧金山打工，慢慢发展后进行小规模的投资。经过几十年特别是改革开放后三十多年来境外投资的积累和发展，我省境外国有企业的户数已从原来寥寥可数的十几家发展到目前的849家，截至2011年底，全省国有企业境外资产总额为2776.26亿元。以省属企业为例，24户省属企业中，15户企业有境外资产，业务分布在亚洲、非洲、大洋洲的19个国家和地区；经营范围也从开始的基础公用、外贸外经等延伸到能源矿产、房地产、工业制造、高端服务等多行业、多品种。随着我省国有企业“走出去”步伐的不断加快，对境外投资监管问题的研究显得非常必要和紧迫。

一、广东国有企业实施“走出去”战略的有效探索

近年来，随着我省国有企业走出国门，境外投资总量不断增加，其行业和地域的覆盖面也逐步扩大，通过实践探索和积累，企业的决策水平、管理能力，以及适应外部复杂环境的综合能力也大大增强，与之同步，不少国有企业的境外投资监管水平也获得了相应提高。

（一）“走出去”的境外投资企业综合实力较强，且具有竞争优势。广东在境外投资的国有企业，多数都是在国内省内具有竞争优势的企业，这些企业具有较为完善的法人治理结构，且关乎国计民生，在经济社会发展中发挥支撑保障作用。如，省交通集团有限公司、省粤电集团有限公司和广州越秀集团，都是资产超千亿的国企航母，凭借其在国内的竞争优势和完善的监管体系，在境外投资也较容易获得成功。

（二）企业境外投资活动与核心业务同国内企业投资主体关联度强，且主业较为突出。如，省广晟资产经营公司作为一家以矿业为核心主业的省属企业，坚持以主业来确定投资并购的原则，境外投资项目必须是符合公司主业相匹配的项目，否则果断否决。其所投资的境外企业主要分布在澳大利亚、加拿大、智利等国家，涵盖铅、锌、铜、金、锂等国家重要战略资源，资源总价值超过万亿元。

（三）从事境外投资企业对境外投资项目的前期调查论证比较充分，决策程序较严格。如，省农垦集团公司在东南亚投资橡胶、蔗糖等为主的热作产业集团，坚持"充分民主、科学论证、集体智慧"的决策机制，组织多个国际金融、财务、技术、规划等专业部门的专家小组先后对东南亚适宜发展相关产业的国家进行考察论证，并充分听取驻外使领馆、经商处的意见建议，有效避免了决策失误，规避了投资风险。

（四）建立了约束和激励相结合的相对完整的监管和激励制度。如，广州越秀集团于1985年在香港成立，截止今年6月，控股总投资达1377亿元，其中76%为境外资产，目前是全省资产最大的驻外企业。越秀集团坚持市场化改革方向，完善法人治理结构，建立了境外资产风险监管三道防线，出台了《驻港外派人员管理办法》，并与香港廉政公署多年来保持联系，加强廉洁从业教育。

二、广东国有企业境外投资监管现状及存在问题

广东境外企业所在地既有先进发达国家和地区，也有贫穷落后国家和地区，且社会制度、法律政策、经济环境、文化背景等方面与境内均有着非常大的差异。我省境外企业点多、面广、分散，这给境外投资监管带来一定困难，也提升了企业走出去加强监管的总体水平。

（一）监管意识日益增强。我省对加强国有企业境外投资监管工作高度重视，风险防范意识不断增强。从上世纪末广国投破产清算，到本世纪初粤海集团解困重组，再到两年前新广国际集团重大经济损失案件处置，每次惨痛教训，都使我们更加清醒地认识到规范海外投资行为、加强风险防控的重要性和必要性。近年来，我省国有企业积极探索和加强规范境外投资监管，各级国资监管机构也在努力完善相关监管体系，党委、政府各相关部门也积极支持、指导国有企业境外投资工作并加强监督，形成了内外联动、共同规范国有企业境外投资的新格局。

（二）制度建设不断完善。省国资委注重加强省属企业境外投资和国有资产监管制度建设。2011年12月，省国资委出台了《省属企业境外国有资产监督管理暂行办法》，对境外投资监督管理提出了明确要求。各地市国资监管机构和国有企业也纷纷加强了境外投资监管制度建设。如珠海市国资委制定《市管境外企业投资监督管理暂行办法》，做到不清楚当地法律政策不决策、不熟悉当地市场不投资。省粤海集团多次修订《公司投资管理规定》，使境外投资项目上报、评估、审核、管理更加制度化、规范化。省航运集团制定《集团投资监管办法》，对境外项目的立项、评估论证、个案审核、实施、后评价、监督考核和责任追究作了明确规定。目前，我省有境外投资的国有企业，大多设立了专门的监管机构，统一对境外投资所形成的国有资产和国有产权进行归口管理。暂未成立专门监管机构的，也将监管责任落实到相关职能部门，实行专岗专人负责。

（三）投资决策更为审慎。省粤电集团要求境外投资全面了解注册地和运作国家或地区的社会习俗、政治、经济、法律等情况，充分估计对企业可能造成影响的各种风险，做好可行性研究和风险应对措施。如省粤电集团收购澳大利亚纳拉布莱煤矿7.5%股份等。省广晟公司对海外项目实行源头管理，明确海外投资项目要“过三关”：第一，是否符合公司长远发展战略；第二，在同类项目中是否具有比较优势；第三，在尽职调查和项目评估的基础上判断是否具有可行性。如省广晟公司获得澳大利亚泛澳公司增资后股本中19.9%的股权以及卡利登资源公司100%的股权，该公司控股的中金岭南成功收购澳大利亚佩利雅公司50.1%的股权和加拿大全球星公司100%的股权等。

（四）治理机制趋于合理。我省国有企业境外公司治理各具特色。省广晟公司属下中金岭南根据境外企业所在地的法律法规强化境外企业法人治理建设，有效维护了我方合法权益。如并购的澳大利亚佩利雅上市公司，按当地法规董事会由6名董事组成，中金岭南派出3名董事并出任董事会主席，另有外籍董事3名，根据佩利雅公司董事会议事规则，当出现表决僵局时，董事会主席有决定票权，因经理层属于董事会决议的执行机构，任何未经董事会决策的事项均属违规，中金岭南实际控制佩利雅公司董事会。我省国有企业还比较注重境外企业的内控管理工作。省粤海集团通过章程约束加强对离岸公司的管理，离岸公司的经营运作、人事任免、产权转让、对外股权投资等重大事项均须报集团审批；所有银行账户均开设于香港或内地，且账户的签字人及签字权的设定均须得到集团审批。

我省国有企业境外投资监督管理也存在一些问题和薄弱环节：一是制度建设和监管规范有待加强。一些企业在实际投资运作和监管中还存在个别不规范行为，如投资决策和计划时未能很好地进行风险论证，盲目投资经营的现象时有发生。二是存在重投资轻监管的现象。一些国有企业境外投资后，未将所形成的境外国有资产和产权、股权等全部情况纳入产权登记系统，未真实反映个人代持股等情形；对境外投资资产未有效消化整合，战线拉得过长；对境外企业监控出现擅自投资高风险的金融衍生和非主业业务的行为，造成重大损失。三是境外投资经营管理人才比较匾乏。不仅缺乏懂外语懂法律的专门人才，也缺乏熟悉国际市场规则的人才，更缺乏国际化经营的复合型人才，且人才储备严重不足。四是与国际接轨的力度不够，特别是文化融合程度不够。对投资当地的思想观念、人情风俗、宗教信仰、工会制度理解不透，忽视对当地人才的激励约束，也未能较好地让外方人员理解我方的管理理念和经营文化，造成经营活动中的矛盾难以磨合。

三、提升我省国有企业境外投资监管水平的几点思考

提升我省国有企业“走出去”的能力和水平，不断发展壮大境外国有资产的实力和规模，必须重视企业内外部资源整合优化，进一步适应“国际化”要求，以先行先试的精神、国际化的视野，开拓我省国有企业境外投资监管工作新局面。

*（一）必须明确境外投资的监管导向。*既要充分考虑国家政策导向和战略意图，又要考虑地方的经济大局。因此，对关系国家和地方经济安全、国民经济命脉的资源、能源领域，制约经济社会发展的短缺和稀缺资源领域，要主动出击，优先介入；对有利于增强国家在国际舞台上的话语权的海外市场，如非洲、中东、亚太市场等，要站在讲政治的高度，积极开拓，发挥作用；对涉及地方支柱产业发展的原材料供给、物流配送及研发、生产、营销体系拓展等领域的项目，要重点策划，谋划布局。同时，要引导企业紧紧围绕主业开展境外投资，严格控制境外非主业和金融衍生品等高风险投资经营活动。国资监管机构应从非主业投资项目实施的必要性、对企业发展战略和主业发展的影响程

度、企业投资承受能力和风险控制能力等方面严格把关，不合条件的坚决不能审批。

（二）必须把控境外投资的拓展节奏。机遇与风险并存。始终要清楚地认识到自身的发展水平和层次，并购业务的全球前景和可扩展性，同时还要考虑到与自身业务的融合空间，不能为了并购而并购。要结合内外因素，分轻重缓急，适度把控投资并购节奏，量力而行。因此，要控制节奏，把更多精力放到做好做优已收购的企业上，充分发挥境外投资的最大效益；要消化吸收，在境外投资的“质和精”上下功夫，投资一个消化吸收一个，确保境外投资出效益；要整合优化，从经营理念、并购品牌、治理组织、经营业务等方面进行整合，完善管理，规范治理，进一步发挥投资效益。

（三）必须坚持合资合作经营中的掌控原则。实施境外投资，一般以并购投资、项目投资、股权投资等为主要形式，也可采取合资经营形式。一方面，与境外本地企业合资合作、共同经营，有利于分担境外投资经营风险，这主要基于境外合资合作企业出面进行金融活动，取得当地国金融机构授信的成功概率会大大提高，同时合资合作对象作为当地企业，对于当地法律法规相对比较熟悉。另一方面，考虑到境外特殊的营商环境，国有企业对境外投资的合资合作项目，必须坚持以持有控制权为导向。只有掌握了控制权，才能有资格掌握企业经营真实状况，防止投资进去的国有资产被外方侵蚀。再就是，在并购投资境外资源、能源类企业时，不仅要看资源价值和属地国对矿产资源有何政策，更要看能掌握的开采权有多大、开采后的产品能否销售得出去等等。尽可能地投资当地已开始开采、可尽快产生现金流的矿产资源企业，以免受到当地国“政治化”或政策、环保等因素影响。

（四）必须健全风险防控体系。国有企业境外投资面临着企业境外融资风险、投资决策风险、当地政府监管及服务风险、境外投资保护风险、投资环境风险等。因此，为了避免不必要的损失，必须加快建立健全境外投资风险防控体系。一要做好境外投资评估工作。把境外投资监管、境外风险防范与市场论证、技术论证、法律论证有机结合，加强市场分析和预测，建立风险防范预警机制，提高对海外市场形势变化的敏感性。二要注重境外投资策略。贯彻“双赢”策略，实行境外企业本地化战略，加强对投资所在国的公关策略；对资源开发等敏感领域的投资根据所在国情况可以债务形式出资，通过产品分成获得收益，避免直接取得控股权所带来的国有化风险。三是完善境外企业治理结构和内控机制。应设立专门的监管机构，完善各类监管制度，建立科学的监管体系，配备相应的专业监管人员，对境外企业的经营管理情况进行定期内部评估、监察、审计和监督管理，并提出相应的改进建议，积极应对和防范境外投资经营风险。四是实施法律审核意见书制度。按照省国资委《关于进一步加强省属企业法务工作的意见》规定，企业重大经济事项、订立重要合同、处理重大纠纷、解决重大法律问题及其他需要论证的法律问题，应当制定法律审核意见书。五是加强对重点风险点的监控。如境外企业设立的离岸公司，国有企业要制定严格的管理制度，加强对离岸公司重大事项的监管，规范离岸公司经营运作，防止国有资产流失。

（五）必须注重国际接轨和文化融合。必须主动吸纳国际化、市场化和本地化的管理理念，学习借鉴国际跨国企业以及国内大型企业“走出去”的成功经验，博采中外管理模式所长，不断提高对境外投资监管规律的认识，进而提炼出最适合本企业特点的监管模式。要重视加强与所在地政府部门、其他股东、当地管理人员以及企业员工等利益关联方的沟通和交流，更好地推进管理对接和文化融合。

（六）必须注重人才队伍建设。国有企业“走出去”开展境外投资活动，最大风险不在于外部原因，而主要在于自身管理不善。因此，解决人才问题，非常关键。一是可从企业集团本部筛选懂法律、懂经济、懂管理的得力人员到境外重要项目、关键岗位进行锻炼，切实提高涉外工作能力、多元化团队领导力和跨国经营管理水平。二是要转变人才使用观念，利用好境外企业所在地的人才资源，聘任熟悉当地政局、风俗、文化、法律法规的专业人士进入企业高层参与决策和经营。从长远来说，企业集团必须尽快制订和实施中长期国际化经营人才培养计划，真正打造一支适应境外企业经营发展需求的人才队伍，这是提升国有企业境外投资竞争力的关键所在。

（此文为作者参加广东省第十二期领导干部赴美国斯坦福大学高级培训班的研究课题，撰写于2012年9月）

运用制度创新
加强对国有企业领导人员有效监督的思考

对国有企业领导人实行有效监督是一项涉及范围广、工作难度大的系统工程，而制度建设和创新是实行监督的重要措施，也是国有资产管理体制改革和国有企业改革的重点工作。本文结合我省对国有企业领导人监督管理的一些有效做法和难点，就如何充分发挥制度防腐作用，运用制度创新、建立有效的监督作一些探讨。

一、在建立公司法人治理结构制度上创新，着力增强企业领导人经营决策行为的制衡力

（一）理顺内部关系，完善公司法人治理结构，创新建立治理结构多元化制度。要积极创新建立治理结构多元化制度。明确股东会、董事会、经理层和监事会的权力和职责，强化权力运行各环节的分工制约，改变企业决策机构和执行机构混同、监督机构隶属于执行机构的现象，形成决策、执行、监督三权分立、相互制约的权力格局。要在董事会中建立健全引进外部董事制度。由国资委聘请熟悉企业运作的专家型人才担任各大企业的外部董事，薪金报酬由国资委负责。如广东省国资委拟选择若干具备条件的省属企业，作为建立规范董事会的试点；广州市国资委已向25家市属企业派出了72名独立董事等。要认真建立国有企业及国有控股大中型企业外派监事会工作制度，形成以财务监督为核心，对企业的财务活动及企业领导人员经营管理行为进行有效监督的制度体系。目前，广东省国资委已向22家省属企业外派了监事会主席和专职监事，加大了企业内部监控力度。

（二）借助外界力量，积极引入企业战略投资者，创新建立公司股权多元化制度。目前，国有企业“一股独大”或“股权高度集中”、“内部人控制”等现象比较严重。要改变这一现象，在不影响国家经济安全的情况下，应对现有的国有企业积极引进战略投资者，在发展壮大企业力量的同时，通过股权分散，增强外部监督力量，创新建立企业股权多元化制度，逐步形成一个“外督内控”的局面。近几年来，我省在这方面进行了一些有益尝试，采取各种方式着力推进股份制改革，积极引进高品位的战略投资者，推进省属企业集团层面整体改制和推进企业非主业资产重组，促进省属企业形成真正的内部利益制衡机制。如省粤电集团转让24 %股权给中国华能国际集团；转让南方电网28%的股权给中国人寿保险集团等，战略投资者部分高层管理人员进入董事会和经营层，形成了股东之间的制约，强化了对企业领导人经营行为的监督。

（三）上下整体联动，完善国有资产管理体制，创新建立监管权力一体化制度。目前，国有资产监管仍是政出多门。各级党委组织部门管人不管事，国资部门管事管资产但管不住人。国有企业表面上已取消行政级别，但实际上仍保留计划经济时代所确定的等级制，国资监管部门与许多大中型国有企业级别平等，“出资人”监管难的问题比较突出。理顺国有资产监管体制，必须上下整体联动，创新建立监管机制一体化制度。省国资委作为政府的特设机构，在现有国有企业领导人仍按省管干部沿袭过去行政级别的情况下，应考虑升格问题。比如，方案一，将省国资委由原正厅级升格为副部级，由一名副省长或一名省委副书记兼任国资委主任和党委书记，省委组织部长兼任国资委党委副书记，省纪委一名副书记兼任国资委纪委书记，专设一名常务副主任兼党委副书记具体负责国资委日常工作。遇有重大事项和人事任免，各兼职领导一起研究确定，问题解决只局限于国资委内；方案二，国资委主任兼党委书记进入省委常委。这样改革的好处：一是既体现党管干部的原则，又体现市场经济要求，切实做到管资产与管人、管事相结合；二是提高工作效率，避免对国有企业政出多门、多头管理的现象，使企业领导人更专心于生产经营和创造利润；三是对企业领导人员监管的力度进一步加大，提高国资委监管的权威性。

二、在建立国有企业经营管理重要环节制度上创新，着力提高企业领导人决策失误的防范力

（一）加强企业财务监管，创新建立科学严格的财务监控制度。财务管理是企业领导人易生腐败的重要环节，必须创新建立一套对影响企业经营成果和财务状况的重大财务事项进行及时监控制度。广东省新一轮国有企业改革的核心是实现产权多元化，而改革的突破口是强化财务监管。要完善企业全面预算管理、资金集中统一管理和内部审计管理等制度，探索试行财务经理（总监）委派制。要建立国有资本收益管理制度和与公共预算分开的国有资本经营预算制度，省国资委以国有资产出资人代表的身份安排国有资本经营支出；根据资金的性质、额度大小等情况，建立企业资金调度内部控制制度；针对企业对外投资、对外担保、从事期货、股票市场等高风险活动制定相关制度，特别是境外企业财务管理制度。要建立动态财务监控体系以及企业重大财务事项报告制度等，确保企业资金安全，有效防范国有资产流失。如2006年，省交通、韶钢、物资、丝绸、广弘等5家企业集团财务结算中心累计结算金额达7000亿元，节约成本费用3亿多元。

（二）加强领导权力监管，创新建立企业领导人有限授权制度。国有企业创造利润的目的是为国有资产保值增值，是为国家做贡献。如果国企领导人觉悟不高，对创造的利润不能为个人所有而产生失衡心理，一旦权力过重，失去监控，就容易出现腐败。要在国有企业建立有限授权制度。有限授权就是对国有企业“一把手”在一些重大问题决策上、重大项目投资上、重大资金进出上不能个人说了算，而是用一整套的制度、程序来规范领导人权力使用的行为。如省粤电集团对各发电厂的燃料采购审批权限进行限制，要求合同单宗变更数量20万吨以上的由集团领导批准，临时采购10万吨以上的必须报集团领导批准等。要积极试行和推广财务会计委派制度，通过委派财务总监和财务人员，依法对企业领导人实施财务监督。目前，我省省属企业对各二级企业及子公司大都实行了这一制度。

（三）加强企业重大决策监管，创新建立民主决策科学决策制度。创新建立科学的班子决策制度，是提高企业核心竞争力、促进企业发展的重要手段。国资监管机构要加强对重大事项的管理，维护国有资产权益。如我省国资委制订的《广东省省属企业重大事项审核备案暂行办法》、《广东省省属企业违规决策造成资产损失领导责任追究暂行办法》等制度规定，对企业的业主定位、财务预决算、投资和担保、产权转让、改制重组、薪酬管理、发展战略规划和企业领导人管理等影响国有资产权益的重大事件事项进行了规范和监督，对造成重大资产损失的领导人加大了责任追究力度，促进了企业重大事项的民主决策科学决策制度的建立。粤海公司创建的重大事项智能化表决系统，表决人借助计算机系统对议案进行表决，彻底消除企业主要负责人控制决策、表决走过场、无法表达参与决策者真实意图的可能，有效地防止了决策上的腐败和失职渎职现象的发生。

三、在建立国有企业监督资源体系制度上创新，着力加强企业领导人行为规范的监管力

（一）加强监督力量建设，探索建立资源整合垂直领导交叉任职制度。目前，在一些国有企业中，监督资源分散和监督部门独立执法执纪的主体地位不突出的问题比较明显，必须根据国有企业管理特点，科学合理地设置监督机构。首先，整合监督职能。如我省一些省属企业相应设立了纪检监察审计部，将纪检、监察、审计的职能整合在一起，加大了对企业经营管理活动的监督力度。其次，试行垂直领导。在整合监督资源的基础上，积极参照省纪委、省监察厅对省直各部门实行派驻的形式，各企业的纪检监察审计部干部一律由国资委任免和委派，加强对企业纪检监察审计工作垂直领导的力度。第三，实行交叉任职。对各监管企业的纪委书记选拔使用，由国资委报省纪委统一调配任免，原则上各企业集团之间的纪委书记实行交叉任职，这样有利于在企业内部形成上下左右协调联动的监督机制，最大限度地发挥监督作用，形成监督合力。

（二）加强经济责任审计，探索建立企业领导人员经济行为审计督查制度。对一级企业董事长、总经理的经济责任审计是国资监管工作的重点。现实是国资委虽担负企业监管职责，但对各大企业集团董事长、总经理经济责任没有审计权，国资委开展审计工作面临着无经费保障、无人员编制、无组织机构的“三无”境地，对企业领导人特别是“一把手”的审计监督十分乏力。国资委作为政府出资人代表，理应拥有对监管企业主要负责人的全程审计和监督的权力，包括任中、离任审计问题。必须将经济责任审计与各类专项审计工作相结合，将审计的范围从财务问题延伸到企业的重大决策和内部控制，提高出资人的监管深度。可探索在国资委内部设立内部审计局，作为事业单位，专门负责对监管企业和企业领导人员经营活动的审计，统筹国有企业的审计活动，尽量避免和减少重复审计，最大限度地避免监督盲区。只有持之以恒地进行认真而不是敷衍的、规律而不是随意的审计监督，企业领导人的权力滥用和腐败问题一定能得到有效遏制。

（三）加强监督手段创新，探索建立企业领导人员多维监管制度。监督是制度落实的延伸。目前，我省对国有企业领导人的监督形式和手段不断创新和发展，效果十分明显。要建立巡视监督制度，利用各级党委、政府设立的巡视组加强对国有企业巡视监督。最近，广东省委巡视组对五家省属企业进行为期二个月的巡视监督，发现了不少问题，提出了许多好的建议，对企业领导人产生了巨大的工作压力和推动力。现在我省许多企业集团对下属企业也采取类似的巡视监督办法。要建立委派监督制度，由国资委向各大型企业集团派驻监事会和探索由省国资委纪委派驻企业纪检监察部门人员共同组成监督网络，可试行由企业纪委书记牵头负责，成立对企业领导人管理监督的专门机构，赋予协调各监督系统的职能，形成多维度、全方位、各环节的监督网络。同时综合运用各种监督资源，坚持专门监督和群众监督相结合，上级监督、同级监督和下级监督相结合，制度监督和舆论监督相结合，逐步建立健全上下衔接、互为补充的监督体系，不断增强对企业领导人的监督力度。

四、在建立企业领导人员激励制度上创新，着力提升企业领导人干净干事的内动力

（一）加强绩效考核，创新建立企业领导人激励奖惩制度。作为企业领导人，在市场经济条件下，片面地要求其只讲付出，不讲回报，只讲责任，不讲个人利益，不符合社会主义按劳分配的原则，也不利于调动积极性。促使企业领导人自觉地掌好权用好权，充分挖掘内动力，目前比较有效的办法就是运用利益驱动原理进一步调动企业领导人的积极性。要创新建立绩效考核制度。对企业领导人绩效的考核，应结合原来的资产质量、历史包袱、人员素质、国家政策、市场环境等因素多方面综合评价，力求实事求是，公正客观。如我省施行的《广东省省属国有企业经营业绩考核暂行办法》，运用了比较先进的考核理念，考核指标比较合理，既有横向比较，也有纵向比较，既有量化指标，也有非量化指标，考核方法得到了国务院国资委的充分肯定。要建立科学合理的年薪和股权奖励制度，逐步健全企业领导人员的绩效考核体系、薪酬评价体系、检查监督体系，合理确定企业领导人年薪，积极探索企业领导人股权激励的长效形式。如我省在2006年9月出台的《广东省省属国有企业增量资产奖励股权试行办法》，实践证明是一个建立长效激励机制的好办法。

（二）完善竞争机制，创新建立企业领导人能上能下制度。目前，企业领导人大都由上级机关任免，不是由市场竞争选聘而来，计划经济时代遗留的“铁饭碗”意识还存在。企业搞得好与坏，只要不犯错误，最多是重新挪位，行政级别不会降低。解决这一问题，首先要从认识上打破论资排辈、平衡照顾、求全责备的思想，克服“官本位”的意识，消除患得患失心理。要划定不称职领导人标准，排除各方面干扰，坚决把不称职的领导人拿下。要建立职务任期制度、任职试用制度、任职资格制度、辞职制度及领导人职务聘任制度，建立和完善领导人员能“下”的各项配套措施。如我省在省属企业中逐步试行了任职资格制度，建立了一套科学的任职资格证书管理办法，培养和造就了一支能力强、素质高、职业道德可靠的国有企业职业经理人才队伍。要引入竞争择优机制，采取公开选拔、竞争上岗等改革措施，面向社会选拔企业领导人，从而进一步改善企业领导人结构，提高整体素质，使企业经营管理者市场化配置的程度进一步提高。

（三）注重典型宣传，创新建立企业领导人荣誉激励制度。目前，国有企业领导人以党员干部居多。长期的党性锤炼，使他们非常注重自己在长期职业生涯中的声誉。强烈的事业成就感以及由事业成功而得到的良好职业声誉、社会荣誉及政治地位，是激励企业领导人努力奋斗的重要精神因素。在实行绩效考核、奖惩兑现、保证他们合法收入、进行物质奖励的同时，还要注重对企业领导人进行精神奖励，充分肯定工作成果和对企业发展的贡献，并授予他们相应的荣誉称号。要积极开展优秀企业领导人的评比活动，制订优秀企业领导人评选标准，确实让评选出的优秀企业领导人，对群众有很强的说服力，对个人有很强的成就感。要抓好典型宣传，利用多种新闻媒体广泛宣传宣扬一批优秀的企业领导人，让企业领导人的自豪感、成就感转化成自我约束、自我监督的动力。

（原载《广东纪检监察研究》2007年第2期、《国企清风》2008年第1期）

整合办案资源　加大办案力度
为强化国有资产监管提供有力保障

广东省国资委监管企业27家，资产总额5230亿元，股权700亿元，在岗员工22.2万人。党的十七大以来，我们认真履行维护国有资产安全、确保国有资产保值增值的职责，坚持“一手抓改革发展、一手抓反腐倡廉建设”的方针，立足实际，整合办案资源，创新工作机制，切实加大国有企业违纪违法案件查办力度，有力地促进了监管企业的健康发展。截止今年9月底，共组织初核违纪线索506个，立案32件，给予党纪政纪处分189人，移送司法机关处理75人。办案数量远超过前4年的总和，为企业挽回经济损失约6.4亿元。

一、发挥监管主体作用，创新查办案件工作机制

近年来，针对国有企业违纪违法案件仍然易发多发和国资委纪委、监管企业办案力量比较薄弱的问题，在省纪委和省国资委党委的领导下，我们创新思路，整合资源，建立健全了查办案件工作有效运行机制。

（一）认真分析现状，确定办案资源整合模式。根据国资委党委关于加大查办案件工作力度的要求，我们于2007年5月对监管企业纪检监察干部队伍和办案工作情况进行了专题调研。据统计，27家监管企业集团下属企业共1570家，纪检监察干部1037人（其中专职323人、兼职714人），平均每家企业不到1人；没有从事过纪检工作的纪委书记占60%，有办案经验的纪检监察干部不足10%；办案力量分散、经验缺乏，有案无力查、不会查，有的甚至不敢查，致使企业信访案件线索初核少、立案少、办结率低。2004年至2007年，国资委和监管企业每年收到各类信访举报件约590件，信访案件办结率平均不到25%，平均立案6件左右。国资委党委认真分析查办案件工作面临的现状，认为必须充分发挥出资人监管主体的作用，整合企业办案资源，加大查办案件工作力度，为监管企业健康快速发展提供坚强保证。

（二）统筹协调办案力量，创建办案工作新机制。根据党委的决定，我们对监管企业所属的全部纪检监察干部的知识结构和能力素质进行了一次普查，按专业类别和业务专长建立人才库，对其毕业院校、学历、专业、参加培训、专兼职和查办案件经历等情况逐一登记造册。同时，选定20家有一定办案能力的企业，按照新老搭配、专业结构协调、经验互补的原则，以每个企业纪委为单元，组成了20个办案组，每组10人。组成人员以每家企业纪检监察人员为主体，同时选配一些财务、审计、法律、贸易等岗位专业人员，组长由企业纪委副书记、监察室主任担任。各办案组由国资委纪委统一调配，在完成本企业查办案件任务的同时，随时完成国资委纪委交办的案件查办任务，初步建立了编制在企业、人员由国资委纪委统一指挥的新的办案工作机制。我们还对办案人员采取集中培训、以案代训、分批送训等方式，不断提高他们执纪办案的能力。

（三）健全工作制度，确保办案工作机制的有效运行。为确保办案组工作有章可循和办案工作机制的有效运行，国资委党委于2007年12月下发了《关于印发广东省国资委纪委办案工作方案的通知》，同时还制定了依纪依法办案暂行规定和办案协调员制度，确立了“一个规范、三个明确、四个统一”的工作制度。“一个规范”，就是规范组织调查、职责权限、请示报告、立案审批、调查取证、案件审理、案件移送、办案措施适用与审批等程序；“三个明确”，就是明确省国资委纪委、办案组和发案企业纪委的职权和保障关系，即省国资委纪委是案件查处的组织指挥者，办案组是案件查处的主体，发案企业纪委是案件查处的配合者，提供后勤保障；“四个统一”，就是由省国资委纪委主导，统一调配力量、统一制定方案、统一办案要求、统一办案纪律。

二、发挥资源整合优势，有力推进案件查办工作

我们充分发挥整合后的办案资源优势，采取集中办案、交叉办案、督导办案等方法，不断加大查办违纪违法案件力度，查办案件工作稳步推进。

（一）实行集中办案，着力提高大案要案查办力度。对于企业领导人员重大违纪违法案件，我们当好指挥员，选调精兵强将，集中查办。省机场管理集团公司云梯山庄近3亿元国有资产损失案，由于涉案人员作案手段隐蔽，犯罪具有团伙性，虽然有关部门多次查过，但都是不了了之，职工群众对此反映强烈。2008年2月，我们纪委派出2名办案经验丰富的同志，从省粤电集团、机场集团办案组抽调3名办案骨干，组成强有力的专案组。经过7个月的艰苦努力，终于查清了云梯山庄原经理苏友兵、党支部书记夏志前等人在工程招投标过程中弄虚作假、徇私舞蔽，收受工程承包人贿赂，造成国有资产重大损失的主要事实，14名涉案人员分别受到党纪政纪处理。苏友兵收受贿赂140万元、贪污20多万元，夏志前受贿57万元，被依法移送司法机关处理。近年来，我们采取集中兵力打歼灭战的方法，共突破大案要案4起，其中组织查处的省航运集团公司下属航兴公司原总经理黎昌挪用公款2900多万元案，挽回直接经济损失4888.53万元，被省纪委评为十大“精品案件”之一。

（二）实行交叉办案，着力促进企业提高办案效率。由于关系网、人情网等干扰，一些企业违纪线索久拖不查、久查不结，大事化小、小事化了。针对这种情况，我们当好协调员，实行交叉办案，努力提高企业查办案件工作的效率。在交叉办案中，办案任务由省国资委纪委下达；调查方案经国资委纪委审核后实施；与发案企业纪委的关系由国资委纪委协调；需转立案调查的报国资委纪委批准；如需采取“两规”措施，则由国资委纪委办理报批。为保证交叉办案工作的顺利进行，我们建立办案协调员制度，指定国资委纪委1名同志为办案组协调员，帮助他们排查案件线索，确定初核重点，及时解决办案中遇到的实际困难。2008年1月，群众来信反映广晟资产经营有限公司红岭集团原董事长刘某个人资产来历不明、严重失职等问题。为了排除干扰，我们选派广东广盐集团有限公司办案组进行调查，并指定国资委监察专员办公室1名副主任担任协调员。协调员与办案组一道召开案情分析会，理思路、寻重点、找对策，把关定向。由于没有人情关系的束缚，办案人员秉公办案，大胆工作，不到两个月时间便查清了刘某严重违反规定购买两套房改房的违纪事实。近年来，我们实行交叉办案核查违纪线索35个，立案6件，企业信访案件办结率从过去的25%提高到85%。

（三）实行督导办案，着力解决企业自办案件手段不足问题。对企业自办的重要案件，我们当好督导员，加强跟踪督导，督促他们严格落实“二十四字”办案方针，依纪依法办案，确保案件质量。商业企业集团公司下属寰球期货经纪公司原总经理张绍芸贪污挪用公款案，是一起利用期货行业的特殊性，通过安插亲朋好友等方式操控公司关键部门，规避集团公司财务监管，进行内幕交易谋取私利的复杂案件。为确保该公司纪委查办此案的质量，我们及时派员跟踪督办，实行全程跟踪监督指导。针对企业办案手段有限的问题，我们多次派人协助到上海有关银行和收款单位调查取证，参与重要涉案人员谈话，并在采取“两规”措施上提供支持，协调检察、公安、审计部门联合作战，优势互补，最后成功突破了此案。目前，张绍芸已被移交司法机关处理。 2007年以来，我们共督导企业纪委自办案件219件，立案26件，没有出现申诉案件。

三、围绕企业改革发展，强化合力办案的保障功能

整合企业办案资源，不仅增强了纪检监察机关的办案实力，也提升了纪委服务保障的能力。我们充分利用这一优势，牢固树立围绕中心、服务大局的思想，强化服务保障功能，为国有企业改革发展稳定创造良好环境。

（一）强化服务功能，帮助解决影响企业发展的实际困难。查办案件、惩治腐败是我们的基本职责，为企业排忧解难、搞好服务也是我们义不容辞的责任。省广晟资产经营有限公司中人集团在经营油品贸易过程中与深圳发展银行佛山分行发生经济纠纷，被佛山市中级人民法院一审判决向佛山分行支付款项2450万元及利息500万元。广晟公司认为此判决与事实不符，向省高院提出上诉，并请求我们予以帮助。我们认真分析有关案情，立即派出两名办案骨干前往上海，从中国工商银行上海票据中心成功取得了佛山分行通过伪造证据，企图将其经营损失转嫁给中人集团的有力证据。经省高院依法判决，中人集团胜诉，为广晟公司避免经济损失近3000万元。广东丝绸纺织集团公司惠州公司被举报在土地开发过程中存在违法行为被当地检察机关查封，企业经营陷入绝境。我们及时派人协调当地检察机关查清事实，最终惠州公司被确认无违法行为而很快恢复正常经营。2007年来，国资委纪委共为企业解决类似问题5起，为企业挽回损失约3.6亿元。

（二）强化维稳功能，协调处理企业职工长期上访问题。由于改制重组、关闭破产等原因，一些企业存在个别职工长期上访问题，影响了企业和谐稳定。粤能集团公司下属某公司原总经理邹某违规自定薪酬、乱发奖金，于2007年被解聘领导职务。他认为对自己处理不公、涉嫌打击报复，多次到中央纪委、省纪委和省国资委上访，甚至出现闹访、缠访现象。对此，我们派出办案组对粤能集团处理邹某的前因后果和邹某反映的情况进行反复核实，认为企业对邹某的处理基本是正确的。同时，我们积极做好邹某的思想工作，稳定其情绪，并协助企业给予其适当补贴，邹某长期上访问题得到了较好解决。2007年以来，我们为企业解决类似维稳信访案件6起，受到了企业的好评。

（三）强化保护功能，有力支持企业领导人员干事创业。在调查反映企业领导人员信访件时，我们坚持实事求是的原则，对确属违纪的按规定严肃处理，对受到错告、诬告的及时澄清事实，还其清白，既化解了矛盾，又保护了企业领导人员干事创业的积极性。粤电集团公司部门中层管理人员罗某因职务提拔不成，对集团主要领导心存不满，署名举报其在出国考察期间涉嫌违反政治纪律。我们接到罗某的举报信后，及时派出办案人员进行认真调查核实。经查，罗某反映问题与事实不符，纯属诬告，为该集团主要领导卸下了思想包袱，罗某得到了应有的处理。2007年以来，我们共为62名受到错告、诬告的企业领导人员澄清了是非，保护了他们带领职工干事创业、加快发展的积极性。

近年来，我们省国资委纪委整合企业办案资源，加大了案件查办工作力度，形成了惩治腐败的威慑力，提高了纪检监察部门的威信，促进了国有企业反腐倡廉建设，为强化国有资产监管提供了有力保障。今后，我们将紧密结合国有资产监管实际，进一步加大查办案件力度，充分发挥服务保障作用，深入推进国有企业反腐倡廉建设，努力为国有企业持续健康科学发展作出新的贡献。

（此文为全国国有企业查办案件会议上交流发言稿，原载《国企清风》2009年第4期，由作者主笔撰写）

国有企业反腐倡廉建设要筑牢四道防线

广东省国资委于2004年6月组建，肩负着维护国有资产安全和促进国有资产保值增值的责任。根据省委、省纪委的部署要求，由省国资委纪委牵头指导全省国有企业党风建设和反腐倡廉工作。截至2007年底，全省国有企业资产总量13296.3亿元，资产总量在全国地方国资中排位第二，主要经济指标居全国前列。面对如此庞大的国有资产，如何加强国有企业反腐倡廉建设，维护国有资产安全和保值增值，本文认为必须要筑牢四道防线。

一、必须创新教育形式，在强化廉洁教育中筑牢思想防线

反腐倡廉教育是基础性工作，是企业领导人员廉洁从业、拒腐防变的思想保证。新形势下，必须结合国有企业的实际，不断创新教育形式，突出反腐倡廉教育的针对性、连续性和实效性，筑牢国企领导职工拒腐防变的思想道德防线。一是要着重加强企业领导人的廉洁思想教育。企业领导人员是企业生存发展的核心，如果思想上出了问题，企业就会出大问题。针对企业领导人员思想实际，采用多种形式，借助多种媒体，针对多种层面，广泛开展廉洁教育活动，促使领导人员树立科学的世界观、人生观、价值观和正确的权力观、地位观、利益观，形成一种使企业领导人不愿贪、不敢贪、不想贪的氛围。当前，尤其要加强对境外企业、上市公司党风廉洁建设和领导人员作风建设专题研究，提出进一步加强境外企业和上市公司反腐倡廉教育的对策和措施，增强国有企业领导人的廉洁从业和依法经营意识。二是大力推进企业廉洁文化建设。要树立崇尚廉洁的企业文化，使廉洁文化来自于企业，扎根于企业，发展于企业。把廉洁文化建设与企业文化建设、领导班子建设及企业经营管理紧密结合起来，广泛开展廉洁文化进班子、进厂区、进岗位、进家庭活动，营造良好的经营环境和企业氛围。要运用企业内刊等宣传阵地指导和反映全省国有企业的反腐倡廉建设，大力弘扬纪检监察主旋律，宣传廉洁从业典型，传播廉洁文化理念。

二、必须强化监督制约，在企业领导人员中筑牢监督防线

目前，企业内部多种监督主体各自为主的监督模式已经不能满足和适应监督管理的需要，必须加大对企业领导人员的监督制约力度，筑牢监督防线，保证国有企业领导人员的权力运行始终处于有效的监督之下，防止权力滥用。一是加强领导人员履行党风廉政建设责任制的监督。通过检查和考核，监督企业主要负责人切实履行党风廉政建设责任制这一政治责任，明确企业主要负责人要对班子成员和管辖范围内的反腐倡廉建设负总责。同时，要组织好对企业主要负责人的廉洁谈话、任职谈话、诫勉谈话，及时提醒领导人员加强自身建设，廉洁自律，带头干净干事，不折不扣地完成所承担的反腐倡廉各项任务。二是加强企业领导人员廉洁从业行为的监督。把中纪委对国企领导人员廉洁自律的“七个不准”规定，作为加强企业领导人员作风建设和廉洁从业的工作重点，进一步细化廉洁从业规定的具体内容，严格责任追究和检查惩处力度，把原则性要求变成符合企业实际的刚性规定，加大对企业领导人员廉洁从业行为的监督力度。三是加强企业领导人用人权力的监督。坚持党管干部原则与董事会依法选择经营管理者相结合，完善国有企业领导班子管理体制，用制度把好选人用人关。同时，建立信息通报制度，加强纪检监察机构和组织人事部门的信息交流，防止带“病”提拔干部。四是加强领导人员权力的制衡约束。组织对企业领导人员薪酬、职务消费以及执行“三重一大”集体决策制度等情况的监督检查，切实纠正违规行为。加强对重要经营管理活动、重大决策及其程序合法、合规性的监督，提高监督的时效性。注意借鉴国内外在完善监督机制方面的有益做法和经验，探索对企业领导人员有效监督的模式，改进工作方式，增强监督实效。推进“一年一巡视、一年一评议、一年一谈话”制度，将巡视、评议、谈话对象延伸到省属企业领导班子和领导人员。五是加强对企业的综合监督检查。要把企业生产经营管理情况、落实“七个不准”、领导人员作风建设、惩防体系建设、党风廉政建设、信访案件查处等作为督查的重点内容；要把纪检监察组织机构不健全的企业和信访案件、民生问题比较突出的企业作为督查的重点对象。认真总结前段时间开展综合督查试点工作经验和有效做法，在省属企业全面铺开综合督查工作。同时，积极开展对所属二、三级企业的巡视或综合督查工作，强化日常监督。

三、必须建立完善制度，在融入企业管理中筑牢机制防线

制度建设是企业反腐倡廉的一项重要内容。当前，要把制度建设与国有资产管理体制和国有企业改革发展相适应，紧紧围绕提高企业效益，促进国有资产保值增值，把反腐倡廉要求寓于企业各项经营管理之中，形成按制度办事、靠制度管人的机制。一是加强企业内控制度机制建设。以构建国有企业惩治和预防腐败体系为重点，不断完善国有资产监管体制。加快推进企业国有资本经营预算等制度的完善和落实，探索合理的股权、期权激励办法，试行国有企业主要负责人任期制，加强任中和离任审计工作。深入推进企业效能监察和厂务公开制度建设，加强对经营管理履职行为的过程监督。适时对省属国有企业职务消费等有关制度的执行情况进行检查，积极推行国有企业领导人员薪酬和职务消费制度改革。运用企业管理信息化平台，加强对经营管理过程的实时和动态监控，形成程序有效控制和权力运行透明的监督网络。健全风险管理制度，积极探索境外国有资产的监督管理。二是加强企业监督体制制度建设。逐步建立省属企业纪委书记联席会议制度，加强与省市检察机关、公安机关定期沟通联系和信息交流；探索建立省属企业纪委书记交流任职制度，以及企业纪委书记统一组织协调纪检监察、审计和企业监事会等监督力量的“三位一体”监督体系；允许有条件的企业，根据实际情况试行内部纪检监察机构垂直领导、派驻管理。

四、必须坚决惩治腐败，在有效查处腐败案件中筑牢威慑防线

在一定意义上讲，惩治腐败是更好的预防腐败。只有惩治有力，深入发现和揭示问题，才能增强教育的说服力、制度的约束力、监督的威慑力和预防的推动力。一是坚决查处腐败案件。坚持预防为主、惩防并举的方针，把查处案件和防止国有资产流失结合起来，在国有企业中不断筑牢威慑防线。要重点查处发生在企业领导人员中滥用职权、腐化堕落等案件；查处隐匿、私分、侵占、转移、贱卖国有资产以及失职渎职造成国有资产流失的案件；查处违反“三重一大”规定以及经营管理人员违规交易、非法获利、挪用公款、私分国有资产等案件；查处利用职权为本人、亲属及特定关系人谋取利益，造成国有资产严重损失的案件；查处勾结他人非法利用“私募基金”从事证券交易或其他投资活动谋取私利、侵害职工合法权益的案件。二是发挥案件检查的警示教育作用。用身边事教育身边人，做好查处一案，警示一片，教育一批，有效提高国有企业领导人员和职工的法纪观念和廉洁自律意识，努力使查办案件成为惩治腐败、保护干部的有力手段，切实维护国有资产安全和广大干部群众的合法权益。三是要针对案件中暴露出来的问题，深入剖析，举一反三，查找体制、机制、制度方面的原因，建章立制，堵塞漏洞，逐步铲除腐败现象滋生蔓延的土壤。

（此文为2007年12月作者参加广东省纪委反腐倡廉研讨会的发言稿）

加强省属境外国有企业惩防体系建设的实践与思考

广东省国资委现有监管企业26户、经营企业1570家，资产总额5965.14亿元，企业员工22.5万人，党员4.56万人。这些年，省属境外国有企业在我省对外贸易、招商引资、引进技术、开发资源等方面发挥着重要作用。随着我省国有企业“走出去”战略的加快，境外国有企业面临着完全不同的社会监管环境，如何加强境外国有企业惩防体系建设，确保境外国有资产安全显得十分迫切。本文试从近年我省省属境外企业监管实践，就加强境外国有企业惩防体系建设问题作初步探讨。

一、省属境外国有企业惩防体系建设的基本做法

近年来，省属境外国有企业认真把握境外企业经营管理特点规律，积极做好防范监督，初步探索建立了与境外社会环境相适应的惩防体系，没有发生严重影响省属国有企业形象的人和事，较好地实现了国有资产保值增值。

（一）把住选人用人，维护国有企业形象。各省属企业选派境外企业外派人员时十分严格，克服人情、关系压力，注重将政治素质好、思想作风硬、业务能力强、有开拓创新意识的人员选派到境外企业。境外企业领导班子政治敏锐性强，认真落实党风廉政建设责任制，带头遵守外事纪律和政治纪律，慎言谨行，有效地配合了上级组织开展工作，维护了国有企业形象。

（二）抓实廉洁教育，推进廉洁文化建设。认真按照中联办工委和省驻港澳地区党委的要求，加强企业内部组织和广东驻香港、澳门企业党委在内地举办的纪律、保密、廉洁等方面的培训学习，接受双重廉洁教育，同时结合当地社会环境特点，组织开展各项宣传教育和廉洁文化进企业活动。

（三）完善组织机构，落实反腐倡廉责任。针对境外企业党务工作不能公开、纪检监察工作不能像内地一样开展工作的特点，认真探索加强境外企业党建和纪检监察组织机构的新路。如粤海集团设立独立性和专业性很强的稽核监察部；珠江船务从2007年起，就内设纪委并任命专职纪委书记，对外称董事；广新控股公司明确纪检监察工作归属行政综合部和财务部共同负责等。

（四）加强制度建设，规范企业经营管理。以内地有关廉洁从业规定和香港、澳门法律法规为依据，以建章立制为主线，以规范行为、权力制衡为重点，完善法人治理结构，初步建立了适应香港、澳门地区特色的反腐倡廉制度体系。粤海集团实行年度例行稽核和直接向董事会、独立董事报告并接受独立董事质询制度。南粤集团制订完善财务总监下派、财务总监轮岗、财务结算中心、财务月报、季报、半年报、年报以及招投标等方面制度。珠江船务推行以“全员、全额和全程”控制为核心的全面预算监管制度等。

（五）健全监管机制，提升企业防腐水平。粤海集团推行无地域财务实时监控、民主决策和“大稽核监察”等工作。珠江船务根据属下企业分别在港、澳、内地的实际，推行“大效能监察”。省交通集团建立属下境外企业廉洁从业监督检查和述职述廉评议制度。广新控股利用信息化手段完善“财务、业务一体化” 监管机制，确保防腐保廉等。

二、当前省属境外国有企业惩防体系建设需关注的重点问题

（一）投资决策失误问题。企业在境外不同国家或地区开展生产经营活动，必须要了解当地的社会文化习俗、政治、经济和法律等方面情况，充分估计政治风险和经济风险，并在此基础上进行科学决策。但是，由于省属企业境外经营的各类人才短缺，一些企业管理决策人员在境外重大项目投资、海外并购、与国外公司合作等方面，没有经过严格全面的科学考察和论证，造成国有资产流失的现象随时可能发生。如新广国际集团投资巴基斯坦高级住宅小区项目，酿成了12.34亿元损失风险。

（二）高风险投资问题。高风险投资所带来短期高收益的回报，一直诱惑着一些国有企业人员违反规定，擅自决定从事境外股票、期货、期权、外汇等高风险金融衍生品业务，导致国有资产重大损失。如省属原省经协集团公司珠海公司总经理曾炳雄利用与外资企业合作的机会，先后在香港、澳门、珠海三地注册五家私人企业，1994年，得知香港东南亚集团公司投资国内高速公路项目并准备在新加坡上市的消息后，擅自动用公款3000万元用于购买东南亚集团公司1.5%的股权。由于东南亚集团公司上市申请未能如愿，曾某被牢牢套住，至2002年事发，造成重大经济损失等。

（三）盲目合作经营问题。一些境外企业在与其他企业境外合作经营中，有些未经批准擅自越权为合作公司进行对外担保或抵押，有些通过国内母公司担保就地取得大额银行贷款后，运用信用证透支、银行存款透支等融资活动取得经营资金。这些境外企业经营稍有不善，便易产生资不抵债，导致国有资产损失。如原粤海集团重组前因涉嫌信用证诈骗或被骗开信用证的经济案件就有4起，造成数亿国有资产的损失等。

（四）特殊经营环境问题。由于受所在国家或地区法律限制，一些境外企业需要以私人名义在境外注册公司、投资参股、购置不动产或进行其它经营活动，加上监管不到位，国有资产损失现象可能随时发生。如原粤华公司董事长冯骥，隐瞒上级主管部门，利用其妻陈美娜的香港居民身份买壳，擅自成立粤华（香港）公司后，又在境外买入3家壳公司，但并没有办理产权归属公证手续，致使公司产权性质模糊，巨额国有资产游离于境外个人名下等。

（五）个人品德行为问题。目前，不少境外企业既有经营职能，还承担集团总部在境外“办事处”角色。为了工作接待方便，不少境外企业利用经营上的一些不规范行为，私设“账外账”或“小金库”。由于企业主管部门没有建立完善的监督约束机制，又不能经常性、普遍性地就地开展审计和及时掌握境外企业业务状况，导致个别人员可能通过贪污、受贿等方式，隐匿、侵占、转移国有资产或挪用公款从事违法活动，造成国有资产流失等。

三、省属境外国有企业惩防体系建设需把握的关键环节

（一）加强境外投资立法建设，确保境外企业监管工作有法可依。针对目前境外投资领域没有统一的行政法律法规管理、各部门依照自己内部条例办事的情况，国家层面上，应尽快制订《境外直接投资法》、《境外中资企业管理条例》等法律法规，以立法形式规范境外投资与经营，国内出资人、投资主体对境外企业的监管也有法可依、有章可循。要积极探索建立境外投资保险专业管理机构的可行性，建立分担投资风险的保险机制，用市场经济的商业担保手段化解、降低国有资产损失和流失的风险。

（二）加强监管制度体系建设，确保境外企业经营行为有效监督。建立科学的投资决策体系，明确投资权责，实行授权决策。健全内控机制，建立投资经营报告制度，一旦发现问题苗头，能及时启用外部监管体系对境外企业进行警示，防患于未然。完善权力制衡机制，境外企业财务会计部门负责人实行委派和定期轮换制，具备条件的境外企业还应派驻财务总监，落实境外投资经营“双签”和责任联签制度。加强资金管理，做到资金使用之前有计划、使用之中有监督、使用之后有检查。建立境外企业经营者任期经济责任审计和离任审计制度。利用现代科技手段加强对境外企业的财务管理及资金运转动态的远程实时监控。

（三）加强重点环节监管力度，确保境外企业国有资产安全可靠。严格监管和限制国有企业以个人名义在境外设立公司。对于国有企业以个人名义在境外设立公司或确需以个人名义持股或拥有物业产权的，应当制定严格的审核和报备制度，并办理相关公证手续。未经投资主体企业或国资监管机构批准或备案，不得擅自对其他企业提供担保或对外投资，不得经营外汇、黄金、期货、有价证券、委托理财等相关业务。按照有关规定与境外企业经营者签订年度和任期经营业绩考核责任书，明确问责机制。对境外招聘人员要控制财务、人事等关键岗位，负责的重大业务活动要严格跟踪大额资金流向，切实加强监管。

（四）加强境外企业党建工作，确保企业惩防体系建设扎实推进。按照驻在国家及地区的有关法律规定，健全法人治理结构，建立决策权、经营权、监督权，有效约束制衡机制。在境外国有独资和控股的企业中，应按党的秘密组织要求，设立党委会或支委会，党组织负责人和纪委负责人可通过掩护身份进入董事会、监事会，企业董事长和党组织的书记可由一人担任，做到内外有别。纪检监察机构可融入到境外企业审计监察部或稽核监察部，党群工作机构可融入到企业文化部或工会等职能部门，一岗双责。发挥好驻外使领馆和中联办的重点监管作用、窗口企业的牵头监管作用和主管企业核心监管作用，借助境外法规制度优势，建立科学的双重廉洁教育、双重廉洁监管体系。

（五）加强外派人员队伍管理，确保境外企业反腐倡廉建设有力。严格外派人员选拔关，建立“谁推荐、谁用人、谁负责”的问责机制。严格外派人员管理，对外派人员应与其签订合同契约书，对其在境外工作期间的有关事项予以明确，对“裸体”外派人员严格禁止放在重要领导岗位或关键岗位。实行定期轮换管理办法，对工作确实需要的骨干，经审批可适当延长轮换期。每年应对外派人员情况进行一次全面考察，对不胜任工作或表现不良的，随时调回；对工作表现差、以权谋私、贪污受贿的人员，依法严惩。

境外企业惩防体系建设是一个新生事物，也是一个系统工程。需要进一步梳理省属境外企业惩防体系建设中的有用做法，推进国有企业党风建设和反腐倡廉工作更上一个新的台阶。

（原载《国企清风》2011年第4期）

构建国有企业惩治和预防腐败体系基本框架的几点思考

为有效落实中共中央《建立健全惩治和预防腐败体系2008—2012年工作规划》（以下简称《工作规划》），促进国有企业党风建设和反腐倡廉工作不断深入，2008年广东省国资委制定了《广东省省属企业惩治和预防腐败体系建设基本框架》（以下简称《基本框架》）。基本框架运行三年多来，在促进企业人员廉洁从业、推动企业健康发展、确保国有资产保值增值等方面发挥了重要作用。本人认为在具体实施过程中有以下几个方面值得思考。

一、惩防体系基本框架应以正确的指导原则为统领

构建国有企业惩防体系基本框架必须以正确的指导原则为统领，注重把握三个方面：

（一）坚持党对国有企业领导的原则，做到党风廉政建设与国有企业改革发展双推进。在推进省属企业改革发展过程中，我们始终抓住党风建设和反腐倡廉工作不放松，不断健全完善党的组织和纪检监察工作机制。特别对境外企业，要求按照党的秘密组织原则设立党委会或支委会，党组织负责人和纪委负责人通过董事、监事等掩护身份进入董事会、监事会，做到环境虽变，但党的建设和纪检监察工作不能丢，并从指导思想、组织机构和制度措施等方面予以保障。

（二）坚持围绕中心服务大局的原则，做到有效惩治腐败与维护国有资产安全双促进。纪检监察机关必须围绕确保国有资产保值增值、促进国有企业健康发展这个中心，在惩治腐败、履行职责的同时，积极运用办案资源，为企业排难解忧，维护国有资产安全，保护企业人员干事创业的积极性。近三年来，我们组织立案调查企业领导人员违纪违法案件41宗，移送司法机关处理43人，党纪政纪处分125人，为企业避免、减少和挽回经济损失8.2亿元。

（三）坚持融入企业经营管理的原则，做到党内纪律监督与企业经营管理监督双结合。惩防体系建设只有融入企业经营管理才会有生命力。我们坚持把惩防体系建设需求融入到企业经营管理活动，将建设任务细分到企业财务、审计、监事会、规划投资、工程建设、物资采购等主要部门，提出具体“一岗双责”要求，着力实行有效监督，增强全员参与构建惩防体系的力度，既体现了中央惩防体系建设五年《工作规划》的主要精神和省委、省政府、省纪委反腐倡廉工作的决策部署，也体现了监管企业的实际。

二、惩防体系基本框架应以完整的制度体系为核心

在制定《基本框架》时，重点突出企业领导人员廉洁从业、经营管理中权力运行规范以及国有资产安全和风险防范等三个方面的制度体系建设。

（一）积极推动法人治理结构完善，突出现代企业制度体系建设。要求各监管企业按照现代企业模式建立制度、完善治理结构，建立完善由股东大会、董事会、监事会和经营层构成的相互依赖又相互制衡的治理结构和相关制度体系，同时通过推进产权多元化和引进战略投资者，改善企业法人治理结构；并督促企业明确党委会、工会、职代会“老三会”的设置和职责，体现交叉任职、深度参与和错位工作、相互补台的要求。

（二）着力推动国资监管能力提升，突出国资监管制度体系建设。注重强化国资监管部门的职能作用，基本框架与我委国资监管制度建设规划有机结合，相互融合，互为依托。形成了50多项涵盖企业发展规划、资本运营、财务投资、改制重组、产权转让、监事会监督等方面的国资监管制度体系内容。

（三）强力推动企业党风廉政建设，突出反腐倡廉制度体系建设。重点建立了以企业领导人员用权行为规范和责任追究为主体的反腐倡廉制度体系。会同省纪委、省委组织部制定了《广东省贯彻执行〈国有企业廉洁从业若干规定〉实施细则》和企业领导人员违规决策造成国有资产损失责任追究办法，对企业人员在经营管理每个环节的用权行为进行程序性规范和行为禁止要求。对境外企业监督落实投资经营和党风廉政建设责任“双签”、外派人员定期轮换、“裸体”外派人员严禁放在重要岗位等。

三、惩防体系基本框架应以严密的组织保障为基础

在制定基本框架的同时，我们出台了《组织保障建设基本框架》，并联合省纪委、省委组织部下发《加强和改进省国资委监管企业和省属金融机构纪检监察组织机构建设的实施办法》，为有效落实基本框架提供组织保障。

（一）明确人员编制要求，确保工作有人抓。对监管企业特别是二、三级企业明确了党的组织机构和纪检监察机构的建设要求，以及企业纪委和监察机构的人员职数和职责。要求企业专职纪检人员不少于专职党群工作人员15%的比例。对境外企业，要求纪检监察机构融入企业审计监察部或稽核监察部，党群工作机构融入企业文化部或工会等部门，并有专职人员具体落实，确保每个在经营企业反腐倡廉工作有人抓。

（二）明确部门整合要求，确保形成合力抓。明确要求各监管企业建立完善纪检监察、审计、子公司监事会合署办公机制，加大纪委书记统一协调纪检监察、审计、监事、法律、工会等监督力量的力度，形成职责明晰、信息共享、手段互补、职能到位的多位一体监管体系，增强纪检监察实力及对业务工作的监控合力。目前，85%的监管企业基本实现监督力量整合的工作目标。

（三）明确一岗双责要求，确保领导亲自抓。坚持企业领导人员“管人、管事、管思想”的原则，对企业主要负责人实行“双兼双责”，即：企业董事长兼任党委书记，总经理兼任党委副书记，推行企业经营管理责任与党风廉政建设责任并轨和两个责任书双签制，其他企业领导同时兼任党内职务，承担相关职责，有效保障了《基本框架》内容的落实。

四、惩防体系基本框架应以有效的工作机制为载体

落实《基本框架》建设内容，必须要有良好有效的工作机制作为载体，才能确保惩防体系建设朝着正确的方向推进。

（一）注重预防机制建设，推行以德治企。以强化企业领导人员廉洁从业意识为重点的宣传教育机制、以纠正行业不正之风为主题的纠风工作机制、以重点领域专项治理为牵引的源头治腐机制等，作为建设预防腐败机制的主要内容，纳入基本框架，切实加强企业人员的党性修养和思想建设。如利用创办的反腐倡廉内刊《国企清风》、开展每年一度的纪律教育学习月等平台加强警示教育；建立境外企业领导人员的中联办、省窗口企业和主管企业三重“廉洁教育”制度体系等。

（二）注重监督机制建设，防范权力滥用。要求各监管企业按照决策权、执行权、监督权相互制约的运行机制，加强对企业领导人员监督。重点加大对企业重大投资经营活动的效能监察工作力度，实行年度例行稽核和重大项目效能监察情况向董事会、独立董事报告并接受独立董事质询制度；还积极开展综合督查，加强对企业领导人员经济责任审计、实施全面风险管理等，逐步形成事前、事中、事后监督体系，防范少数企业领导权力滥用。

（三）注重惩戒机制建设，强化威慑作用。围绕提高及时揭露、发现和惩处腐败的能力，建立腐败易发多发领域调查分析、腐败预警以及与省检察院、省公安厅的反腐倡廉信息共享机制，整合办案资源，开展交叉办案，加强对信访举报案件的核查工作。近三年来，我们组织查核违纪线索506宗，保持了查案执纪惩治腐败的强劲势头，增强了企业领导人员落实基本框架的主动性和自觉性。

五、惩防体系基本框架应以科学的保障体系为重点

落实《基本框架》是一项系统工程，我们注重从三个方面建立落实《基本框架》的保障体系。

（一）明确责任，建立组织领导保障体系。建立健全惩防体系建设的领导机构和工作机构，落实党委负总责、班子成员分工负责、职能部门各负其责、纪检监察部门牵头协调等工作机制，把年度党风廉政建设责任制的任务分解到各相关职能部门，从微观层面明确各企业、各部门的具体工作职责，提出具体要求，使落实《基本框架》成为企业全员自觉行动的奋斗目标。

（二）奖惩分明，建立考核评价保障体系。注重将推进惩防体系建设工作纳入每年一度的企业经营业绩考核和党风廉政建设责任考核工作中，与其经济利益和政治生命挂钩。如企业出现“三重一大”违规行为和重大违纪违法案件、党风廉政建设责任和惩防体系建设落实不到位，相应扣减经营业绩考核得分，百分制中最高可扣减20分，增强了企业领导人员落实《基本框架》的责任心。

（三）抓住关键，建立科技防腐保障体系。重点围绕企业落实“三重一大”、工程建设、物资采购、财务管理和经营管理等重点环节，在省国资委建立国有资产监督管理信息系统、实现与各监管企业资金往来，抵押担保、财务账目在线监控基础上，积极推动各监管企业建立会议智能化决策系统、财务ERP系统以及商务网等。

（原载《国企清风》2011年第3期）

创新思路

着力增强国企反腐倡廉宣传教育实效

近年来，广东省国资委始终坚持教育为主、预防为先的方针，注重把反腐倡廉宣传教育融入国资监管和国有企业改革发展中，在宣传教育的合力性、针对性、多样性和实效性上创新思路、用足实劲，有力推动了国有企业反腐倡廉建设的深入开展，为确保国有资产保值增值和安全提供了坚强的纪律保障。

一、明确职责建机制，着力增强反腐倡廉宣传教育的合力性

针对当前一些国有企业重经营、轻教育，重效益、轻思想，特别是一些省属企业领导人员和重要岗位人员腐败案件依然多发易发、一些群众反映强烈的问题屡禁不止等现象，注重克服“单打一”的做法，纳入党委重要议事日程，发挥整体合力，完善宣教工作机制。

一是明确党委工作职责，建立领导责任机制。省国资委和省属企业始终将反腐倡廉宣传教育作为党委一项重要工作，按照“谁主管、谁负责”的要求，明确反腐倡廉宣传教育责任主体是党委，党政“一把手”为第一负责人，要求各级领导人员以身作则带头参加教育活动，做到 “三个必讲”：即每年的年度工作会议和纪律教育学习活动大会上必讲，年度经营责任考核时必讲，新提任的企业领导人员和中层管理人员谈话时必讲，努力增强各级领导人员的廉洁从业意识。

二是明确纪检部门职责，建立组织协调机制。一方面积极争取党委的重视和支持，另一方面主动负起牵头组织协调的职责，根据上级反腐倡廉宣传教育总体部署，紧密结合企业实际，确定教育主题、教育对象和教育内容，制定具体措施，进行具体部署。针对每个企业、每个部门、每个人员，抓好教育活动的责任分解、检查考核、责任追究三个环节，加强分类指导，确保教育工作的落实和有序展开。

三是明确相关部门职责，建立全员参与机制。一方面明确纪委、组织人事、党群、宣传、工会等部门的职责和工作方式，另一方面积极协调党群、组织人事部门和机关职能部门在工会活动、党委（支部）活动、党的宣传教育以及岗前培训等方面增加反腐倡廉教育内容，建立由纪委牵头，相关处室参加的反腐倡廉宣传教育联席会议制度，相互配合、分工负责、共同推进，努力构建“大宣教”格局。

二、突出重点抓关键，着力增强反腐倡廉宣传教育的针对性

针对当前国有企业反腐倡廉建设的新形势和新特点，重点抓好企业领导人员和关键岗位人员的廉洁从业教育。

一是以企业领导人员为重点，抓实廉洁从业教育。针对近年“落马”的个别省属企业领导人员思想蜕变、信仰迷失、价值观严重扭曲等突出问题，注重把教育重点锁定在企业领导人员上，在加强党纪法规和理想信念教育的同时，注重用省属企业发生的腐败案件来认真抓实警示教育。2010年，我们以省盐业集团原董事长沈志强、省韶钢集团原董事长曾德新腐败窝案为素材，联合省纪委宣教室、四室拍摄制作了《“蛀虫”透视》警示教育片，先后组织了委机关和省属企业22余万人次观看该片；同时，还邀请了省纪委赵振华副书记就新广国际重大经济损失案进行了剖析和辅导，使广大企业领导人员明白了违纪违法行为给个人的政治前途、经济、家庭、身心等方面所带来的严重后果，真正从思想上受到震动。

二是以关键岗位人员为重点，抓好职业道德教育。我们把企业掌管“人权、财权、物权”的关键岗位人员作为教育重点对象，通过廉洁从业规定、党性党风党纪、职业道德、案例警示等教育内容，运用百题知识竞赛、专题讲座、重点谈话、组织参观等形式，有针对性开展职业道德教育。2010年，我们以《国有企业领导人员廉洁从业若干规定》、《关于进一步推进国有企业贯彻落实“三重一大”决策制度的意见》和我省贯彻执行《实施细则》及《关于进一步加强和改进省国资委监管企业和省属金融机构纪检监察组织建设的实施办法》为主要内容，开展百题知识竞赛，要求企业领导人员和重点岗位人员必须参加，以比促教、以赛正心，起到了较好的宣传作用。

三是以全体企业员工为重点，抓强作风纪律教育。紧密结合当前转变经济发展方式新要求和国资监管工作新特点，区分对象，创新手段，着力把每年一度的纪律教育学习活动作为反腐倡廉宣传教育工作的重点，通过每年编印一本《典型案件剖析材料》、制作或播放一批警示教育片、组织一次廉政参观、推荐一批反腐倡廉书目、发放一批廉政书籍、请专家作一次廉政辅导和召开“以案说纪”教育座谈会等形式，一人不漏地开展好纪律教育学习活动。2010年，省属企业纪律教育学习月活动受教育达23万人次，组织各类参观233场次，解决各类突出问题327个。

三、巧用载体传廉洁，着力增强反腐倡廉宣传教育的多样性

针对国有企业对廉洁文化在反腐倡廉工作中的重要作用认识不足、教育形式简单、效果不明显等现状，多措并举，努力营造廉洁从业的舆论氛围。

*一是办好反腐倡廉内刊，发挥传媒防腐作用。*2008年，我们率先在全国地方国资系统创办了反腐倡廉内刊《国企清风》，宣传廉洁从业典型，传播廉洁文化理念，反映反腐工作动态，已成为企业反腐倡廉建设学习、宣传、教育、交流的主要载体，得到了中央纪委、国务院国资委纪委、省纪委等上级领导机关和各企业的广泛好评。目前，已有23篇文章被国家预防腐败局网站、《中国纪检监察报》、《南方杂志》等多家主流媒体转载。

*二是开设廉政信息网页，发挥信息防腐作用。*我们在省国资委外网上开设了“廉政建设”专栏，通过登载党风廉政建设有关方面的法律法规、理论研究、案例警示、国企动态等信息，及时反映国有企业反腐倡廉工作的新情况、新动态，为企业提供学习、查询规章、借鉴经验的平台。同时在省国资委内网上开设了供所有人员发表言论的“清风园地”论坛。2010年，省属企业开设党风廉政建设专网和构建反腐倡廉信息平台的企业已达349家，信息防腐作用渐显。

*三是举办专题廉洁晚会，发挥文化防腐作用。*2007年，省国资委首次举办了“国企清风”——广东省省属企业廉洁文化专题文艺晚会，通过企业自编、自导、自排、自演，讲身边人，唱身边事，艺术地表现和诠释廉洁主题。2010年，省国资委成功举办了“国企书香”专题文艺晚会，以文艺的形式展现读书思贤、思廉、思德、思进，展示省属企业廉洁文化建设成果。我们注重组织指导各企业强化企业文化防腐的宣传功能。仅2010年，省属企业举办反腐倡廉方面的演讲比赛30场次，知识竞赛43场次，创作文艺节目28个，廉政广告548幅，编发廉政短信1186条等。

四、融入体系促发展，着力增强反腐倡廉宣传教育的实效性

针对国有企业生产经营任务重、人员不可能长时间集中教育等特点，注重将反腐倡廉宣传教育与企业经营管理活动相结合，融入企业生产经营常态工作之中，有效增强了宣传教育实效。

一是以开展企业效能监察为推手，融入企业经营管理体系。我们要求各省属企业在开展效能监察的同时，必须融进廉洁思想教育，努力实现“开展一个效能监察项目，完善一套制度，堵塞一个方面的漏洞，规范一个方面的管理，教育一大批人员”，使反腐倡廉的教育渗透到重大投资项目、重大工程、重大物资采购等重大经营活动的效能监察工作中。如我们把省广业公司污水处理建设项目和省铁投集团城际轨道交通建设项目作为效能监察和廉洁工程的试点单位，经常性地开展廉洁宣传教育活动。

二是以强化企业队伍建设为推手，融入全员素质教育体系。积极组织指导各企业将反腐倡廉宣传教育工作融入教育培训体系。要求在党课形势教育、员工上岗培训、专业培训以及资格考前培训等方面融入反腐倡廉教育内容，做到有训必讲“廉”、有课必有“廉”。省水电集团等企业还专门组织“五岗”人员廉洁教育培训。

三是以落实党风廉政建设责任制为推手，融入党委工作考核体系。我们通过制定下发监管企业党风廉政建设责任制检查考核实施细则，将反腐倡廉宣传教育纳入党风廉政建设责任内容，要求在部署生产经营工作时必须同步部署反腐倡廉教育工作，年终考核企业经营业绩时必须同步考核廉洁教育工作。近三年来，省国资委主要领导每年都分别带队，对省属企业惩防体系建设和反腐倡廉宣传教育等情况进行了综合检查，推进反腐倡廉宣传教育工作的落实。各省属企业通过对落实党风廉政责任制以及生产经营、安全生产、计划生育、宣传教育责任制落实情况统一检查考核，有力促进了省属企业反腐倡廉宣传教育深入开展。

（原载《国企清风》2011年第2期）

国企反腐倡廉新年要有新突破

当前，我省国有企业面临深化改革和加强党对国有企业政治领导、加强企业纪检监察工作和企业追求利润最大化之间等诸多矛盾，这就需要我们必须以十七大精神为指导，不断创新思路，寻求新的突破。新的一年，我省国资委系统反腐倡廉建设在落实好省纪委提出的“六个一”的基础上，要在以下四个方面力求有新突破：

一要在企业领导人员“德”育上有新突破。锦涛同志在十七大报告中，特别强调“加强党员干部理想信念教育和思想道德建设，使广大党员、干部成为实践社会主义核心价值体系的模范，做共产主义远大理想和中国特色社会主义共同理想的坚定信仰者、科学发展观的忠实执行者、社会主义荣辱观的自觉实践者、社会和谐的积极促进者”。一个企业，抓住领导就抓住了关键，抓住领导其核心还是要抓住领导干部的“心”。特别要通过加强“德”的教育来实现这一目标。现在企业很多领导干部之所以出了问题，关键是思想上出了问题，“德”的缺失太严重。我们要在加强企业领导人“德”的教育方面有新突破，形成一种使企业领导人员不愿贪、不想贪的氛围。一是进一步推进廉洁文化进企业活动，把廉洁文化融入到企业文化中，针对国有企业特点和群众喜闻乐见的形式，对企业党风廉政建设和企业领导人员监督管理进行一些有益探索；二是创办好《国企清风》内刊，宣扬一批企业领导人廉洁从业方面的先进典型，并通过这个载体，积极宣扬一种廉荣贪耻的企业廉洁文化理念。

二要在惩防腐败体系建设上有新突破。惩防体系建设是一项系统工程，必须选准突破点。我们要重点抓好省属企业的综合督查工作，推进企业惩防体系建设。省国资委党委已经决定由省属企业纪委书记带队，组成10个督查组，对省属企业的党风廉政建设和生产经营管理情况进行综合督查。目的是通过综合督查，准确掌握监管企业执行党和国家路线方针政策、国资监管规章、资本和生产经营管理情况，帮助企业找准制约企业发展的因素和问题，促进各企业之间相互学习，相互交流，取长补短，相互促进。从而掌握企业党委班子建设和党风廉政建设情况，完善对监管企业领导班子和领导人员评议、谈话工作机制。督查内容要重点放在十七大精神学习贯彻和企业领导人作风建设、惩防体系建设、党风廉政建设、督查信访案件查处等方面。特别对省委巡视组巡视过的企业、纪检监察组织机构不健全的企业和信访案件、民生问题比较突出的企业进行重点督查。

三要在国资监管制度建设上有新突破。随着现代企业制度的建立和利用资本市场融资上市步伐的加快，对国有企业领导人员的一些监管制度有些已经滞后，不适应当前形势的发展。对此，新的一年，我们将对现有国有企业的规章制度进行清理，根据形势的变化，及时修订完善相关规章制度。同时，建立省属企业纪委书记联系会议制度，每季度召开一次企业纪委书记联系会议，重点是部署任务、汇报工作、分析党风廉政建设形势和制度建设情况，一则通过此制度，提高各企业纪委书记的责任感和工作水平；二则通过联系会，及时掌握企业反腐倡廉建设的情况，采取有针对性的措施，完善相关制度。我们还建立与省市检察机关、公安机关定期沟通联系制度，加强情况信息交流，提高反腐倡廉工作的针对性。在适当时候，我们将编印省国资委有关纪检监察工作制度汇编，进一步完善省属企业制度体系。

四要在信访案件查处工作上有新突破。省属企业各级纪检监察部门人少事多的矛盾比较突出。据统计，目前，省属企业纪检监察部门，现已配备专职干部325人，兼职干部714人，主要分布在一、二、三级600多户企业中。由于企业纪检监察干部分散，特别是二、三级企业平时没有多少事可做，各项工作开展总是处在被动应付的局面，难以做到预防腐败的关口前移。对此，从今年初开始，我们整合企业纪检监察力量，抽选部分企业纪检监察和财务审计人员100人，组成20个办案组。目前20个办案组已基本组建完毕。我们将利用这20个办案组重点对省属企业存在的历史遗留问题和群众反映强烈的腐败问题及时进行排查，化解矛盾，解决问题。同时，通过对重点案件线索及时有效地查处，建立一种威慑力，努力使案件查办成为惩治腐败、保护干部的有力手段，维护国有资产安全和广大干部群众的合法权益。

（原载《国企清风》2008年第2期）

加大查处行贿行为力度之我见

近年来，我省纪检监察机关依法查处贿赂案件，不断将反腐败斗争的推向深入，成效斐然。但从已经查处的贿赂案件来看，行贿案件与受贿案件类比，则存在对行贿案件立案数量、惩治力度和效果明显不足的问题。众所周知，行贿与受贿是相生相合孪生姐妹，如忽视或放弃对行贿行为的查处和惩治，也是对腐败行为治标难治本的根源之一。因此，探索对行贿行为的处罚力度，对反腐倡廉建设具有重要意义。

一、当前查处行贿行为之现状

对行贿案件立案数量少，对行贿人处罚较轻，是当前查办行贿案件的主要特点。从近年来各级纪检监察机关依纪依法严肃查处的一批商业贿赂案件来看，由于各种原因，不少地方在行贿人交代了行贿事实后，大多只对其进行警示教育、警示谈话，较少给予法纪处罚。即使进行了处罚，但相对于受贿者来说也是较轻的，很多获实刑的行贿者被判了缓刑。如此一来，客观上使不少人把行贿当作达到目的的一种风险小、成本低、利润却极大的手段。最近查办的新广国际重大经济损失案，查处责任人员和涉案人员达150多人，其中27人被移送司法机关追究刑事责任，但没有一人因行贿而获罪，不少行贿人甚至不止一次接受过办案人员的调查询问，但也只是作为污点证人，最终并未被立案查处。

二、对行贿行为查处力度不够之原因

（一）在既定的法律、制度方面存在瓶颈制约。目前，我国《刑法》和党纪政纪规定中关于行贿的定罪（错）量刑（纪）的规定尚不能适应反腐败工作的需要。对行贿范围的界定过窄，对非财物性利益如提供劳务、免费旅游、色情服务等则难以界定；对“谋取不正当利益”作为行贿的构成要件设定过严，也难于在实际中操作；再就是法律规定单位行贿数额必须达到20万元才构成犯罪，也显然对行贿者失之于宽。

（二）在具体案件查办过程中的难点制约。当前，存在的查办难点主要有以下四点。一是发现难，实际上行贿犯罪举报线索极其匮乏，且线索质量不高。二是办案难，行贿犯罪分子在实施犯罪行为时往往以所谓正常的业务活动、行政行为幌子掩盖其行贿事实，为调查取证带来困难，受贿人不仅利用手中的权力索取和收受贿赂，而且还利用手中的权力对抗检察机关侦查，也造成了办案过程中取证难、讯问难、干扰多、阻力大的问题。三是配合难，行贿犯罪的触角往往涉及多个领域和不同罪名，这给来自不同查处机关的协作办案，带来一定困难，难以形成有效打击力度。四是适应难，当前的行贿犯罪案件不断呈现新形式和新特点，犯罪分子具有较强的反侦查能力，而办案的的技侦设备和手段没有及时调整与之适应，都给行贿犯罪的具体侦办带来难度。

（三）对量刑后的经济处罚相对较轻的制约。目前我国刑法第三百九十条和《反不正当竞争法》及其《暂行规定》对行贿行为的经济处罚界定模糊、处罚较轻。另外，由于受贿案件是一种隐蔽性很强的职务犯罪，行贿人的举报对突破受贿案件意义重大，办案机关为突破受贿案件，往往对行贿者网开一面。对比西方一些发达国家则对行贿罪的经济处罚要更为严厉。如2010年对德国汽车制造商戴姆勒公司及其两个子公司在美国华盛顿一家法庭因被认定行贿，被处以高达1.8亿美元的罚款。

（四）市场准入资格限制制度不完善的制约。一是掌握市场准入资格认证权的一些政府实权部门人员的自由裁量权过大，人们对资格认证的结果不可预期，强化了行贿者的心理动机。二是市场准入制度和手续过于繁杂，使贿赂成为非正常激励有了一定空间。三是对行贿人的市场准人资格缺乏限制，社会没有建立科学的诚信记录机制，以至于行贿人尽管劣迹斑斑，仍然敢于屡屡犯禁。

三、惩处行贿行为的若干对策建议

（一）建立对行贿行为处罚更具操作性的法律制度。行贿行为严重违背社会公平原则，是滋生腐败的淫媒。在市场经济发育比较成熟的国家和地区普遍重视查处行贿行为，制定了相对严格的惩办行贿行为的法令。如英国的《公共机构防止贿赂法》、美国的《罗宾逊一帕特曼法反价格歧视法案》、新加坡的《预防腐败法》等等。这些法律制度对行贿行为的界定十分具体，一般以损害竞争或公平性作为行贿犯罪的认定标准，对行贿犯罪予以严厉惩处。目前，我国《刑法》第三百九十条并没有规定行贿罪的犯罪数额，也没有对行贿罪的情节作出明确规定。因此，建议进一步完善之。也可考量受贿者的自首立功情节，对受贿人在被追诉前主动交代受贿行为或说出行贿人的，可以减轻处罚。

（二）建立符合市场规则的具有中国特色的防范机制。由于我们正处在社会主义市场经济体制的完善期，国有企业尤其是国有大中型企业大都掌握着一定的自然资源和社会资源。对此要认真研究如何既保证国家对企业的控制权，又要能把企业经营者与所有者的利益统一起来，最大限度地减少贿赂行为对企业利益的损害。如针对省属企业在工程建设、土地转让、融资贷款等领域可能发生商业贿赂的情形，按照惩防体系《实施纲要》要求，不断深化行政审批制度改革，减少自由裁量权，实行阳光操作。同时进一步加强行业自律，发挥行业协会的作用，规范行业的市场行为。加强诚信体系建设，对行贿者加大诚信黑名单、经济处罚、市场准入资格限制等惩罚性措施的实施力度。

（三）健全监督制约机制。对权力的运行要采取有针对性的措施强化事前和事中监督，强化有效的内部监督和外部监督相互补充体系，真正形成多视角、多渠道、多层次、全方位的监督网络。对具有行政审批权的职能部门应有效实施行政监察和电子监察手段，公开程序、阳光作业、严格问责。同时，规范市场运作机制和经营行为，遏制行政权力对市场经济活动的过度干预，堵住钱权交易漏洞。

（四）贯彻依法从严惩治的方针。只有惩治有力，才能增强震慑效果，从而减少和遏制行贿行为的发生。要依法准确打击行贿行为，增强打击的法律效果和社会效果；要讲究查处策略，健全投诉举报制度，对有价值的线索要落实奖励机制。只有有关职能机关真正地行动起来，深入研究行贿的特点和规律，把查处受贿与查处行贿结合起来，不手持一端，则有利于形成对腐败的高压和遏制态势。

（原载《国企清风》2011年第4期）

对省属上市公司党风廉洁建设的调研与思考

2007年7月至10月，省国资委纪委重点对省属企业控股的中金岭南、粤电力、粤高速、韶钢松山、白云机场、粤水电、金威啤酒、南粤物流、珠江船务、粤海投资等10家上市公司的党风廉洁建设情况做了专题调研，并就新形势下如何加强上市公司党风廉洁建设问题进行了初步研究和思考。

当前省属上市公司党风廉洁建设存在的主要问题及原因分析

这些年来，省属上市公司党风廉洁建设在促进国有资产保值增值、确保企业良性发展和为股东创造最大投资收益等方面发挥了积极作用，为企业改革发展提供了坚实的政治保障。但必须看到，形势不容乐观，问题还较突出，企业高管腐败案件屡有发生。分析原因主要有：

（一）上市公司党组织建设还不够健全。目前，省属上市公司基本上是“一股独大”，董事长、党委书记及大部分高管都由控股集团领导兼任，党风廉洁建设基本与控股集团一体进行。部分控股集团出于维护上市公司形象考虑，把上市公司党的一些工作揽在本级，甚至把一些问题和包袱也承揽过来，许多控股集团领导身兼数职，没有精力顾及上市公司的党风廉洁建设。一些上市公司党组织机构与集团高度重叠，一些上市公司纪检监察机构与集团统一管理，一些境外上市公司，为怕碰触“政治”这个敏感话题，党的许多工作在境外尽量不公开等。这种机构很容易使上市公司的党组织和纪检监察职能弱化，监督作用很难到位，党风廉洁建设的针对性不强，效果不佳。

（二）对上市公司管理还存在漏洞。目前，对上市公司的监管主要来自证监会、监事会、股东会和纪检监察部门、审计部门，各部门的监事职责、内容和环节各异，相互沟通交流不够，未能有效形成整体合力，致使上市公司监督管理存在较大的漏洞。如证监会是上市公司的重要监管部门，对上市公司有着“生杀”大权，许多上市公司把主要精力放在应付证监会的监管上，即使内部有些问题，控股集团也是千方百计为其隐瞒包容。由于信息不对称，股东会无法发挥作用，内设监事会形同虚设，担负监督职能的人员知识结构比较单一，不善监督也不懂监督。个别纪检监察人员患得患失，不敢履行职责等。

（三）上市公司内控监督机制还不够完善。一些上市公司没有建立严格规范、科学有序的工作流程、工作制度和工作纪律，一些产品销售、物资采购、合同管理的许多环节缺乏透明性和公开性，存在着暗箱操作的空间，一些企业对权力的分解、配置、制约不当，很多重要业务的主管人员或领导权力过大，权利运作过程不规范、不公开，很多重要岗位的人员对其管辖的业务处置的自由度较大，助长了对权力的滥用。

（四）上市公司党风廉洁教育还有待创新。由于上市公司党风廉洁教育与控股集团捆绑式进行，党风廉洁教育的内容和形式缺乏创新，理论宣讲多，空乏教育多，针对性教育少，特别是党风廉洁教育在为上市公司服务、追求实效上下的功夫较少。党风廉洁教育融入企业文化建设不够，到底宣扬什么、倡导什么不是很清楚，政治目的性与企业价值观没能很好地融合，虚多实少，党风廉洁教育，容易变得走过场、图形式，没有真正做到入心入脑。同时，对上市公司党风廉洁教育及效果至今没有一个科学、系统的评估考核体系，抓与不抓不影响领导人员的经营业绩和惩罚分红，制度化、经常化还不够。还有一些企业领导人在进行党风廉洁教育时，说与做“两张皮”，模范表率意识差，一定程度上也影响着教育的质量。

（五）个别人员思想品德缺失比较严重。在市场经济浪潮中，一些上市公司高管和管理人员之所以堕落犯罪，关键是个人思想上出了问题，忽视政治理论学习，放松世界观改造，人生观、价值观严重扭曲，实用主义、享乐主义、极端个人主义大行其道、特别是一些企业高管，既是制度的制定者，也是制度的破坏者，视制度为我所用，合则用之，不合者弃之，有章不循，制度执行不力。尤其是那些曾经为企业发展做出过重要贡献、头上顶着光环的经营管理者，居功自傲，私欲膨胀，监督制约对其更显无力。在经济收入方面，总认为自己的付出大于党和人民给予自己的报酬，不平衡心理增加，于是把手中的权力当成谋取私利的筹码，经不住金钱的诱惑，滥用职权，最终走上犯罪的道路。

新形势下加强省属上市公司党风廉洁建设的主要对策

（一）必须重视完善上市公司党的组织体系。这是加强上市公司党风廉洁建设的基础。要确保企业的党风廉洁建设有人管、有章循、有效抓，防止企业领导兼职太多、上市公司党委和纪委功能“虚化”的现象。要抓紧改变纪检监察机构与控股集团一体管理的现象，设立独立的纪委和纪检监察部门，进一步规范省属上市公司纪检监察机构的名称、职能和要求，逐步建立“纪委+监察审计部”的组织架构，实现纪检监察部门与审计部门合署办公，由纪委书记统领纪检、监察、审计部门工作的整合目标。要积极探索上市公司纪检监察干部垂直派驻的模式，对上市公司的纪委书记可由集团或省国资委统一派出，纪检监察干部可由控股集团或省国资委统一任免，企业纪检监察机构接收上级纪检监察机关和同级党委的双重领导，避免监督主题受制于监督客体。为减少上市公司的领导职数，专职纪委书记可同时兼任党委副书记、工会主席一职。境外企业不便公开政治身份的前提下，可以以工会主席、董事或副总经理的身份出现，但必须做到纪检监察工作的重任不能丢、党风廉洁建设的任务不能减、监管企业的责任不能松。

（二）必须重视上市公司高管的思想道德建设。上市公司高管是企业的精英，也是企业生存发展的核心力量。因此，上市公司党风廉洁建设必须突出高管的思想道德建设。要通过开展专题教育，完善上市公司领导班子中心组学习制度，重点加强权力观、价值观、世界观的教育，使其时刻牢记权力属于人民，自觉做到视权力为服务，视权力为责任，视权力为贡献，正确对待市场经济中的利益问题。省国资委和各控股集团要把上市公司高管的思想道德建设纳入到企业领导人员业绩考核体系中，坚决做到“四不用”，即：民主测评反映差的不用。没有经营业绩或政绩的不用，没有经纪检监察部门审查的不用，思想素质差、有污点的不用。对思想道德确实有问题的人员应加大监管力度。要建立严格的用人失察责任追究机制，确保国有资产掌握在一些思想纯洁、品德优良、素质优秀的企业领导人员手里。

（三）必须重视完善上市公司监管制度体系。当前，各上市公司要在继承和发扬过去一些管用制度的基础上，重点建立完善“高管问廉”制度。可参照粤水电模式，建立起上市公司高管廉洁从业档案制度，切实做到上市公司高管人员提拔使用和重要岗位管理人员的调配必须进行“廉洁体检”。要积极探索建立上市公司高管“廉洁风险保证金”制度，即将年薪的一定比例作为党风、廉洁、绩效的保障金，在其退休或调离审计后可一次性返还，并可增加一定比例的廉洁奖励基金。要认真尝试建立骨干员工和经营者合理的激励制度，给骨干员工和经营者合理的物质激励，包括股票和股票期权，防止其工作行为短期化。要积极试行建立企业领导人廉洁从业考核“一票否决”制，确保那些不廉洁的人无论从政治上、还是在经济上都将付出沉重的代价。要加大上市公司“企务公开”的力度，实施“阳光工程”。只要不涉及商业秘密的，原则上都应向员工公开，重点要将资产运行、经营活动、项目投资及费用开支、选拔任用、领导人员廉洁自律、企业重大改革措施和涉及群众切身利益等情况，及时地公开，尽量做到全程阳光，自觉接受监督。要突出加强“一企两制”条件下的上市公司国有资产监管工作的研究，科学地建立境内外投资决策和对上市公司的巡视监管制度。要重视建立与证监会、检察机关、公安机关和各级纪委的沟通联系制度，加强情况信息交流，有针对性改善监督管理工作。要加强企业管理流程的制度建设，在销售部门、财务部门、采购部门、工程发包部门等重点岗位建立定期轮岗制度，搞好企业重大发展战略、产权交易、招标投标、工程建设、产品销售、物资采购方面的效能监察，明确纪检监察部门介入监察的时机、节点、职责和权限，切实做到关口前移，充分发挥好制度建设服务企业、凝聚人心、协调利益、促进发展的作用。

（四）必须重视加强上市公司廉洁文化建设。各上市公司要把企业廉洁文化建设纳入到党组织建设整体规划中，在企业广泛宣传党的执政纲领、重要方针政策以及党的核心价值理念，旗帜鲜明地弘扬主旋律，特别是提倡什么、反对什么要大张旗鼓地进行宣传，营造氛围，充分体现企业廉洁文化的先进性、传承性、群众性、实践性、实效性。要通过现代科技与传媒和广大企业员工喜闻乐见的形式，将廉洁文化所蕴含的诚信、守法、清廉等内容渗透、充实到企业文化中，提升企业文化品位和文化竞争力，培养员工高尚的思想境界、价值观念、道德修养和敬业精神，营造春风化雨式、充满人情味的廉洁文化氛围。要把企业廉洁文化纳入到以建立股东会、监事会、经理层分权制衡的公司法人治理结构中，使公司治理中的民主思想、分权决策文化、程序文化、监督文化、合理文化等与廉洁文化融为一体，增强上市公司党风廉洁建设的生命力。

（五）必须重视上市公司信访案件查处工作。省国资委和控股集团要针对上市公司纪检监察人员不足等问题，从集团范围内或省属企业中抽选力量，组成若干办案组，及时处理好上市公司的群众举报信访案件。上市公司各级党组织特别是纪检监察部门要认真履行职能，充分发挥纪检监察的震慑力，为企业营造一个良好的生产经营环境。当前，要重点抓住上市公司一些带倾向性的问题，如失职渎职行为、贪污受贿行为和决策失误造成国有资产流失行为。特别对那些出现重大经济损失、发生重大事故或恶性案件、群众反映强烈的难点和热点问题、企业领导人员利用职务便利为子女亲属谋取不正当利益的、企业重大群体上访事件等问题，以及利用职权侵吞国有资产，在经济交往中以权谋私、肆意挥霍、贪污贿赂，财务管理中私分、侵吞、挪用公款，企业重大责任事故，工程招投标中非法侵占国有资产等案件要加大查处力度，严格党内外监督，严惩腐败分子，使其“不敢贪”。

（六）必须重视上市公司纪检监察队伍建设。上市公司纪检监察部门作为企业党风廉洁建设的主要责任部门，必须加强自身建设，不断提高自身素质，以适应新形势发展的需要。要把培养既精通党建工作，又熟悉生产经营管理的“复合型”纪检监察干部作为目标，采取多种培训模式，积极推进素质建设工程，改善上市公司纪检监察干部的知识结构。要建立纪检监察干部素质考评体系，要建立有利于纪检监察干部成才奋进的激励机制。充分尊重和承认纪检监察干部的劳动成果，在工资、住房、奖金、职称评聘等实际利益方面要与同级经营管理人员同步考虑，一视同仁。对在纪检监察岗位上做出突出贡献的同志实施重奖和提拔，激励他们提高素质，奋发进取。各上市公司要切实把那些既熟悉企业运作和经营管理，又善于做党务工作和思想政治工作的人才选拔到纪检监察工作岗位上来，推动整个纪检监察队伍整体素质的提高。

（七）必须重视上市公司的法律环境建设。由于我国有关法规将国有公司、企业中从事公务的人员和国有公司、企业委派到非国有公司、企业从事公务的人员等同于国家工作人员，国有企业领导人员基本都按政府机关的党风廉政建设标准来要求，政策观念上的模糊，一些似明非明的提法和“政策撞车”的现象，使人产生困惑。如业务接待，市场经济条件下必不可少，但接待的“度”不好把握。我国除《宪法》和《公司法》对企业建立党组织提出一些要求外，其他一些涉及企业的重要法规，特别是规范上市公司的《证券法》很少提及，现在出台的许多加强企业党建工作的文件基本都是一些指导性文件，权威性、法理性不足。调研中，各上市公司也有类似反映。如出现按《公司法》要求建立党组织，按《证券法》可建可不建、不知道如何执行的尴尬。境外企业党风廉洁建设基本上也是处在“摸着石头过河”阶段，无章可循。因此，建议从中央到国务院相关部门要大张旗鼓地宣传并在有关国内企业法律上明确党建和纪检工作应有的地位，明确相关的条文。如《证券法》和即将出台的《上市公司监管条例》应将党组织建设问题提出并加以明确，为企业开展党风廉洁建设提供法律依据，尽量不要在相关法规出台后再用一些指导性文件来明确企业党组织建设和纪检监察工作问题。地方各级党委和政府也要进一步加强国有上市公司党组织建设和纪检监察工作问题的研究，抓紧研究出台权威的政策法规性文件，特别对境外上市公司应进一步规范统一党建和纪检监察机构设立的方式、人员、经费保障等具体要求。

（原载《研究与动态》2008年3月19日、《广东纪检监察研究》2008年第1期）

境外国有企业构建廉洁风险防控机制的探索与思考

广东省国资委现监管24户省属企业，其中14户有境外企业，经营业务遍及19个国家和地区，2011年境外资产总额达854.63亿元，利润总额约52亿元，分别占省属企业资产总额和利润总额的12.88%和25%。随着广东省“走出去”战略的实施和省属企业境外投资和并购项目日益增多，如何适应境外营商环境、构建廉洁风险防控机制、确保境外国有资产安全是当前亟需研究的重要课题。

一、境外企业构建廉洁风险防控机制的现状分析

（一）国际政治影响大。由于境外国有企业特殊的政府背景，不但要承担自身经营任务、确保国有资产保值增值的“言商”职责，还要承担更多、更重的“言政”责任。特别是港澳境外企业，既要保障当地正常市场秩序和日常生活，也要

履行维护“一国两制”和社会政治稳定的责任。如省粤海控股公司对香港地区的供水和鲜活农副产品供应，以及港澳境外企业积极参与当地社会事务，都在扮演“在商言商、在商言政”的重要角色。

（二）风险防控难度大。我省省属企业在境外的公司多以小散居多，高度分散，经营方式多元，有的独资经营，有的合作经营或合资经营，同时必须接受内地和投资境外所在地的双重监管。加之上级单位对境外企业营商特点规律研究不够，对企业经营信息情况难以及时掌握，监管指导难以到位。境外企业外派人员均以担任要职和掌握关键部门为主，远离上级监管视野，受境外政治社会环境影响，极易产生道德和廉洁风险。

（三）经营监管差异大。我省省属境外企业现有离岸公司80户，所在地既有发达地区，也有落后地区，社会制度、法律政策、经济环境、文化背景等方面与境内差异较大，内地对境外企业指导和监管，必须与当地法律法规不相

抵触。随着境外企业投资规模、行业和地域覆盖面不断扩大，经营理念、营销策略、财务制度和人力资源管理等更趋多元，这些都对境外企业经营监管提出了新的挑战。

（四）企业内控能力弱。我省省属企业正处在建立完善现代企业制度的进程中，计划经济时代遗留的惯性思维和监管体制机制，使企业内控能力有着“天生不足”。由于小散等原因，境外企业的决策层、经营层、监督层尚未形成有效的权力运行制衡机制，监管存在制度缺失和行为不规范，特别是缺乏熟悉国际市场规则和国际化经营的复合型人才，内控能力弱将使境外企业面临的风险进一步增大。

二、境外企业构建廉洁风险防控机制的初步探索

（一）探索建立有效管治的组织治理机制。针对省属境外企业特殊营商环境和党务不能公开等特点，以建立完善企业法人治理结构为核心，积极探索加强党建和纪检监察组织机构的新路。公司治理上，如省粤海集团总部职能部门的董事一般不兼下属企业董事长，企业董事会和经营班子人员分开，财务总监由上级企业委派，成立集团稽核监察部等。党建和纪检工作方面，如珠江船务注重把握四项原则，即党组织内部设置的保密原则；将高素质的人选调进的精干原则；有关职能融入相关业务部门、互为制衡的融入原则以及按照上级要求落实组织机构的配强原则，建立党委（A委），内设纪委并任命专职纪委书记（对外称董事），相关工作由企业人事部和财务稽核部两个核心部门共同负责等。

（二）探索建立灵活多样的宣传教育机制。针对境外社会思想开放、言论自由、西方生活方式色彩浓厚及各种诱惑较多等特点，采取建立灵活多样的教育机制，努力形成贪耻廉荣、奋发向上的企业文化。如南粤集团建立经常性政治思想教育机制，要求外派人员慎言谨行，“在商言商、在商言政”；如粤海控股、珠江船务等驻港企业建立双重廉洁教育机制，要求外派人员参加上级企业和中联办及省驻港澳工委举办的纪律、廉洁等专题教育；如威盛、新粤、粤港公司等建立分层分类教育机制，依托集团总部、境外企业和属地社会三个层面开展廉洁教育，创新廉洁文化教育机制等。

（三）探索建立科学管用的制度监管机制。我省省属境外企业以内地廉洁从业有关规定和境外属地法律法规为依据，以强化监管为目标，以规范权力运行为重点，建立适应境外营商环境和科学管用的制度体系。如省广晟公司对海外投资并购项目注重建立事前审核、中介机构调查、严格论证、低成本并购、把控监管权力等监管制度体系。省南粤集团注重完善重大经营决策、项目投资、资产处置、固定资产购置、历史遗留问题处理、大额资金调动等申报审批程序和权限，建立监察审计部负责全程跟进监督的管理制度体系等。

（四）探索建立监管到位的风险防控机制。我省省属境外企业紧紧结合投资项目、经营环境和自身实际，探索建立有效的经营风险防控机制。建立决策制衡机制。如中金岭南并购的澳大利亚佩利雅上市公司，按当地法规董事会由6名董事组成，中金岭南派出3名董事并出任董事会主席，当出现表决僵局时，董事会主席有决定票权。建立业务流程控制机制。如粤海集团要求离岸公司经营运作、人事任免、产权转让、对外股权投资等重大事项均须报集团审批，所有银行账户签字人及签字权的设定均须经过集团审批等。建立监廉保廉机制。如省交通集团属下香港威盛、新粤、粤港公司班子每年接受内地主管部门的廉洁从业情况监督检查，并面对公司成员述职述廉等。

三、境外企业构建廉洁风险防控机制的思考

（一）注重防控因队伍素质欠缺带来的廉洁风险。目前，境外国有企业外派人员中有的家属已移居境外，有的企业集团主要负责人兼任境外企业董事长使监督部门不敢监督、难以监督，有的国际化经营能力较低，加之个别人员思想道德素质欠缺等。建立高素质的外派人员队伍是防范境外廉洁风险的重要前提。一是配好领导班子。认真筛选熟悉涉外法律、跨国经营和政治敏锐、道德操守过硬的企业领导人员放在境外重要项目或关键岗位上，企业集团主要负责人原则上不得兼任境外企业董事长。选聘熟悉当地政策、文化、法律法规的专业人士进入企业高层参与或进入决策层、经理层。二是严管外派人员。对外派人员选派使用建立“谁推荐、谁用人、谁负责”的问责机制，与其签订合同契约书。对家属子女移居境外的企业人员原则不外派，并实行定期轮换制度，加强监督检查。三是打造过硬队伍。制订并实施中长期国际化经营人才培训、选聘和激励薪酬计划，为从根本上提升境外企业风险防控能力提供人力资源保障。

（二）注重防控因监管制度缺失带来的廉洁风险。境外企业受所在国家或地区法律限制，有的需要以私人名义注册公司、投资参股或购置不动产，有的以境外环境特殊为由逃避国内主管单位监督等。建立适应境外特殊营商环境的制度体系是防控境外廉洁风险的重要基础。一是进一步完善境外国资监管制度，使之监管系统化。制定出台境外国有企业监督工作暂行办法，针对当前境外企业普遍存在的容易引发国有资产流失的离岸公司、个人持股、外派人员薪酬、外派队伍管理等问题，从操作程序、监管机制、责任追究等方面建章立制，系统规范。二是进一步强化境外企业内部控制，使之权力制衡化。进一步健全完善境外企业决策层、经营层、监督层有效运行且相互制衡的治理结构，建立外部董事、独立董事、职工董事工作制度，完善科学投资决策和监管机制。重点关注监督层组织建设，明确纪检监察、审计、监事会在境外企业监管中的职责角色。三是进一步探研境外经营廉洁风险，使之防控规范化。研究抓住境外企业廉洁风险防控点，建立境外资产经营者定期向国内主管单位和部门报告制度、境外企业财务会计部门负责人委派和定期轮换、投资经营责任联签、任期和离任经济责任审计和定期述职述责述廉等制度，探索建立境外企业惩防体系的新思路。

（三）注重防控因监管工作滞后带来的廉洁风险。目前，一些国有企业脱离主业、盲目实施“走出去”、擅自决定从事境外高风险金融衍生品和越权为合作公司提供担保抵押和融资业务、导致国有资产损失和廉洁风险的现象时有发生。及时有力的监管措施是防控境外廉洁风险的重要保障。一是抓住关键环节加强重点监管。规范境外国有产权交易转让行为，严格监管和限制国有企业以个人名义在境外设立公司。不得经营外汇、黄金、期货、有价证券、委托理财等与主业无关的业务，明确问责机制，控制管理住决策、投资、财务、人事等关键岗位和环节等。二是注重信息通畅加大监管力度。加强对境外企业人流、物流、业务流、资金流等信息监管，做到境外资金使用前有计划、中有监督、后有检查。三是及时化解风险确保监管到位。建立风险防范预警机制，提高对境外市场形势变化的敏感性。充分利用国内外知名社会中介和专业机构，认真做好尽职调查和风险评估。对于可能存在的涉外风险，力争早发现、早沟通、早化解。

（四）注重防控因监管组织缺位带来的廉洁风险。目前，境外企业外派人员主体多以经营、财务和行政管理为主，防控风险基本靠外派人员的自觉自律，对监管组织特别是党的监督组织建设重视不够，监督缺位现象比较突出。

解决监管组织缺位是开展境外廉洁风险防控的重要任务。一是明确职能作用。根据境外企业的规模、特点与成长阶段，让党的监督组织主动融入，做到不管境外政治环境如何复杂，生产经营延伸到哪里，党和纪检监察组织建设就跟进到那里。二是把握监管原则。集团本部在境外的按照省国资委现行统一的监管制度和模式设置监管组织机构，集团独资或控股企业由集团本部按现行制度和模式以掩护身份设置监管组织机构，集团参股企业主要依托当地法律法规监管。三是合理设置机构。集团本部在境外的内设党委（组），设置监察审计部或稽核监察部，并保持相对独立性与权威性；集团独资或控股企业党组织负责人和纪委负责人可通过掩护身份进入董事会、监事会，纪检监察机构和职能可融入到境外企业其他职能部门；集团参股企业重点加强外派人员的选派管理，用制度约束其行为。

（原载《国企清风》2012年第1期，与王松强合作）

以务实作风助推外经贸转型发展

广东是对外经济贸易大省，自1988年以来，外贸进出口额连续25年位居全国第一，占全国进出口总额超过25%，实际利用外资数额约占全国1/4；对外直接投资、对外承包工程完成营业额均居全国首位。目前我省外经贸在高基数的基础上保持平稳发展，同时也面临着结构优化、转型升级的发展机遇与挑战。

近年来，我们把反腐倡廉建设融入我省外经贸转型升级和发展之中，坚持以创新精神、务实作风，狠抓工作落实，有力地促进了全省贸易投资环境优化。2009年至今，全厅没有发生一起违纪违法案件，群众信访举报数量呈逐年下降趋势。反腐倡廉建设为全省外经贸转型发展提供了坚强的纪律保障。

一、以服务大局为理念，统筹谋划外经贸工作和反腐倡廉建设协调推进

始终坚持围绕全省外经贸中心工作的大局，把助力保障外经贸稳增长、促转型作为抓好反腐倡廉各项工作的出发点和落脚点。根据中央和省反腐倡廉工作的部署和要求，结合全省外经贸发展的中心任务，认真谋划反腐倡廉工作。每年围绕中心工作，制订反腐倡廉工作年度计划，形成工作要点，明确工作措施，融入全厅的中心工作统一谋划、统一布置、统一落实、统一检查。厅党组书记亲自审定反腐倡廉工作计划安排，并提出具体要求，确保反腐倡廉工作始终围绕和服务于全省外经贸工作大局，有计划、有步骤地向前推进。在每个月的厅务工作会上，由监察室向厅党组汇报反腐倡廉建设各项工作进展情况和下一步的工作措施，围绕全厅中心工作目标任务抓好反腐倡廉各项工作落实，促进外经贸工作与反腐倡廉工作协调推进。

二、以“一岗双责”为抓手，合力推进党风廉政建设责任制落实

始终坚持以“一岗双责”作为落实党风廉政建设责任制的重要抓手，在建立责任体系上下功夫，在落实责任上求实效。突出抓好“一把手”的责任落实。坚持每年召开党风廉政建设工作会议，由厅党组书记与全厅各处室和直属单位的“一把手”签订《党风廉政建设责任书》，做到责任层层分解，层层由“一把手”负总责。根据领导干部岗位和职责分工的变动，及时修订《省外经贸厅党员领导干部党风廉政建设岗位职责》，明确每个领导岗位的党风廉政建设责任，做到岗位变动与廉政责任同步跟进。坚持“反腐倡廉与业务、党务、作风、队伍建设一起抓”的思路，制定《党风廉政建设责任制考核与年度考核同步结合进行的办法》，把领导干部党风廉政建设责任制的考核与机关公务员年度考核、作风考核和行政执法责任制考核同步进行，促进责任制落实。

三、以廉政教育为导向，致力健全不想腐败的文化引领机制

立足于思想引导，事前预防，坚持把反腐倡廉教育作为一项长期的基础性的工作加以推进。突出加强领导干部廉洁从政的学习教育。结合群众路线教育实践活动，加强对党员干部的群众观念、群众立场和群众感情的思想教育，自觉践行为民、务实、清廉的承诺。结合每年的纪律教育学习月活动，认真开展示范教育和警示教育，注意发现和总结勤政廉政先进典型，弘扬正气；组织党员干部观看警示教育片，开展“以案说法、以案明纪”教育活动，利用反面案例尤其是身边的案例开展廉政风险教育，最近先后组织党员干部两批到省反腐倡廉教育基地参观学习，接受教育，警钟长鸣。注重加强机关廉政文化建设，利用元旦、春节等重大节假日发送廉洁短信提醒，体现组织对干部的人文关爱。结合治理商业贿赂、加强作风建设提高执行力等工作，组织开展读廉洁书籍征文活动，《和谐商务环境拷问诚信危机》、《锻造过硬作风力促工作落实》等文章，先后在《国际商报》、《广东党风》等报刊登载，营造积极向上的廉政文化氛围。

四、以源头防范为手段，努力构建不易腐败的保障制度机制

注重结合外经贸行政审批制度改革和转型发展中的实际问题，针对外经贸管理资金、权力比较集中、廉政风险较高的领域，着力抓好反腐倡廉各项制度创新，构建预防腐败制度机制。一方面做好内部管理规章制度清理工作。会同办公室、法规处等部门收集整理厅机关及各处室和直属单位的内部管理规章制度160多项，编印成《省外经贸厅内部管理规章制度汇编》一书，作为制度的总结积累，供全厅干部学习使用。另一方面根据形势发展和业务变化，推动和督促有关部门制订和修订一批内部管理制度，如：《招商经费使用管理规定》、《省外经贸厅外经贸发展专项资金内部管理暂行办法》等；重新修订《广东省外经贸厅党风廉政建设责任制实施办法》等8项反腐倡廉规章制度。目前，省外经贸系统基本形成了保障外经贸工作发展和反腐倡廉建设的制度体系。

五、以强化监督为举措，着力促进外经贸领域权力规范运行

积极探索创新监督工作的有效方式方法，促进外经贸权力规范运行。实行网上办事大厅建设工作专项效能监察，提升行政效能和服务质量，提高权力运行的公开化、规范化水平。组织开展处室“一把手”述职述廉，接受群众评议，强化党员干部的勤政廉政善政意识。加强对领导干部配偶和子女从业、房产、投资入股、到国（境）外定居等重大事项报告制度执行情况的监督，会同人事部门按照有关规定督促领导干部主动报告、如实报告。加强因公出国（境）团组规模、经费预算的监督检查，发现问题及时约谈提醒，防止出现违规现象。抓好专项资金的监督管理，加强对资金使用情况的监督检查。近年来共开展促进外经贸发展专项资金监督检查25次，检查各种专项扶持资金超过50亿元。认真开展廉政风险防控工作，深入排查各岗位隐藏的廉政风险点，共查找廉政风险点112个，制定防控措施189条，初步构建起廉政风险防控体系。认真开展廉政谈话和信访监督，协助厅党组对新提拔的处级干部廉政谈话62人次，对涉及党员干部纪律、作风方面的问题开展信访约谈或诫勉谈话8人次。

六、以路线教育为契机，助力保障外经贸的科学发展

以开展党的群众路线教育实践活动为契机，紧紧围绕外经贸中心工作，深入基层调研查找不足，切实解决我省外经贸转型升级和加快发展中存在的突出问题，促进机关各处室提高行政效能，为我省外经贸的科学发展增添正能量。针对提升开放型经济水平、优化外经贸海外布局以及鼓励跨境电子商务、扶持大型综合服务企业提高研发活力、开拓新兴市场等外经贸重点工作，厅领导班子成员分别带队深入各市主管部门和企业调研，还采取向基层单位和服务对象发放调查问卷、利用手机短信平台对机关服务效能进行满意度测评等多种渠道，积极落实我省支持企业转型升级稳定发展的政策措施。加强服务型、效能型机关建设，认真受理和处理外商和涉外企业的各类投诉和咨询，为企业排忧解难，打造高效便民的政务服务环境。加强对机关作风问题的监督检查，加大明查暗访力度，深化治理慵懒散奢贪等不良风气，及时发现和纠正作风方面的苗头性、倾向性问题。充分利用“民声热线”推进政风行风转变，全厅与各市外经贸、口岸主管部门统一联动，厅主要领导先后两次上线广东电台“民声热线”节目直播，倾听群众意见，回应企业诉求，共接受咨询和投诉17条，在社会中树立了外经贸的良好形象。

（此文为作者2013年7月参加中纪委厅局级纪检监察干部培训班的发言材料，原载《广东纪检监察信息》）

以强化执纪监督促进广东商务工作新发展

依法治国落实到党内就是依规治党。作为党的纪检监察干部，履行好执纪监督问责职责，必须按照中央从严治党要求，带头遵纪守法，忠诚干净担当，在依规管党治党、推进依法治国中有所作为。去年以来，派驻省商务厅纪检组认真贯彻落实“三转”要求，明确职责定位，主动协助驻厅党组抓好党风廉政建设和反腐败工作，坚持依纪监督，把各项党纪条规制度不折不扣地落实到位，有力促进我省商务工作新发展。

第一，注重完善制度，督促在商务发展中建立完善有纪有法可依的制度体系。党的纪律是管党治党的重要依据。我们以教育实践活动为契机，修订完善相关制度，努力为商务事业改革发展建立完善管用的制度体系。一是注重把教育实践活动中形成的制度成果系统化。我们以落实中央“八项规定”为切入点，聚焦“四风”查摆和解决的突出问题，督促省商务厅制定和修订了《贯彻落实改进工作作风、密切联系群众有关规定实施细则》、《因公出国（境）管理规定》等制度，加强对《党政机关厉行节约反对浪费条例》和厅厉行节约办法等制度执行情况的监督检查，不断强化法规制度的执行力。二是注重专项治理成果的应用。我们认真研究总结开展慵懒散奢不良风气专项整治、政风行风评议活动等工作经验和做法，针对党风廉政建设工作中存在的突出问题，建立完善廉政风险防控、制约权力运行等制度，把集中专项治理的成果用管用的制度固定下来，让制度在专项治理成果基础上深入持久地发挥作用，促使广大党员干部遵纪守法的免疫力，内化为“不能腐”、“不想腐”的思想自觉，从根本上保证法规制度的执行力。

第二，强化监督检查，促进在商务管理中严格遵纪守法的运行机制。坚持树立责任意识、担当意识，积极探索执纪监督工作方式，注重抓早抓小，防微杜渐。我们针对机构改革后省商务厅职责、岗位和人员的变化，加强对商务管理权力监督制约，促进规范运行。一是加强对简政放权、转变职能的监督检查。督促省商务厅清理行政职权，制定权力清单，规范审批程序。重点加强对网上办事大厅建设运行工作专项效能监察，建立网上办事大厅审批业务办理和咨询投诉业务办理月度通报机制，倒逼提升行政效能和服务质量，促进权力阳光运行。二是加强党员干部勤政廉政的监督检查。组织开展处室“一把手”述职述廉，接受群众评议，增强党员干部的勤政廉政善政意识。加强对领导干部配偶和子女从业、房产、投资入股、到国（境）外定居等重大事项报告制度执行情况的监督，督促领导干部按照规定主动报告、如实报告。开展廉政谈话和信访监督，对涉及纪律、作风方面的问题开展信访约谈或诫勉谈话，及时提醒，及早预防。三是加强对商务活动依规守纪情况的监督检查。重点加强对出国（境）团组规模、经费预算的监督检查，发现问题及时提醒纠正。注重抓好对境内外招商、展会、政府采购等涉及财政资金项目的监督检查工作，共检查专项资金10亿元，着力防范廉政风险。目前我们正在组织开展“商务发展专项资金分配与监督管理”的课题研究，加强资金监管，确保资金安全运作。

第三，加强教育引导，促使在党员干部中筑牢从严治党的思想“基石”。注重找准从严治党的着力点，坚持把思想政治建设摆在首位，立足思想教育引导，重点解决好思想从严问题。一是开展各种形式的学习教育。我们以党组中心组学习、专题培训、支部学习等多种形式，深入开展理想信念教育、党的宗旨教育、遵纪守法教育、廉洁从政教育和社会主义核心价值观教育等经常性教育，切实纠正“从严治党”认识上存在的偏差，促使依法治国、依规治党的理念更加深入人心。今年纪律教育学习月期间，邀请省纪委副书记王兴宁为省商务厅党员干部作反腐倡廉专题辅导报告，组织党员干部参观广东省反腐倡廉教育基地接受警示教育。以案说廉、以案说纪，增强广大党员干部遵纪守法、廉洁自律的免疫力。为最大限度地降低岗位廉政风险，防止发生违纪违法行为，我们组织开展廉政风险防控教育，以规范权力运行为核心，建立健全定岗、定人、定责、定风险、定措施“五位一体”的防控工作机制。二是坚持正确舆论引导。我们创办了《广东商务纪检监察简报》，及时交流工作信息。今年来，我们派驻纪检组结合工作实践体会，在《中国纪检监察报》、《中国纪检监察》杂志、《南方日报》等报刊发表文章9篇，在《广东纪检监察信息》、南粤清风网刊登稿件6篇，传播“好声音”，传递“正能量”，较好地促使党员干部自我净化、自我完善、自我提高，为从严治党和商务工作新发展营造了良好舆论氛围。

贯彻落实依法治国、从严治党，有力地助推我省商务工作新发展。今年我省商务转型升级示范基地和流通体系建设卓有成效，外贸进出口、社会消费品零售总额平稳增长，自贸园区申报工作进展顺利，广东对外开放水平有了新的提升，营商环境有了新的优化。

坚持党要管党、从严治党，体现我们党适应时代发展要求，也为我们纪检监察机关坚持用法治思维和法治方式反腐败，提升反腐败治理水平提供了根本保证。我们将把从严治党贯穿到依纪履行监督和反腐败斗争工作的始终，紧密联系我省商务工作实际，深化“三转”，全面提高履职监督能力，坚决落实好监督责任，不断加强自身建设，为提升广东开放型经济水平，促进商务工作新发展清障护航。

（原载南粤清风网2014年12月）

04

违廉之鉴

腐败是社会的毒瘤，一起腐败案例，就是一面镜子。凡参观过省反腐倡廉教育基地，观看了贪腐案件剖析的人，大多都陷入沉思自省，这就是镜鉴作用。一个人能否廉洁自律，最大的诱惑是自己，最难战胜的敌人也是自己。如果我们每个人把腐败案例当做一面镜子，就能收到警示教育的效果；如果我们每个人筑牢拒腐防变的思想防线，保持廉洁心、平常心，就能经受住各种诱惑、腐蚀的严峻考验。以人为镜明得失。这部分是作者对典型腐败案例进行剖析的文稿，其意是敲警钟，教育人。

“蛀虫”透视

——广东省省属国有企业两宗腐败窝案警示录

（解说词）

[画外音]

国有企业，是国民经济的重要支柱和力量。长期以来，广东省国有企业为全省经济发展和社会稳定做出了重大贡献，但伴随着社会转型和国企改革深化，国企内部腐败现象呈上升趋势。近年来，企业领导人员群体窝案频频发生，就是其中的一个重要表现。

2006年至2009年底，广东省纪委和广东省国资委纪委共组织核查省属国有企业违纪线索506个，立案32件，给予党纪政纪处分189人，移送司法机关处理75人，为企业挽回经济损失达6.4亿元。

国有企业的群体腐败窝案，往往被称之为“群蛀”式案件，这些蛀虫，一旦汇成一股破坏力，搞垮一个企业，可谓轻而易举。

“去民之患，如除腹心之疾”。国有企业领导人违纪违法案件，不能不引起全党全社会的关注与重视。

案例一：省广盐集团腐败窝案

[画外音]

2008年初，广东省纪检监察机关从举报信中获悉，广东省广盐集团东莞盐业公司副总经理夏广海有涉嫌行贿受贿问题，经省纪委、省国资委联合调查发现，夏广海在任职期间伙同广东盐业运销集团的姜维彬和伍滨等人为多名盐贩违规贩运、装卸、运输私盐提供帮助和保护，并收受贿赂181万元。夏广海受贿案浮上水面，从而揭开了广东盐业系统腐败窝案的冰山一角。

经过一年的调查，省广盐集团腐败案涉及人员70多名，涉案金额达1700

多万元，由于夏广海的自首，广东省盐务局、广盐集团原来的领导班子成员中陈琼福、沈志强以及深圳盐业总公司的甘伟国、中山盐业公司的董建生、广东广盐集团的两名科长姜维彬和伍滨等都纷纷落马。这一群体腐败案，在当时成为国内盐业系统最大的窝案。

采访：省广盐集团原副总经理　陈琼福

我包庇和纵容了原广州盐业公司盐政科长姜维彬，并收取私盐贩子的保护费，我没有及时查处，反而随之任流，这样让私盐贩子扰乱了我们食盐的正常秩序。

[画外音]

据调查，1993年至2006年，陈琼福担任省广盐集团副总经理期间，时任广东盐业运销集团公司广州分公司盐政科科长的夏广海，为了得到陈琼福的提拔，先后七次贿送现金共25万元。为此，2004年，陈琼福亲自提名夏广海晋升东莞市盐业总公司副总经理。此外，陈琼福还多次收受个体运输老板的金钱和贵重礼品，并在省公司本部及下属公司报销个人消费发票，贪污公款共20多万元。

采访：省广盐集团原副总经理　陈琼福

随着认识私人老板谢国秋的开始，我的思想慢慢地发生了很大变化，看到私人老板坐的是豪华小车，进的是五星级酒楼，用钱大把大把地花，洗桑拿、进歌厅，我自己的态度逐渐变得不平和。

[画外音]

而本案的另一名主犯是广东省广盐集团董事长兼总经理沈志强，他的落马更令人啼笑皆非。

2002年，沈志强到广州市某五星级宾馆按摩时，与按摩女白丽清不期而遇，随后，两人火速发展成情人，而白丽清则在几年前就在番禺某酒店的桑拿室结识了锐奇纸品公司经理何伟文，两人也是情人关系。2006年初，为了满足情人的要求，沈志强利用职务之便，促成何伟文的公司成为省广盐集团食盐纸箱的供应商，作为回报，何伟文按照事前约定，分24次贿送65.9万元，而这些受贿的赃款全部落入双面情人白丽清的口袋中，双方属隶情人关系的这三个人构筑的行贿受贿同盟，可谓令人瞠目结舌。

采访：广东省纪委副书记　梁万里

省广盐集团系列腐败案，是省纪委2008年查处的九大案件之一，这些涉案人员要么倒在金钱与欲望的泥潭中，要么倒在石榴裙下。尽管他们犯案的动机并不新鲜，但作为国有企业的领导人，把自己推进犯罪的深渊值得人们深思。

[画外音]

在这桩省广盐集团腐败案中，个别领导为方便请客送礼和个人消费，铤而走险，违反财经纪律，私设小金库，严重损害企业的利益。深圳盐业总公司原总经理甘伟国，擅自设立了三个“小金库”，从2004年至案发，私存的资金达900多万元，中山盐业公司原总经理董建生除私设“小金库”外，还以虚开运输费、搬卸费、维修费等套现公款，用于请客送礼等开支。

案例二：省韶钢集团腐败窝案

[画外音]

2005年以来，群众多次来信反映，广东省韶关钢铁集团有限公司原董事长曾德新等人存在严重违纪违法问题，根据省委领导的批示，2008年4月，省纪委会同省检察院、省国资委、韶关市纪委等单位对此案展开调查。

在调查中发现，2000年4月，韶钢集团原供应部部长阎蜀南曾被河南洛阳籍骗子宋少军骗走9万元，在当时，韶钢松山公安分局立案侦察后，传讯阎蜀南时，他还交代了收受供应商18.2万元人民币的情况，我们发现阎蜀南收受贿赂的事实，而作为韶钢集团董事长曾德新不仅没有采取措施，还让他继续主持供应部工作，情况非常可疑。

采访：韶钢集团原供应部部长　阎蜀南

2005年，我多次要求换岗、轮岗，后来我调到一个厂里当书记的时候，很多朋友来祝贺我平安升官着落，朋友都这么说，因为，供应部在韶钢是一个风口浪尖的岗位。

[画外音]

由此，省纪委、省国资委组成联合调查组将阎蜀南受贿问题作为调查曾德新等人的突破口，经省纪委领导批准，韶关市纪委对阎蜀南迅速采取“两规”措施，经过几次谈话较量，阎蜀南交代了收受300万元并将其藏匿于韶关市浪琴居米兰楼2103房的情况。联合调查组立即果断地对阎蜀南的住所进行了搜查，现场搜出藏匿于电视柜、走廊吊顶和卫生间的非法所得的赃款及存折折合人民币1400多万元。

采访：韶钢集团原供应部部长　阎蜀南

我老婆她肯定懵了，我说过，我这个岗位，一个脚在牢房里，一个脚在这里，我平常跟老婆说过，这里是很麻烦的，跟她也说过这事，但我没说过我收了那么多钱，她确实不知道。

[画外音]

阎蜀南大量敛财的受贿事实的暴露，为调查韶钢集团原董事长曾德新、韶钢集团原副总经理黄旭明等人受贿案的突破提供了重要线索。

2008年10月17日，省纪委、省国资委果断对曾德新采取“两规”措施。据查，为了感谢曾德新当年从轻处理自己的违纪违法问题，几年间，阎蜀南多次送给曾德新合计人民币61万元。此外，曾德新这位被人们称之为“广东钢铁一哥”的领头羊，从2000年至2008年，先后收受供应商和下属单位及个人所送钱物共487万元。

采访：韶钢集团原董事长　曾德新

你帮了人家的忙，人家会感谢你，所以我可能就在这个问题上没严格要求自己，思想戒线慢慢地放松了。

[画外音]

倒在金钱关口、晚节不保的还有韶钢集团原副总经理黄旭明。2002年至2008年，在分管韶钢集团采购、销售工作和退休后担任顾问期间，黄旭明利用手中的大权，来者不拒，大肆收受多家供应商以及17个下属单位所送人民币共384万元。

采访：韶钢集团原副总经理　黄旭明

企业也说过，我们不要出事，要穿起那个防弹衣，但是我自己却打了败仗，打了一个败仗。

[画外音]

韶钢集团群体腐败案，涉案人员共101人，其中厅级干部5人，处级干部17人，科级干部9人，一般职工23人，社会人员46人，涉案金额折合人民币6968万元。收缴赃款、赃物折合人民币共6489万元。尤其是在曾德新违规批准韶钢集团累计投入2.55亿港元持有香港嘉鑫公司29.63%的股权纠纷案中，办案人员果断出击，挽回经济损失约3亿港元，深受中央纪委、省委领导的高度评价。

采访：省国资委党委书记

在韶钢集团和盐业集团发生的这一系列腐败案，使我们认识到这种群蛀式的腐败案件，既给国家造成了严重经济损失，损害了国有企业的形象，也给国有企业和广大职工造成了极大的甚至是致命的伤害。

[画外音]

这是我省近年来发生的较为典型的国有企业腐败窝案，与发生在社会基层的案件相比，两案的主犯都是国有企业的“一把手”或企业的领导班子成员和骨干，他们都是受党教育和培养多年的企业领导人，为国有企业的发展作出了一定贡献，可最终却触犯党纪国法走向深渊，其作案特点十分突出。

作案特点一：“猫”与“耗子”结盟

[画外音]

猫，一旦忘记了自己的职责，不咬耗子，那么鼠灾势必越来越猖獗，因为耗子知道是猫这个保护伞，成就了它胆大妄为的习惯。

这两宗国有企业窝案中的一批案犯，作为“一把手”或职能部门的领导，玩“猫”与“耗子”结盟的游戏，通过充当别人保护伞从中牟取暴利。

省广盐集团窝案源头，可以追溯到该案主角之一夏广海的为盐贩提供“保护”的系列行动。

据案犯交代，1999年至2001年，夏广海应盐商陈义林的要求，伙同广东省盐业总公司盐政科科长伍滨、广东省盐业运销集团广州分公司盐政科科长姜维彬，为陈义林在广州贩运装卸私盐提供“保护”，为此，陈义林分多次以“保护费”的名义贿送给夏广海160万元，夏广海将其中9万元分给姜维彬，将其中11万元分给伍滨。

作为盐业的监督管理人员，夏广海等人由于在利益诱惑面前，把握不住是非界限，像猫充当耗子的保护伞一样，以身试法，走上歧途，他们玩的这种保护伞游戏，使我省的食盐市场受到严重冲击，严重扰乱市场秩序。

韶钢集团群体腐败案也一样，它的核心人物之一是时任韶钢供应部部长的阎蜀南。他的腐败是典型的国有企业商业贿赂行为。

阎蜀南玩的“猫”与“耗子”结盟，可以说双方是互惠互利的。韶钢作为我省大型钢铁企业，需要大量的矿产资源，而全国各地一些煤炭、铁矿石等原燃材料供应商，特别是一些私营企业供应商，为了谋取非法高额利润，想方设法拉拢腐蚀韶钢集团的相关领导。在供应部这个敏感岗位上就职长达12年之久的阎蜀南，在与供应商的交往中，就长期担任着“猫”的角色，每次办成事，这些“耗子”就主动上门，献财献宝，而这“猫”不仅不拒绝，而且被“耗子”拖向罪恶的深渊。

采访：韶钢集团原供应部部长　阎蜀南

拒绝人家，就好像看不起人家一样，拿了钱财再退回人家也不好。从这方面来讲，最好的办法就是轮岗，稍微一熟悉，你想挡也挡不住，他们的办法很多。

[画外音]

在2002年至2007年间，民营企业韶关市宜达燃料有限公司总经理朱思宜和副总经理杨仲生曾多次通过阎蜀南之手向韶钢集团电厂供应大量的煤，而他们则以每吨8元的回扣给阎蜀南。

2000年4月，通过非法获取钱财的阎蜀南被执法机关调查，本来就要被绳之以法，可时任韶钢集团的董事长曾德新却跳出来为之说情，纵容了阎蜀南大肆收受私营老板钱物，使阎蜀南在犯罪道路上越滑越深，而就是这次充当保护伞角色的曾德新，从阎蜀南手中得到不薄的赃款，可他怎么也没想到最终还是没有掩盖住他与阎蜀南之间的金钱交易。

采访：韶钢集团原董事长　曾德新

回想起来，走过这段路，自己所犯的错误倒下来，只能是自己打倒自己，你不犯错误，你没有错误，就不会被打倒。

作案特点二：巧借“社会礼节”的幌子

[画外音]

巧借社会礼节收钱，是这两宗群体腐败窝案的另一特征。

从省广盐集团窝案的违纪违法人员蜕变的人生轨迹不难看出，他们之所以一步步走向违纪违法之路，跟他们平时嗜好、社交圈子是密不可分的。更与他们巧借社会礼节的幌子捞取钱财分不开。

采访：省广盐集团原副总经理　陈琼福

我是从1992年开始认识芳村宏达车队的老板谢国秋，从认识他开始，我就知道我要走上一条犯罪的道路。

[画外音]

每当陈琼福为谢国秋办成一件事时，他必定在逢年过节期间，以“社会礼节”方式贿送给陈琼福钱财，从请吃请喝到洗桑拿，从送水果到送钱物，一步步地将陈琼福拖向深渊。

采访：省广盐集团原副总经理　陈琼福

私营老板跟你交友，主要是看中了你手中的权力，而不是真心诚意地跟你交友，当你失去权力你就没用了，他也不会跟你交友了。

[画外音]

个体运输老板谢国秋在盐业可谓神通广大，上至陈琼福，下至夏广海、甘伟国、董建生、姜维彬等人均被他拉拢腐蚀，他以社会礼节的方式给他们回扣，给他们送钱物，进而玩弄他们于股掌之中，随时听其调遣，而这些腐败分子，则像“温水煮青蛙”一样，在他们享受行贿者的社会礼节之时，也慢慢地断送了自己政治前途。

而这种温水煮青蛙效应，在韶钢集团腐败窝案中显得更为突出。

从曾德新等人的口供中，我们看到，韶钢集团窝案的几名主犯对老板送钱的问题表面上装糊涂，认为那些老板是他的朋友或老乡，和他们来往并接受他们的钱物是正常的社会礼节，不是权钱交易。但行贿人朱思宜却在交代材料中写道：“我在给曾德新送钱后，曾德新对我的生意都很关照的，说明我的钱没有白送。”

采访：韶钢集团原董事长　曾德新

那些老板都是这样讲，韶钢发展了，是因为你当了董事长；韶钢发展了，我们才有发展空间，所以我们来感谢你。这个话听起来好听，后来自己开始退却了，自己自觉不自觉地慢慢接受了。

采访：韶钢集团原供应部部长　阎蜀南

过年嘛，以前送东西现在不送东西，现在拜年送红包，收了几次以后，好像心态呀慢慢习惯了，大家都是这样的，你不收人家说你是精神病。

[画外音]

为了心安理得，曾德新等人往往在中国传统节日春节和中秋收受钱财，他们不仅接受供应商的行贿，还接受集团下属单位逢年过节送来的红包，打着“社会礼节”的幌子，来掩盖收受贿赂的真相。

据案犯韶钢集团原副总经理黄旭明交代，“韶钢有个潜规则，逢年过节下属各单位都要向领导送红包”。在给黄旭明送钱的单位中，就有韶钢集团十七个部门之多，在当时腐败之风可想而知。

近年来，我省发生的国有企业腐败案之所以屡禁不止而且呈上升趋势，原因是多方面的。

一是制度缺失　监督乏力

[画外音]

2005年之前，省盐业系统没有统一的财务制度，计划管理制度也不健全，运输业务外包也没有相应的制度规范，这种情况使某些意志薄弱、动机不纯的人员有机可乘、有隙可钻。

采访：省广盐集团原副总经理　陈琼福

我主要是贪婪，第一贪婪，第二是侥幸，第三是有权不用到退休没用。总想赶在退休之前大捞一把。

[画外音]

省广盐集团承担着保证我省食盐供应和维护食盐安全双重责任，但我们这支队伍中的个别害群之马，置自己的职责和人民群众身体健康于不顾，收受贿赂，护私放私，大量冲销食盐市场，造成了极其恶劣的社会影响。

在韶刚集团，许多管理机制和制度存在漏洞，曾德新等人奉行“人制”的管理理念，执行“双重”的考核标准，演绎“双面”的贪婪人生，肆意践踏了韶刚集团建立的经营运作机制和管理制度，特别是在用人制度上存在一些滋生腐败的空隙，一些关键岗位让一个人担当十二年之久，这势必为腐败分子提供了堕落的温床。

采访：韶钢集团原供应部部长　阎蜀南

人家送钱，全部看你这个岗位，送的是你这个岗位，不是看你这个人，对自己对大家好的话，就是要尽量轮岗，你不在这里，马上就没了，像我已离开这里，就没有人送你一分钱。

二是滥用权力　独断专行

[画外音]

“一把手”滥用职权难于监督，也是国有企业腐败案易发多发的重要原因。

省广盐集团原“一把手”沈志强，在盐业纸箱招标时，为达到个人目的，直接操纵招标，而无人质疑。而在集团内部，监督不到位，下级怕得罪上级不敢监督，导致沈志强为所欲为，从而走上犯罪道路。

韶钢集团在谋求发展的同时，对企业领导人员和重要岗位人员的权力监督不到位，或者说企业领导人员滥用权力、独断专行。

采访：韶钢集团原副总经理　黄旭明

像他这样的人，头衔很大，生意也很大，在这个地区的影响也大，另外，他还是我的直接上级，是我的董事长，如果他不出事，我根本没有足够的胆量说出他的那些事。

[画外音]

对于经营国有企业，曾德新一直充满信心，在多次的公开场合上讲到：“搞好一个企业，靠一个人不行；搞跨一个企业，一个人就足够了”，这个人就是企业“一把手”。

说得比唱的好听的曾德新并没有逃过金钱这一关口，在他眼里，“红头文件不如‘一把手’的笔头批示，规章制度不如‘一把手’的口头指示！”正因如此，他在2004年6月，未经领导班子集体讨论，擅自批准2亿多人民币资助给与韶钢集团合作的某公司进行资金周转，险些造成巨额资产流失。

采访：韶钢集团原董事长　曾德新

权力是烫手的，权力是不能乱用也不能滥用，用好了对企业有利贡献，也能体现自己的价值，假如用不好，就既损害了企业也毁了自己。

[画外音]

曾德新的表白深刻揭示了他自相矛盾的权力观，台上台下判若两人的他，扮演着不同的角色，演绎着双面人生，从而一步步走向堕落腐化。

三是信念滑坡　贪欲膨胀

[画外音]

这两宗群体腐败案的主案，他们身居高位，有优厚的年薪，可以说是衣食无忧。然而，正是这些受党组织培养多年、年薪数十万的企业领导人或高管，反而在金钱方面没有很好地约束自己。

采访：省广盐集团原副总经理　陈琼福

按我的年薪，每年是38万到40万，5年后退休还有200万，而我现在受贿贪污的才70多万，如果算这笔帐来讲，那肯定收入的多，但是还是思想作怪，还是想多捞一点额外收入。

[画外音]

理想信念动摇，致使一些国有企业领导人员走向堕落，贪欲膨胀，导致越陷越深。

省广盐集团的沈志强41岁已是正师级干部，转业后曾在地方创造过短暂的辉煌，但因一念之差，贪恋美色，最终成为阶下囚。陈琼福、夏广海等人最擅长的是收受贿赂护私放私，最惬意的生活方式是吃喝嫖赌，由此可见，放松世界观的改造，理想信念发生动摇，是他们蜕化变质进而腐败的内因。

曾德新、黄旭明、阎蜀南都曾是广东钢铁界的有功之臣，可一旦理想信念滑坡，心中的邪恶就会战胜自我良知，种种贪欲就会如决堤之水汹涌而来，最后是将人的良知冲入罪恶的深渊。

在曾德新的交代材料中，我们看到这段话："在最后两年，我思想放松了要求，也觉得他们是真心实意的，所以也就留下来了。"从中看出，由于曾德新等人私心日益膨胀，特别是在临退休时，抱着"大捞一把"的心态，大肆收受私营老板财物，哪里还谈什么理想信念，掉进腐败泥潭也就不足为奇了。

采访：韶钢集团原董事长　曾德新

党和组织上那么培养和重视我，但最终自己犯了错误，我有这么个结果，给企业特别是给组织上蒙受了损失，我自己后悔莫及，辜负了组织对自己的期望，对不起党和组织的培养。

[画外音]

国有企业的领导人，是党培养多年的企业骨干，他们却为蝇头小利和糜烂的生活方式而毁掉了来之不易的政治生命，既损害了企业利益，还伤害了自己的家人。

采访：省广盐集团原副总经理　陈琼福

我自己的老母亲生我养我不容易，她希望自己的儿子光宗耀祖，可我现在对不起她老人家，也对不起列祖列宗。

采访：韶钢集团原供应部部长　阎蜀南

没进来之前，睡不好，吃不香，总想到总有一天会出事。

采访：韶钢集团原董事长　曾德新

像我这个家庭，儿女的成长我爱人付出了心血，我一心扑在事业上，家庭子女的教育都是我爱人承受，应该说（她为我）做出了很多牺牲，我对不起她。

[画外音]

“物必自腐，而后虫生”。

腐败，就像吸食鸦片，令意志薄弱者上瘾，欲罢不能。腐败，就像慢性病毒，它在不知不觉中让贪欲者蜕变成“罪人”。

省广盐集团和韶钢集团系列腐败案的违法违纪人员，大部分都是走过一段完好人生路，但为了满足自己的贪婪之心，不但自己贪赃枉法，还上蹿下跳，贿赂领导，拉拢同事，有的甚至滥用权力，造成了国有企业资产的大量流失，同时也严重地影响了国有企业持续健康发展。

采访：省国资委纪委书记　吴广明

省广盐集团和韶钢集团这两宗腐败案的查处，告诫我们国有企业反腐倡廉任务依然繁重，查办国有企业大案要案，就是为了有效防止和避免国有资产损失，维护国有资产安全和保值增值。

[画外音]

近年来，在省纪委的正确领导和组织协调下，在查处韶钢集团腐败案件中，省纪委四室、省国资委纪委、省检察院通力协作，成功为省韶钢集团追回在境外公司投资的2.71多亿元款项，被企业和职工誉为“国有资产守护神”，中央纪委和省委、省政府、省纪委主要领导同志给予了充分肯定和赞扬。

腐败与我们党的性质和宗旨是水火不相容的，在查处沈志强、曾德新等人受贿案的过程中，我们发现，强化“一把手”的有效监督，规范企业领导人员的用权行为，加快推进国有企业惩治和预防腐败体系建设是当前一项重要工作任务。

采访：省国资委主任　温国辉

省国资委作为履行国有资产出资人职责的部门，要进一步深化国有资产监督管理体制机制的改革，完善法人治理结构，从根本上解决重大决策“一把手说了算”的问题。同时要重点加强对企业领导班子、领导人员和关键岗位人员的监督，促进企业有效开展内部控制和风险监督工作，最大限度地减少腐败现象滋生的土壤和条件。

[画外音]

国有企业反腐倡廉，任重道远。

最近，广东省纪委、省委组织部和省监察厅、省国资委共同制定颁发了《广东省贯彻执行〈国有企业领导人员廉洁从业若干规定〉实施细则》，进一步明确了我省国有企业反腐倡廉工作的重点领域和关键环节，切实加强对国有企业领导人员执行廉洁从业规定的监督和管理，切实做到预防为先、关口前移。只有从源头上铲除腐败滋生的土壤，国有企业才能在风清气正的大好环境中得到科学、健康的发展。

（此文为2010年广东省纪委、省国资委联合制作警示教育片《“蛀虫”透视》解说词，与吕岛合作，原载《国企清风》2010年第2期）

蛀虫之噬

——透析广东新广国际集团有限公司国有资产重大损失案

国狗之瘈，无不噬也。

——《左传·哀公十二年》

楔子

2008年1月，广东卫视做了个大型谈话节目叫《赢家》，其中有一期现场专访的人物就是时任广东新广国际集团有限公司（以下简称新广国际集团）的董事长、总经理吴日晶，标题叫做“留的精彩，走的华丽”。

当今天再回头欣赏那些台词和表演，地球人全都忍不住笑了。在《赢家》谈话中，主持人问了吴日晶几个问题，原文如下：

主持人：最喜欢做的事是什么？

吴日晶：外经事业。

主持人：最喜欢的运动是什么？

吴日晶：下棋。

主持人：最喜欢唱或者听的歌是什么？

吴日晶：《纤夫的爱》。

主持人：最欣赏什么样的人？

吴日晶：我的太太。

主持人：最欣赏的一句话是什么？

吴日晶：你好我好大家好。

主持人：最喜欢别人怎么称谓你？

吴日晶：老弟。

主持人：您对自己的家庭角色打多少分？

吴日晶：一百零一分。

这些感动人心的即兴台词，将随着本文的展开成为经典的黑色幽默……

三年之后，也就是2011年10月11日上午，吴日晶再次站到公众视野，不过这次他是因为涉嫌受贿、挪用公款、行贿等违纪违法犯罪在中山市中级人民法院开庭审理。这时的吴日晶，表情黯淡，神色木然，但精神状态尚好。他在法庭做最后陈述时的一句话惊醒了旁听席上的耳朵。吴日晶称自己已经悔罪并退赃，希望法官能从轻发落，他哀求道："给我一个机会，不要让我死在监狱里！"

第一部分　案情追踪：国企是怎样被啮噬成黑洞的？

金融危机掀开腐败黑洞

2009年初，一场由美国次贷危机引发的金融海啸席卷全球，正当广东省众志成城、全力抗击金融危机的时刻，省属国有企业新广国际集团却突然爆出了存在巨大的资金黑洞，经营陷入困境。

面对这个情况，省国资委领导非常焦虑，经过进一步地了解，发现新广国际集团因违规代开信用证造成资金链断裂，企业到了存亡攸关的境地。这个情况立即引起了省委、省政府的高度重视和关注。是年5月，省纪委会同有关部门对新广国际集团重大资金损失问题展开调查，揭开了吴日晶用华丽外表掩盖的层层黑幕。

新广国际集团原董事长吴日晶，原董事、副总经理章望生，原财务部总经理冯志标，属下海外建设集团原总经理耿珺等人，与社会人员内外勾结，贪污受贿、失职渎职、诈骗和挪用银行和企业资金，导致国有资产遭受重大损失达22.94亿元，另有13.64亿元存在损失风险。这家总资产曾一度高达40亿元，承担我省对外经济技术合作、建筑工程总承包等重要任务的国有企业，因这些蛀虫的吞噬而变得枝叶凋零，病入膏肓。

上任伊始拉起"兄弟帮"密谋套现国资

吴日晶平素喜欢称兄道弟。这位1951年出生的茂名电白人，曾担任过广东海外建设总公司党委书记、总经理，新广国际集团副总经理、总经理。2006年始出任新广国际董事长、党委书记，并代理总经理职权，集"三权"于一身的他成了集团名副其实的"一哥"。

2006年底，吴日晶特地叫上他圈子里的几个兄弟在潮景酒家聚会。参加这次聚会都是他认为自己用得上的哥们。其中有，广东新广国际房地产公司副董事长陈建春、民营企业广东中南创展公司董事长陈自业，也有他的财务总经理冯志标，这些人都是经吴日晶一手提携的圈子里的“兄弟”。

席间，吴日晶显得极为诚恳，他说道：“兄弟，我上任董事长了，大家一起做事吧，陈自业是私人老板好出面，你们两个是国企的不好出面，你们就跟陈自业想办法，就利用新广国际集团的资源，挪点钱给我们几个用，做项目。”

经过密谋，三人对吴日晶的意图心领神会，很快就想到以信用证套取企业资金，为中饱私囊鞍前马后出谋划策。

自买自卖，利用信用证支付套取现金

后来，照吴日晶自己的交代：“当时呢，应该说是想通过这个方面，把国有资产的钱，通过钱去赚钱，赚了钱以后呢，先照顾小团伙，照顾他们发财，自己也可能会得到一点。”

信用证支付具有一定的还款周期，看中这点，吴日晶为达到目的，在新广国际集团属下已经有贸易公司，且经营正常，每年最高盈利近千万元的情况下，成立了新的广东新广国际贸易公司，接手集团大部分国际贸易业务。不仅如此，吴日晶还将新公司拱手相让，交由陈自业承包经营。新广国际集团每年提供5亿元的信用证额度供其使用，而陈每年只需上缴600万元的管理费。

2007年年底，吴日晶、陈建春、冯志标、陈自业等人如愿以偿，成功控制了新广国际贸易公司，并开始经营电解铜业务，然而其业务流程和资金流向十分反常。货物始终在新广国际集团、中华资源、香港恒天等几家企业中自买自卖，而从新广国际集团通过信用证支付的货款却经过这种虚假贸易、体内循环的方式反复腾挪，变成真金白银后，最终又汇回了自家账户，达到了套取资金的目的。据吴日晶自述，他们用贸易的名义，骗取银行的信用证、信用额度，套出现金，供陈自业使，总共挪用达3亿多元。

为继续套取资金，并掩饰信用证和银行贷款带来的巨大资金缺口，2008年至2009年初，经吴日晶同意，冯志标等人具体操作，新广国际集团与海峻化工、中南创展等民营企业通过签订虚假贸易合同，向8家国内银行骗开27笔银行承兑汇票，涉及金额10.94亿元，并利用第三方贴现手法，套取承兑汇票项下款项，填补信用证和贷款资金缺口。

经查，自2006年起，通过采取签订虚假贸易合同、虚构贸易项目的方法，吴日晶等人先后从国内10余家银行骗开169笔远期信用证和27笔承兑汇票，共套现40多亿元挪用给海峻化工、明盈投资、中南创展等多家民营企业使用。至案发时，新广国际集团被上述民营企业占用资金人民币达13亿元，其中11.14亿元因陈自业等人潜逃国外已无法追回，造成国有资产重大损失。

这些人之所以能如此肆无忌惮地套取资金，除了吴日晶大权在握一手操纵之外，还因为集团副总经理章望生的顺水推舟，助纣为虐。从2002年开始，吴日晶就陆续以各种名义向其示好，并最终将其拉下水。

向下属送钱培植贴心跟班

新广国际集团还有一个令人匪夷所思的怪现象，就是吴日晶向他的下属送钱。

原董事副总经理章望生交代："他通过各种名义，比如说过节给过节费，我要购房啊，帮帮我，还有平常打麻将，他也拿一些钱出来玩……从2002年一直到2008年，总共加起来给了我108万元。"

也正是通过这种手段，章望生成了对吴日晶言听计从的傀儡。

得到好处的章望生，在既没有按规定报请省国资委批准，又没有经过新广国际集团董事会研究决定的情况下，就与吴日晶擅自决定，对没有任何资产抵押的海峻化工等民营企业提供需负连带责任的对外担保共10.18亿元。这些民营企业资信由于出现严重问题，给新广国际集团带来了巨大的连带损失风险。

2008年年底，国际金融危机愈演愈烈，电解铜期货价格直线暴跌，这让套取资金后用来经营的电解铜业务血本无归，而长期骗开信用证和银行承兑汇票所带来的资金窟窿也如溃决的堤口，越开越大。

饮鸩止渴，借民企"高利贷"补窟窿

为掩盖挪用巨额资金无法回笼的问题，防止新广国际集团经营资金链断裂，自知闯下大祸的吴日晶不惜饮鸩止渴，竟向广州市的11家民营企业或个人借起了"高利贷"。其中，仅借李某个人高息借款1.15亿元人民币就支付了5600万元利息。

由于偿还债务不及时，一次酒宴后，吴日晶、章望生两个企业领导人员刚出酒店大门，还被一帮小混混堵在了门口要债，情形十分尴尬。

现已查明，吴日晶亲自出面或授意冯志标等人，在未经集团领导班子集体讨论决定、未履行任何报批手续的情况下，至2008年底，共借下高利贷4.18亿元，年息最低48%，最高达69.3%，新广国际集团为此额外支付高利达7100万元。而吴日晶在借高利贷时也没忘为自己捞取好处，其中仅李某就送给他150万元好处费。

荒唐合作，有利润截留自肥遇亏损国企顶包

除了直接套取企业资金，在新广国际集团，还存在着一种荒诞不经的投资模式，项目赚钱了，就会有民企老板前来承包、合作，把利润吞走，项目亏损了则由新广国际集团自己顶包。而在这背后，则是吴日晶等人坐庄获取巨额“回报”。

安徽宣城鳌峰东路项目是新广国际集团在众多投资中难得的几个收益可观的项目之一，新广国际集团先后在其中投入了2亿多元。然而，正当该项目开始创效益时，吴日晶、冯志标却与南京新海达公司董事长关某密谋，将该项目交由关来承包，并同意将关的公司挂靠在新广国际集团名下，由新广为其提供运作资金。但事成后，因迟迟不见关有所表示，吴日晶便主动向其索要2500万元。

上梁不正下梁歪。在宣城项目中，副总经理章望生收到了关某的好处费8万元，财务部原总经理冯志标因在划拨资金上提供了便利，也收到了关某送上的500万元贿款。

2004年，茂名人邓某通过关系找到吴日晶，说自己在江门有一个红日御林山庄项目要开发，希望新广集团前来投资。该项目本由当地人黄某拿地，并向银行做了抵押贷款，与邓某毫无瓜葛，可吴日晶与章望生为了私利，不核实，不考察，仅凭邓的一面之词，就同意与其合作开发，并从新广国际集团账户划拨了5000万元开发该项目，批准预支1500万元工程款和备料款给邓使用。而这1500万元，邓除行贿吴日晶140万元、章望生52.5万元、冯志标100万元外，其余款项被其挥霍一空。时至今日，御林山庄仍是杂草萋萋，一片荒凉，令人愤懑。

吴日晶等人的行为严重败坏了企业风气，带坏了一批企业领导人员。现查明，在新广国际集团重大资产损失案中，共有12名内部人员涉案，其中集团领导2人，集团中层领导6人。吴日晶共索要或收受贿赂人民币2698万元、港币10万元；原副总经理章望生索要或收受贿赂202万元以及一个价值22.61万元的高尔夫球证；原财务部总经理冯志标贪污受贿2400万元；新广国际房地产公司原副董事长陈建春受贿人民币611万元、港币10万元。

等待他们的将是法律的严惩。

第二部分：反思之痛：国企坍塌之后，谁是赢家？

人们屈指一算，吴日晶从正式出任新广国际集团董事长到走上审判席，只经历了5年时间。5年，他无所不用其极，大厦竟被噬空，吴日晶以及他那些撇不清干系的利益关联人都将受到法律的公正审判，将用昔日的短暂快乐换取今后有生之年漫长痛苦的煎熬，是得耶？是失耶？是赢耶？是输耶？其意自明。

党性德性缺失，如“带头大哥”恣意妄为

当个人权力达到高峰时，吴日晶甘为腐败王国的“带头大哥”，个人世界观和价值观发生了严重畸变，党性德性荡然不存。

广州大学某学院项目是新广国际集团成立后接到的第一个大工程，因集团刚成立，好不容易才拿到银行贷款，但当项目实施时，大家才发现，包工头竟是吴日晶的弟弟吴某。吴日晶也不避嫌，他不仅经常到工地现场指导施工，甚至还以公司的名义直接和吴某签订了分包协议。

除对亲兄弟予以特殊关照外，对圈里的小兄也大施恩惠。2006年，吴日晶在密谋如何套取国企资金时，就给他们开出了高额许诺。据冯志标证实，吴日晶与陈自业商定，按冯某挪用公款的15%回报其好处费，并承诺在冯志标退休之前为他争取个副厅级待遇。冯自2000年从新广国际集团下属企业调入总公司财务部，手握财务大权，以为吴日晶有知遇之恩，故铁杆追随，唯命是从，做下种种勾当。

监督体系架空，如平原跑马信马由缰

据新广国际集团董事、纪委书记陈冰峰回忆，2007年的时候，他刚履任新广国际集团的纪委书记，吴日晶专门找他谈了一次话。吴这样说：“我们（实指自己）这一级的监督是上级纪委，不是你这一级的纪委书记，你刚刚当纪委书记，可能不明白这个，还不懂，还要学习。”

吴日晶如此煞有介事，满嘴荒唐言，其目的就是要脱离组织的任何监督形式，以便于他恣意行使公权力。据冯志标交代：“什么事情都是吴日晶、章望生他们说了算，签了字就可以划过去（钱），很多事都没有经过董事会和经营班子。”

按照“三重一大”制度，国有企业向银行贷款、担保等重大事项，必须经过董事会讨论决定，但吴日晶等人在办理贷款担保时却反其道而行之，先由相关业务人员根据银行要求拟好董事会决议，再要求各董事签名。以至新广国际集团每次向银行出具的董事会决议都五花八门，董事签名也多有空缺。

诚信意识无存，如闹剧上演蒙骗欺瞒

凡贪官，皆为“双面人”，人前人后的嘴脸各不相同。据说，吴日晶在国资委领导面前一贯表现得敦厚可信，但背地里却是另外一回事，譬如呈送给监管部门的财务账簿却是冯志标请外面的财务公司经过精心处理的；再如他还授意手下签订虚假贸易合同，骗取银行的信用证、信用额度，以套出现金自肥，等等，弄虚作假的手段可是挖空心思。

记得吴日晶在接受广东卫视访谈的时候，他慨然表示，他“最欣赏的人”是他太太，他对自己的家庭角色满意度“打了一百零一分”。当真相揭开的时候，人们才发现，吴日晶自1994年起至案发时的15年间，长期包养重庆籍女子朱某和安徽籍女子王某作为情妇，其间两个情妇还共为他生育了5个非婚生子女。他的贪婪所得有不少就是流向这两个情妇的腰包。据统计，吴日晶累计为他们提供生活费和购房款人民币达400多万元。

人事管理失察，如混世魔王尸位素餐

如章望生，自2000年起调任新广国际集团董事、副总经理，作为公司的二把手，分管工程、投资、物流、贸易等重要事务，但当办案人员问起具体业务时，他却一问三不知。甚至干脆以检查海外工程进度为名，跑到国外逍遥快活。据反映，章望生一年竟有200多天在外出差，而其中很多实际是外出旅游，落得过逍遥自在。这也是该公司乱象群生的根源。可以说，章望生对新广国际集团因信用证诈骗造成的13亿元贸易损失、9.23亿元经营和投资损失、7100万元的高息借款利息损失，以及骗取银行贷款等等问题，都负有不可推卸的领导责任。

制度管理失控，如牛栏关猫贪欲恣行

在新广国际集团重大国有资产损失案中，制度建设形同虚设也是其成因之一。吴日晶的违纪违法行为，没有财务部总经理冯志标的为虎作伥、紧密配合，无论如何也无法实现，而为实现自己捞钱的目的，在吴日晶操控下，6年内就更换了3位财务部总经理，让冯志标戴上官帽 ，许以厚赏，使其成为死心塌地的“自己人”。因此，必须探索建立符合我国国情的国有企业法人治理模式，建立董事会决策事项的确定、执行、监督、反馈等一系列制度、重要决策，关键人员任免不能一个人说了算；必须把严格执行“三重一大”集体决策制度作为重中之重，切实抓好落实和监督检查，构筑不能腐败的制度防线；必须以推进企业制度建设和创新为重点，切实完善企业领导人员廉洁从业制度体系，突出重点领域、重点岗位和重点人员，尤其要加强对资金调拨使用的监控，制定明确具体的防控措施。财务是企业的心脏，资金是血液，探索建立国有企业财务主要负责人，由上级监管部门委派的机制，形成“事事有制度覆盖、人人受程序约束”的监管局面。

【点评】人说头顶三尺有神明，神明是什么？其实，就是你此生逐步参透的人生观、价值观和道德观。作为党员领导人员，你还有党性党纪；作为社会公民，你还有法律德操。所谓神明，还有一层意思，它会像一双无形的眼睛，看护着你、警示着你：不要丧失敬畏之心，不要高估自己的智商，不要过把瘾就死。唯其如此，你才不会最终站在正义的审判台上凄凄哀求：“不要让我死在监狱里！”

（原载本人主编《警醒与沉思：广东国有企业典型腐败案例盘点》，2012年广东旅游出版社出版）

新广国际重大经济案剖析报告

编者按：2009年5月至2010年7月，在广东省委、省政府领导下，广东省纪委会同有关部门严肃查处了广东省新广国际集团有限公司（以下简称新广国际）重大经济案件。经查，新广国际原董事长、党委书记吴日晶，原副总经理章望生，财务部原总经理冯志标，属下房地产开发有限公司原副董事长陈建春，属下海外建设集团有限公司原总经理耿珺等与社会人员内外勾结，通过信用证诈骗等手段，以新广国际的名义骗取巨额银行资金挪用给民营企业使用，同时违规向民营企业提供需负连带责任的对外担保，导致国有资产损失达22.94亿元人民币（以下未标明币种的均为人民币），另有13.64亿元存在损失风险。全案查处责任人员和涉案人员共151人，27人被移送司法机关追究刑事责任。其中，吴日晶贪污受贿2858万元；章望生索要或收受贿赂202万元以及一个价值22.61万元的高尔夫会员证；冯志标贪污受贿2400万元，配合吴日晶挪用公款2.38亿元；陈建春受贿611万元、港币10万元；耿珺伙同下属贪污公款2233.406万元。

这起严重违纪违法案件，涉案金额巨大、人员众多，影响极为恶劣，严重侵害了国家、企业和人民群众的利益，败坏了社会风气，损害了党和政府的形象。最近，广东省纪委、省国资委组成联合调研组，对该案进行了认真剖析，形成了《关于广东省新广国际集团有限公司重大经济案件的剖析报告》，就案件特点、发生原因以及教训启示等进行了深刻的分析和总结，对广大党员干部特别是国有企业领导人员以及相关监管部门具有重要的警示意义。

该剖析报告，中央纪委、广东省纪委先后印发了通报，中央纪委和省委、省政府主要领导高度重视，并作了重要批示。经省纪委领导批示同意，现予以刊登，希望全省各国有企业领导人员一定要从新广国际重大经济案件中汲取深刻教训，严格执行《中国共产党党员领导干部廉洁从政若干准则》和《国有企业领导人员廉洁从业若干规定》，不断提高廉洁从业的自觉性；严格执行“三重一大”集体决策制度，规范决策行为，提高决策水平，防范决策风险；

切实增强监督意识和民主意识，自觉接受党组织和职工群众的监督。要积极推进国有企业制度建设和创新，完善现代企业制度和公司法人治理结构，健全企业领导人员述职述廉、重大事项报告、诫勉谈话制度以及任期经济责任审计和责任追究制度，建立健全企业民主管理制度、企业党建工作责任制，科学配置企业决策权、执行权和监督权。企业党组织要充分发挥政治核心作用，在抓好企业改革发展的同时，切实抓好国有企业党风建设和反腐倡廉工作，加快推进适合国有企业特点的惩治和预防腐败体系建设。要建立健全企业纪检监察机构和监事会、巡视（巡察）、法律、审计、工会等单位的联席会议制度和信息沟通机制，形成监督工作合力。全省各国有资产监管部门要切实履行出资人作为监管主体的职责，强化对企业领导人员特别是主要负责人的监督和管理。各级纪检监察机关要深入研究新形势下国有企业反腐倡廉建设的特点和规律，创新工作方式方法，加强对国有企业党风建设和反腐倡廉工作的指导，严肃查办国有企业领导人员违纪违法案件，为国有企业改革发展稳定提供坚强保证。

2009年5月至2010年7月，省纪委会同有关部门严肃查处了新广国际集团公司以下（简称新广国际）重大资金损失案。该案是一起国有企业领导干部与社会人员勾结，实施金融诈骗、贪污挪用、侵吞国有资产的严重违法犯罪案件，导致国有资产遭受重大损失达22.94亿元，另有13.64亿元存在损失风险。新广国际董事长吴日晶除严重失职渎职、滥用职权外，还挪用公款及贪污受贿2858万元。全案查处责任人员和涉案人员共151人，其中有27人被移送司法机关追究刑事责任。

一、新广国际重大资产损失案的主要特征

（一）内外勾结，团伙性掠夺国有资产。新广国际董事长吴日晶独揽企业人财物大权，在一些重要岗位，如集团副总经理、财务总经理、重要二级公司负责人等位置上安插自己的亲信。与新广国际合作的民营企业老板也大多是吴日晶的亲兄弟或“小兄弟”，由此形成以吴日晶为首的经济犯罪团伙。自2006年起，吴日晶与新广国际房地产公司副董事长陈建春、新广国际财务部总经理冯志标、广东中南创展集团公司（民营企业）董事长陈自业等人密谋，采取签订虚假贸易合同、虚构贸易项目的方法，先后从国内10余家银行骗开169

笔远期信用证和27笔承兑汇票，共套取40多亿元挪用给海峻化工、明盈投资、中南创展等多家民营企业使用。至案发时，新广集团被上述民营企业占用资金人民币达13亿元，其中11.14亿元因陈自业等人潜逃国外已无法追回。

（二）损公肥私、对外投资严重亏损。吴日晶等人利用手中掌握的资金使用权和投资决定权寻租，表面上是为企业找项目、谋发展，暗地里却为自己谋取私利，不顾企业收益、投资安全，造成新广国际多个投资重大亏损。新广国际投资的江门红日御林山庄、清远嘉源、安徽宣城、广州滨江东、巴基斯坦住宅小区、新疆康普钻苑、山东滨州公铁路桥、成都天成立达投资公司等项目，未收回投资及回报高达3亿多元。但吴日晶等人却从这些项目中得到巨额“回报”。如吴日晶、冯志标利用安徽省宣城BT项目分别受贿2500万元和500万元，利用红日御林山庄项目分别受贿140万元和100万元。

（三）违规担保，造成巨大连带损失。吴日晶、章望生等人在既未按规定报请省国资委批准，又未经过集团董事会研究决定，在没有任何资产抵押等保障措施的情况下，擅自决定由新广国际以海峻化工等民营企业提供需负连带责任的对外担保共10.18亿元。目前这些民营企业资信已出现严重问题，新广国际作为担保单位必须共同承担债务，造成巨大连带损失。此外，由于吴日晶收受下属广东海外集团有限公司（以下简称海外集团）原总经理耿　的贿赂，对下属单位没有进行有效监管，目前新广国际集团承接的巴基斯坦项目资金链已经断裂，合约已经中止，现业主方提出的诉讼索赔达12亿元，国有资产遭受巨大损失的风险。

（四）贪污受贿，利用经营活动中饱私囊。在企业经营活动中，吴日晶等人大肆贪污挪用公款，利用职权索贿受贿。经查，吴日晶共索要或收受贿赂人民币2698万元、港币10万元；集团原副总经理章望生索要或收受贿赂202万元以及一个价值22.61万元的高尔夫球证；集团财务部原总经理冯志标贪污受贿2400万元；新广国际房地产公司原副董事长陈建臻受贿人民币611万元，港币10万元；海外集团原总经理耿　伙同海外集团投资发展部原项目经理张征滔、海外集团高明污水处理有限公司原副厂长黄彬等人共同贪污公款2233.406万元。

（五）生活糜烂，严重违反社会主义道德。吴日晶等人道德败坏、生活腐化。如吴日晶自1994年起至案发时长期包养多名情妇，期间两个情妇还为其生育五个孩子，为了保障两个情妇的需求和孩子的生活费用，吴日晶先后为他们提供生活费和购房款累计人民币400多万元。

（六）后果严重，造成恶劣社会影响。广东新广国际集团有限公司是省国资委监管的大型省属国有企业集团之一，总资产40多亿元，属下有30多家全资及参股子公司，是广东省开展国际经济技术合作的主要企业。但由于吴日晶、章望生、耿珺、冯志标等人的群体性违纪违法行为，使该集团从资产优质、运转健康陷入至严重亏损、资金链断裂、几乎破产的困境，给国有资产造成了重大损失。新广国际案发前在巴基斯坦、尼日利亚和沙特等国均有重大工程项目正在建设，案发后由于资金链断裂导致有的项目停工，一些当地工人拿不到工资而聚集在我国大使馆门口抗议，造成了严重不良影响。

二、新广国际案暴露出来的深层次问题

表面看，新广国际案只是一个偶然发生的个案，但是它暴露出了国有企业监管难这一普遍性的问题，尤其是对境外国有企业和国有企业境外投资的监管，目前尚没有找到有效的监管对策。该案的一些深层次问题值得我们深思。

（一）一个公司三套财务报表，财务监督形同虚设。据吴日晶、冯志标交代，新广国际财务部一般每年要准备三套财务报表，一套上报给省国资委，按照“利润增长”的需要适度作假；一套提供给银行等金融机构，用于贷款和融资，为迎合银行信贷资质审查几乎要全部作假；第三套留在公司，是真实财务报表，亏损得一塌糊涂。一个公司三套报表，这也反映了当前部分国有企业存在的现实问题：明明是亏损甚至严重亏损，但为了应对上级的检查、银行的信贷及企业主官的“业绩”表现，不惜严重造假而主管部门却一无所知，暴露了我们监管上的严重问题。此外，新广国际集团财务系统管理与企业规模、经营运作极不相适应，财务制度不健全，财务资料严重不全；很多会计事项反映不真实，内部之间往来账目很多对不上账；财务核算随意性大，巨额债权债务没有入账现象普遍存在。

管理的混乱为吴日晶等人违规经营并从中谋取私利创造了条件，他们一手把持大额资金运作，将业务往来的资金在新广国际和许多私营企业之间随意划拨、转来转去，“把水搅混”以便从中渔利。如吴日晶、冯志标、陈自业合谋将宣城新广国际实业发展有限公司归还新广国际集团的1.8亿元借款转付到中南创展陈自业所属公司名下，再从中南创展以往来款名义将1.8亿元划回新广国际，几经回合，竟制造出新广国际欠中南创展3200万元的账面假象，再由冯志标指令新广国际贸易分公司财务将3200万元划给中南创展，实现了挪用公款的目的。又如，吴日晶私人向陈某借款100万元，后新广国际资金运转困难向陈某借款，吴日晶便将自己的私人借款转嫁为新广国际的借款。更令人匪夷所思的是，在新广国际资金链发生问题的时候，这家省级国有企业竟然还曾向黑社会借高利贷来弥补亏空。

（二）假投资真敛财，项目越多亏损越大。项目亏损了，由新广国际自己扛；项目赚钱了，就会有民营企业老板钻出来通过“承包”、“合作”，把利润吞走。这种荒诞不经的“投资”模式一再上演，成为吴日晶等人挖国有企业墙角的拿手好戏。如安徽宣城BT项目，新广国际先后投资2亿多元，是一个收益前景较好的投资项目。然而，正当该项目开始创效益的时候，吴日晶、冯志标等就与民营企业南京新海达实业有限公司董事长关邦勋密谋，将该项目交给关来承包，新广国际作为被挂靠方，不但提供资质支持，还提供巨额资金供项目运作。就这样，在个人私利的驱动下，经过吴日晶、冯志标、关邦勋等人的“共同努力”，终于把这个发展前景和经济效益较好的项目拱手让给了私营企业主，而新广国际投入大量人力物力和2亿多元资金，得到的回报只有几百元“挂靠费”，连投资本金都收不回来。事后，吴日晶私下向关邦勋索要了2500万元巨款给其弟弟吴日成使用，冯志标也收取了关邦勋500万元“好处费”。

如此荒诞不经的投资模式，如何能一再上演呢？这与国有企业领导权力过大而又得不到有效监督制约密切相关。新广国际集团董事会仅3至4人，法人治理结构不完善，吴日晶不仅是新广国际集团的董事长，还是公司党委书记，同时长期代行总经理职权。“三权”集于一身，使吴日晶拥有了说一不二的“绝对”权威。此外，企业党的建设形同虚设，党委内部基本没有过正常的组织生活，民主集中制实际等于一句空话，企业重大决策都由吴日晶个人说了算，吴日晶仅凭一句话、一个批示就能随意调动数亿元资金，随意性、盲目性大且不受监督约束，决策权完全失控。

（三）用人失察且任人唯亲，精心构筑利益同盟。新广国际案中一个突出现象就是涉案企业领导带病提拔、边腐边升，这充分暴露出国有企业选人用人、监督管理机制上存在的一些弊端。如吴日晶1993年在任深圳工程咨询公司总经理、党委书记期间就开始包养情妇，直至案发，共包养2名情妇并生育5个孩子。潜伏时间长达15年，却一直没有被发现，还能从处级干部提拔为正厅级干部，不能不令人深思。新广国际财务部总经理冯志标进入新广国际做财务人员不到4年，就被吴日晶超常规提拔为集团财务部副总经理主管全面工作，当时年龄还不到30岁，后又被提拔为总经理。冯志标自此成为吴日晶一手栽培、言听计从的铁杆“马仔”，先后负责新广国际财务工作达七年之久，从未轮岗交流，而就在这七年间，冯志标配合吴日晶挪用公款数十亿元，冯个人也贪污受贿人民币2400多万元，成为新广国际重大经济损失案的关键人物。

（四）负债累累却无碍融资贷款，银行对国企的资格审查漏洞重重。新广国际后期经营混乱，资产负债率高，财务状况极差，按常规是很难在银行融资贷款的。但为什么他们却能在负债累累的情况下一路绿灯、成功骗取银行信贷呢？首先，监管部门监管不力。新广国际长期以来通过造假账的方式掩盖亏损事实，欺骗国资监管部门，而国资监管部门并没有能够及时发现。新广国际自2007年至2009年就有177笔进口付汇核销单未按规定办理核销，涉及金额达3.85亿美元，按规定应在30天内办理核销手续，但新广国际拖延长达3年没有核销，外汇管理部门也没有按照规定作出处理，导致新广国际的信用证和承兑汇票诈骗能够多次成功实施。其次，金融机构审查不严。吴日晶、冯志标等人通过编造虚假财务报表、虚假审计报告和虚构贸易行为的方式，取得了银行贷款和授信额度。18家银行对新广国际等3家企业提供的54份虚假审计报告，先后使用了726次，18家银行253名参与经办和审批人员，对频繁使用的虚假审计报告，始终未能识破，贷前也没有认真实地调查，就违规发放了高达80多亿元的贷款，贷后又对资金的使用监管不严。如新广国际挪用借款56笔共计6800多万元投资于滨江东房地产项目，银行始终也没有发现。新广国际案发后，有17家涉贷银行机构的71名有关责任人受到责任追究。第三，中介机构为虎作伥。中介机构华天和沛丰会计师事务所与吴日晶、冯志标等相互勾结，明知新广国际出具虚假审计报告是为了向银行骗取贷款，却为了一点“审计费”的经济利益而为虎作伥。经查，上述两家会计师事务所为新广国际出具的审计报告，既没有签订审计委托书，也没有进行实地审计，甚至没有审计工作底稿，没有留底，没有造册登记，没有按规定报注册会计师协会备案，连审计费都没有开发票，整个审计报告实际上全部是作假的产物。这些都在客观上为吴日晶等人操纵新广国际骗取巨额资金提供了方便。

（五）光环之下信念丧失，贪捞之欲将其推入深渊。物必自腐而后虫生。吴日晶等人的违纪违法行为虽然直接表现为经济问题，但根子还是理想信念这个总开关出了问题。吴日晶1974年入党，在尼日利亚、吉尔吉斯坦工程项目得到过外交部和省政府的表扬，受到过中央领导人的亲切接见。但正如吴日晶自己说的那样："随着在一把手位置上的时间越来越长，开始对想方设法搞好企业经营感到厌倦。加上自己年纪渐渐大了，想个人问题、想身后事多了，原来准备干一番事业思想逐步淡化，转为追求个人的物质和精神享受方面来了。""特别是自己五十多岁快要到退休年龄了，看到社会上的老板们腰缠万贯，心里感到不平衡，想趁还在位给自己搞点钱……"加上一些民营企业主和私人老板处心积虑的腐蚀、拉拢，吴日晶很快就在糖衣炮弹面前败下阵来，从收受一些私营企业主、不法商人等贿送的"红包"、"回扣"开始，发展到内外勾结、沆瀣一气，共同诈骗、侵吞国有资产，堕落为替这些不法商人牟取非法暴利的工具。新广国际的财务部总经理冯志标，从小家境困难，32岁就被提拔为相当于正处级中层企业领导人员，可以说一帆风顺、少年得志。但随着自己职位的不断提升，他不再满足于一般丰衣足食的生活，总想着利用手中权力"让自己和家人过上更好一点的日子"，将党纪国法和企业的规章制度抛诸脑后，胆大程度令人咋舌，他利用手中的资金划拨权大肆贪污受贿2400万元，其中有一笔就达1500万元。正是由于他们人生观、价值观扭曲，放松了自我约束，最终成为金钱的奴隶和玩物，沦为国企的耻辱、人民的罪人。

三、新广国际重大经济损失案的教训和启示

新广国际重大经济损失案反映了当前市场化改革进程中国有企业反腐倡廉建设面临的严峻挑战。该案的发生，既有个性特点，又有共性规律；既带有偶然性，又具有必然性。殷鉴不远，全省国有企业党员干部尤其是领导干部都必须引以为鉴，吸取教训，警钟长鸣。

（一）思想防线是基础，必须切实提高国企廉洁从业教育的实效性。吴日晶等人的腐化堕落再次印证，理想的动摇是最危险的动摇，信念的滑坡是最致命的滑坡，加强教育始终是反腐倡廉建设的基础工程，国企人员廉洁教育任何时候都不能松懈。要突出教育的针对性。针对国企领导人员资金调动额度大、所处经济环境杂、面临各种诱惑多的特点，组织国企系统深入开展廉洁教育尤其是经济法纪和行业风险教育，增强国企领导干部的纪律意识、法制观念和抵御风险能力。认真落实和执行《国有企业领导人员廉洁从业若干规定》及我省《实施细则》。要突出教育的层次性。即要从大处着眼，站在政治和大局高度进行教育和引导，强化责任感；更要从小处着手，设身处地站在个人和家庭角度分析腐败的沉重代价，增添感染力。要突出教育的警示性。在注重正面典型宣传基础上，更加注重反面典型警示，通过组织观看警示专题片、听取服刑人员自我剖析等多种方式，发挥反面教材的震慑力。要突出教育的人本性。坚持以人为本，结合国企领导干部市场竞争挑战大、压力大、风险大等特点，适时进行心理辅导和精神健康教育，使其学会调节情绪、平衡心态、缓解压力。

（二）权力制衡是根本，必须不断完善国企法人治理结构。缺乏制约和监督的权力必然导致腐败，国企“一把手”集决策、经营、监督等多种大权于一身，腐败风险更大。要坚定建立现代企业制度的方向，探索建立符合我国国情的企业法人治理结构模式。要加快国企产权多元化改革步伐，大胆引入新股东尤其是非国有股东，形成企业所有权各主体间的权力和利益牵制。积极推行外部董事制度，发挥外部董事的优势地位和主导作用，彻底破除内部人控制，确保董事会独立决策、均衡决策。要加强职业经理人队伍建设，加大通过市场机制选聘职业经营管理者的改革力度，促进企业实现独立化、专业化、效益化经营。要强化监事会职能，加强国资监管部门派驻监事会建设，加大当期监督力度，完善监督检查和报告工作机制，及时发现和纠正经营管理中的问题。加强国企纪检监察机构建设，大型或特大型省属国企纪委书记可考虑由省纪委直接任命（国内兄弟省市如吉林省就是采取这一办法）。一般省属国企纪检监察人员由省国资监管部门直接任命，省属企业下属企业由集团公司逐层委派并实行垂直管理，增强监督实效。建立健全纪检监察、监事会、法律、审计、工会等部门的联席会议制度和信息沟通机制，使党内监督、民主监督、审计监督实现一体化运作，提升监督合力。

（三）规范决策是核心，必须严格执行国企集体决策制度。决策是管理的核心。实践反复证明，国企领导干部因个人独断带来决策腐败概率最高，因决策腐败造成国有资产流失数额最大。必须把严格执行国企“三重一大”集体决策制度作为重中之重切实抓紧抓好。要明确决策范围。国有企业要根据实际制定本企业贯彻落实“三重一大”决策制度实施办法，用明确的规范、清晰的界限、易懂的标准对“三重一大”事项进行细化，报国资监管部门审查批准后实施，解决判断依据模糊问题。要规范决策程序。凡属“三重一大”事项，决策前必须进行专家论证、技术咨询、决策评估，决策时必须符合法定人数，主要负责人必须末位发言，真正做到未经论证的事项不得上会，违反程序的决策不能生效，个人或少数人代替集体做出的决定不予执行。引入现代信息技术手段，积极总结推广运用智能化表决系统落实集体决策制度的经验。要强化决策监督。加强日常督查和专项检查，将“三重一大”决策制度执行情况作为巡视和党风廉政责任制考核的重要内容，作为企业领导人员考察考核的重要依据以及经济责任审计的重要事项。要严明决策纪律。只要发现违规决策，无论是给企业带来效益还是造成损失，都必须视情节轻重追究责任，坚决维护决策制度权威性。

（四）加强管理是关键，必须继续健全国企内部管理体制。从近年发生案件看，利用企业管理上的薄弱环节将国有资产向外资或私营企业输送进而转入个人腰包成为国企领导腐败的重要手段。完善企业内部管理，堵塞腐败滋生的制度漏洞，至关重要。一是要健全人事管理制度。严把入口关，对拟任国企领导人员的德能勤绩廉进行全方位审核，杜绝“边腐边升”现象。严把交流关，掌握人财物等重要岗位人员任职满规定年限必须轮岗交流，确因工作需要留任的须经纪检、监察、审计等部门审查同意。严把提拔关，细化国企人员晋升条件，超常规提拔使用人员必须向国资监管部门报备。严把回避关，国企领导人员直系亲属不得在有领导或监督关系的纪检监察、国资监管、审计等部门以及企业内部监事会担任主要负责人。二是要健全财务管理制度。明确国企“一把手”不直接分管财务工作，实行国资监管部门向企业委派财务总监，推动企业健全财务预算决算、资金限额审批、对外提供担保等制度，规范向境外企业的资产划转和股权转让，强化对大额资金流向的跟踪监管。三是要健全业务管理制度。建立科学的企业业绩考核与评价体系，既考核企业生产经营业绩，又考核企业管理存在的薄弱环节。严格设定国企设立境外分公司的条件和程序，严格禁止国企领导人员以个人名义在境外注册公司，严格审批境外分公司的重大业务活动，切实加强对境外国有资产的监管。深化厂务公开，凡是与企业和职工利益密切相关的重要事项，除涉及国家机密、商业秘密外，一律予以公开，接受广大职工的监督。

（五）诚信建设是保障，必须加快推进市场诚信体系建设。国有企业廉洁建设要取得长远成效，离不开整个市场环境的改善和净化，离不开完善市场诚信体系的支撑和保障。要进一步完善市场主体信用评价机制。构建全省市场信用信息公开平台，完善对各类市场主体信用的采集、评级、记录与披露机制，将信用不良企业列入黑名单，让失信者寸步难行。尤其要以防范和打击财务报表作假为重点，从不同来源获取企业财务数据进行比对，发现问题及时介入调查。要进一步规范市场中介组织行为。健全行业规约，强化监督管理，赋予各类行业协会组织强有力的业内处罚权，及时发现、惩戒、淘汰违规会员。特别要将国企选聘的会计师所等中介组织纳入重点监控范畴，定期对其诚信状况进行考核，对有弄虚作假行为的给予曝光，情节严重的建议执法机关给予行政处罚直至吊销营业执照。要进一步加强金融银行业的风险防范。推动银行系统建立完善操作风险防范长效机制和科学的业绩考核激励机制，将效益建立在防范风险和审慎经营基础之上。严格规范银行信贷审批条件和程序，拓宽贷款申请的形式审查面，注重对纳税凭证、现金流等要素的审查，最大限度掌握申请人的真实信息，确保放贷安全。要进一步推进廉洁文化建设。积极开展廉洁文化进机关、社区、学校、农村、企业、家庭六进活动，引导企业深入开展廉洁教育，促进遵纪守法、诚信经营、廉洁从业，培育健康向上的企业文化，营造崇廉尚信、风清气正的社会文化氛围。

（此文为广东省纪委、省国资委调研组对新广国际重大经济案的剖析报告，本人参与调研撰写，原载《国企清风》2011年第3期）

全面加强国资监管刻不容缓

——广东省国资委采取措施从新广国际重大国有资产损失案汲取教训

新广国际集团重大国有资产损失案件发生后，广东省国资委党委痛定思痛，深刻反思，认真吸取教训。一致认为，新广国际集团国有资产重大损失案充分暴露了国资监管工作的薄弱环节，反映了国资监管部门对国有资产监管措施还不到位、手段还不够有效，对企业领导人员的监督要求还不够高，规章制度还不够完善。要求国资委各省属企业对照新广国际案例，认真排查经营管理中存在的问题，及时抓好整改，同时采取四大举措，全面加强国资监管工作，着力从机制上确保监管工作落实到位。

加强教育　增强企业人员廉洁从业意识

为增强企业领导人员廉洁从业意识，广东省国资委党委决定从加强教育入手，在防范企业领导人员廉洁风险方面狠下功夫。重点开展针对企业领导人员的纪律教育学习月活动。召集省属企业领导人员和委机关全体人员参加，先后邀请省纪委副书记赵振华同志对新广国际重大损失案件作专门的剖析报告，邀请中央纪委法规研究室副主任姜文鹏同志作《贯彻落实〈国有企业领导人员廉洁从业若干规定〉》的专题辅导讲座，要求充分认识到企业领导人员廉洁从业对企业发展的重大意义。积极会同省纪委联合制作反映新广国际重大腐败案件的警示教育片《国企之殇——新广国际集团国有资产重大损失案警示录》，深刻剖析案件发生的原因和教训，并迅速下发到全省各国有企业，要求组织观看，利用身边人、身边案件警示教育各级企业领导人员。同时要求各企业领导人员撰写观后感，认真吸取教训，警钟长鸣，真正做到干净干事、廉洁从业。举办全省国资委系统“清风颂廉”廉洁文化书画摄影作品展览，并组织企业领导和人员进行参观。通过书画摄影的润物无声、潜移默化的教育形式，在省属企业形成“廉荣贪耻”的浓厚氛围。充分发挥反腐倡廉内刊《国企清风》宣教功能，在《国企清风》上刊发相关文章，认真剖析新广国际集团腐败案件发生的教训，宣扬企业领导人员廉洁从业的先进典型，增强廉洁文化在企业文化、经营管理中的渗透力和影响力。

着眼防范　对国有资产监管工作全面开展核查

为有效防范省属企业再发生类似新广国际集团案件问题，最大限度确保国有资产安全和保值增值，广东省国资委多措并举，全面开展多方面的核查和整顿工作。针对财务管理是腐败产生的多发环节这一特点，广东省国资委采取半委托中介机构方式，在企业普遍自查的基础上，对广业公司、广弘公司、广新控股集团、物资集团、建工集团5户资产负债率较高的企业进行财务专项检查，及时提出整改意见。同时进一步督促省属企业必须加快建立健全规范的财务结算中心，实行集团财务管控。针对一些监事会监督监而不力现象，广东省国资委明确要求监事会转变监督方式，通过参与企业生产经营及其决策的全过程，加大对24户省属企业及其下属公司投资项目现场和资金的管理力度，进一步深化监事会当期监督，同时建立健全重大问题快速反应机制，对于特别紧急或重大问题，监事会直接报国资委领导，对于日常监督中发现的问题及时提交有关业务处室跟踪落实。仅2010年就提交各类监督报告125份，披露问题435个，提出整改建议251条，使一些问题得到及时有效的改正。

广东省国资委还有针对性地加强企业经营考核的规范建设，规范净利润指标考核范围，对企业虚假信息行为加大处罚力度，确保考核结果客观真实。同时对省属企业执行新会计准则情况开展专项审计，督促建立健全内部控制体系；强制要求在产权交易中，凡属应进场交易的项目必须进场公开挂牌交易，加大了防范力度。

强化约束　不断完善国资监管制度体系

针对新广国际案暴露出来的监管制度上的薄弱环节，广东省国资委从强化约束着眼，三个层面进一步完善制度体系。第一，对已有的监管制度，重点抓好督促检查，强化执行力。2011年上半年采取企业自查与国资委抽查相结合的方式，对省属企业规章制度落实情况进行全面大检查；下半年会同省纪委进一步对各企业贯彻执行《国有企业领导人员廉洁从业若干规定》等制度情况进行了专项检查，确保制度落实到位。第二，根据情况变化，修订完善部分制度。财务管理方面，修订省属企业国有资本经营支出预算管理、财务监管、大额资金管理、捐赠赞助管理等四项制度，对企业大额资金实施预算控制和联签，以进一步完善内控制度。投资监管方面，重新修订《广东省省属企业投资监督管理办法》，注重对投资项目的合规性审核，有效控制企业投资风险。第三，针对薄弱环节，制订相关制度。制订《广东省省属企业全面风险管理指导意见》，以进一步提升企业内部管理水平。制订《广东省省属企业国有资产评估项目评审专家管理办法》，以促进国有产权有序流转。制订《广东省省属企业境外国有资产监管暂行办法》，加强和规范境外国有资产监管。推行法律意见书制度，规定省属企业决定重大事项、订立重要合同、处理重大纠纷等均应由法律事务机构或律师出具法律审核意见。

紧抓重点　着力建立健全企业健康发展机制

广东省国资委着眼企业长远可持续发展，进一步强化重点工作，着力建立长效机制，从源头上防范廉洁风险。

推动规范董事会建设，进一步完善公司法人治理结构。广东省国资委制定出台《广东省省属国有独资公司规范董事会建设的意见》以及与之相配套的有关董事会工作配套制度，建立外部董事人才库，开展规范董事会建设专题培训，在广业公司等6家省属企业率先启动规范董事会建设试点，着力构建民主、平等的决策氛围，有效防止决策性谋私。

加快推动国资监管信息系统建设，确保企业资金财务信息真实性。广东省国资委在全国率先启动建设省国有资产监督管理信息系统，充分利用信息化手段实现对省属企业资金、财务信息数据的实时监控，从技术上防范企业资金体外循环、财务数据失真等问题。

推动企业整体上市，全面规范企业经营行为。2010年以来，广东省国资委有计划有步骤地推动省属企业集团主业资产上市、核心资产上市或整体上市。特别通过整体上市，使企业成为公众公司，由国资委一家监管转为全社会依法依规公开监管，最大限度地防止国有资产流失。

加强队伍建设，适应新形势下国资监管要求。广东省国资委围绕科学发展、转变经济发展方式，积极采取集中培训、中心组学习等多种措施，提升省属企业领导人员驾驭企业改革发展的素质和能力，重点提高企业领导人员的市场研判能力、组织协调能力和应对风险能力，大力培养产业领军人物、技术带头人和业务骨干，以此带动省属企业整体素质的提升。

着力推进企业惩防体系建设，全面夯实企业健康发展的基础。广东省国资委主要领导经常亲自组织和带队，对省属企业推进惩防体系建设情况进行检查，对检查发现的问题认真要求整改。将企业领导人员党风廉政建设责任制考核纳入企业经营成绩考核指标，与企业主要领导人员签订党风廉政建设责任书，落实企业领导人员抓党风廉政建设的责任。修订并下发《省属企业惩防体系建设基本框架》和贯彻落实中央及省有关惩防体系建设《五年规划》的实施办法。会同省纪委、省委组织部制定出台《广东省贯彻执行〈国有企业领导人员廉洁从业若干规定〉实施细则》，对企业经营管理程序和企业领导人员的用权行为进行了规范，并提出禁止性要求。同时在省属企业积极推行和建立健全企业纪检监察、审计、子公司监事会“三位一体”合署办公机制，着力提升纪检监察对业务经营渗透能力。积极开展企业效能监察工作，凡企业重大投资项目、建设工程项目和大额物资采购等都要进行效能监察。制定出台省属企业廉洁风险防控工作指导性意见，全面推进企业廉洁风险防控工作。组织综合督查和交叉办案，凡实名举报或有清晰线索可查的信访举报件，认真组织核查，充分发挥案件查办的威慑作用和治本功能。

（原载《国企清风》2012年第1期）

盐若生腐因贪起

——广东省盐业总公司原董事长沈志强等系列腐败窝案

2008年，对广东盐业人来说，是饱受煎熬的一年，广东省盐业系统发生系列腐败窝案，上至董事长、副总经理，下至盐政执法人员等各类人员共72人涉案，先后8人被追究刑事责任。系列腐败案涉案人员层次之高、人数之多，是广东盐业历史上少见的，给行业形象和发展带来极大影响，同时也断送了他们个人的发展前程。大家在为他们深感惋惜时，也在深思：到底是什么原因酿成了他们今天的悲剧?

广东省盐业总公司原董事长沈志强、原副总经理陈琼福、广东省盐业运销（企业）集团公司原副总经理董建生、原盐政科长伍斌、深圳盐业公司原总经理甘伟国、东莞盐业总公司原副总经理夏广海、广州盐业分公司原盐政执法人员姜维彬、朱建国等8名企业领导人员在任职期间，利用职务便利，贪污受贿4万元至200余万元不等，为他人谋取利益，分别被判处有期徒刑1年6个月至12年不等。利用职务受贿最多、判刑最长的是夏广海，其受贿金额达209万元，被判有期徒刑12年。以上人员均被开除公职，是党员的被开除党籍。还有个别单位、个别人员存在违规设立“小金库”和收受“红包”的违纪问题。整个腐败案件涉及72人，其中广东省盐业系统内部涉案人员37人，涉案社会人员35人，涉案金额折合人民币1780多万元，全案移交检察机关处理12人，其中厅级2人、处级3人。

贪腐者写真：迷失自我贪欲膨胀

第一幕：沈志强被小情妇缠上，为其说项搞定招标捞钱

本案还得从省盐业总公司原董事长沈志强说起。

沈志强出生在一个良好的家庭环境中，从小受过较好的教育，长大后从军当兵，从战士到正师职干部，每一个阶段也算得上是踏踏实实，甚为勤勉，

做出了不少成绩。到了1999年3月，沈志强转业到了地方，组织安排他担任广东物资集团公司党委副书记；2003年8月，调任省盐业总公司（食盐专卖局）总经理（局长）、党组书记。其间，沈志强为广东盐业的发展做过很多工作，也获得过很多荣誉，而且还有可能继续书写人生的精彩。

岂料，这一切却止于一个叫白某的女人。

白某何许人也?

原来，这是沈志强于2002年初在东方宾馆一个叫“棕南海”的地方按摩时认识的按摩女郎。白某其实长相并不出众，却身材姣好，懂得用自己的姿体语言赢取男人动心。一次，与寂寞中的沈志强聊得颇为投缘，加上白某透露自己就租住在他家附近，沈志强当即不禁心旌摇荡，便提出平时也可以到她家里去为他按摩，两人于是互留了联系电话。自此后，沈志强便隔三差五蹩进白的出租屋去按摩。日来月久，两人暧昧渐生，终至发生了性关系。此后，白某成了沈志强的情人。

白某可是个颇有心机的女人，18岁出来“闯世界”，察言观色，见多识广，一来二去，她早已对沈志强的社会地位估摸个八九不离十。这是对她颇具有吸引力的地方，她就施展开缠功，缠上了沈志强。沈志强隐隐约约感到如此下去，会越陷越深，对自己不利，一旦暴露这种关系不但会毁坏自己的家庭，也会影响自己的前途。曾提出分手，而此时的白某却不依不饶，可谓请神容易送神难啊。白某不但大声嚷嚷，还以自杀相威胁，并说：这一辈子生是沈志强的人死是沈志强的鬼。沈志强担心闹出事来，从此分手之事不再提起。

时间到了2006年下半年，白某从沈志强处得知省盐业总公司有纸箱招标项目后，便想从中赚点钱。她要求沈志强帮助何某的锐奇纸品有限公司中标，何某同意每供应一个纸箱给0.1元回扣。随后，沈志强和白某亲自去锐奇公司考察，发现锐奇公司不仅规模小，而且竟连纸板生产线都没有，根本不符合招标要求。同年7月20日，省盐业总公司正式组成招标（评标）小组对食盐纸箱包装项目进行招标。沈志强要求招标小组关照锐奇公司，说纸箱厂不一定非要有纸板生产线，锐奇厂是他朋友的工厂，在保证质量的前提下给予关照。通过降低标准使锐奇公司取得竞标资格后，沈志强又增加了由其推荐的专家评审环节，确保锐奇公司以质量评分第一、综合评分第三中标，顺利成为三家纸箱供应企业之一。2006年9月至2008年间，锐奇公司向省盐业总公司下属公司供应纸箱750多万个。期间，沈志强还帮助何某增加了锐奇公司的供货量及续签合同，何某则按约定分24次支付给白某回扣款共计人民币65.9万元，而白某在收到回扣后都会告诉沈志强："何某给钱了。"

2009年12月和2010年2月，沈志强和情妇白某被广州市中级人民法院以受贿罪各判处有期徒刑4年，成为广东"特定关系人"受贿被判刑的典型案例。

第二幕：陈琼福为"商友"帮忙，帮小弟升官，有求必应

如果说沈志强的腐化离不开一个按摩女郎，那么他的副手、省盐业总公司原副总经理陈琼福的堕落，则与两个小弟有关，一个是商人老板，一个是他的手下。

与沈志强不一样的是，陈琼福从小生长在海南西南边陲的一个小渔村里，祖祖辈辈以捕鱼为生。童年时，父亲曾经训导他，长大后当武官要学岳飞"精忠报国"；当文官要学他的老乡海瑞"为政清廉"。1975年，这个渔家子弟考上了大学并加入了中国共产党。1978年9月，陈琼福从天津轻工业学院毕业后走进广东盐业系统；1993年，任广东省盐业运销集团公司总经理（正处级），1997年至案发，任广东省盐业总公司副总经理（副厅级）。像沈志强一样，陈琼福也曾雄心勃勃，立志要为广东盐业的发展发挥自己的才华，像"海青天"那样成为一位清官。

然而，陈琼福如此高远的志向却终结于他的"老板兄弟"——广州恒浩（恒达）汽车运输公司老板谢某。正如陈琼福自己所说："我从1992年10月开始认识芳村恒达汽车运输车队个体老板谢某，就注定我必然走上了一条不归的路——犯罪之路。从请吃饭到洗桑拿，从送水果到送钱物，从业务往来到称兄道弟，使我丧失了一个共产党员的人格。"

自从结交了谢某这个"老板兄弟"，陈琼福的思想发生了明显变化，开始追求享乐，讲究排场，羡慕私人老板的奢华生活方式，觉得自己作为一个大型国企老总，却远不如私人老板潇洒、阔气，心态上产生了极度的不平衡，认为"有权不用，过时作废，有钱不捞白不捞"。

于是，从1992年至2006年间，陈琼福利用职务之便，不遗余力地为谢某的恒浩（恒达）公司承揽省盐业总公司下属公司盐品的运输业务提供帮助。其间，陈琼福的"付出"得到了丰厚回报，他先后分9次收受谢某贿送的人民币4.5万元、港币4万元、美元2000元、"新科"牌液晶电视2台、"帝舵"手表2

块、“华强”牌音响1套、现代仿品画4幅。

在陈琼福的堕落之路上，还有一位善于搞关系的下属不得不提——东莞盐业总公司原副总经理夏广海（副处级）。

1993年，夏广海在广东省盐业运销集团公司江南分公司负责盐政工作时，为了求得职务上的晋升，他开始给陈琼福送钱。此后直至2007年间，陈琼福7次收受夏广海的贿赂共计人民币25万元。而对于夏广海的“有机会提拔一下”的请求，陈琼福也是有求必应，先后为夏的提拔、交流、竞争上岗、聘任、续聘为广东省盐业运销集团公司下属的江南分公司及广州分公司盐政科长、佛山盐业总公司盐政科长、东莞盐业总公司总经理助理、东莞盐业总公司副总经理提供帮助，并为夏妻的提拔和竞争上岗等提供帮助。

自从有了陈琼福这个靠山后，夏广海真可谓是“升官又发财”，仅一年时间，就利用手中掌握的盐政执法权大肆收取“不义之财”180多万元。

1999年至2007年间，陈琼福还多次将谢某提供的发票拿到省盐业总公司及其下属佛山、惠州、深圳3家盐业总公司报销，非法占有公款人民币6万多元和非法获取现金人民币12万多元。

2009年7月，广州市中级人民法院以受贿罪对夏广海判处有期徒刑12年，并处没收财产10万元。同年9月29日，广州市中级人民法院对陈琼福作出一审判决，鉴于其有自首情节依法判处其有期徒刑4年9个月。

第三幕：董建生与商人共谋提高食盐运费，套取公款设立“小金库”

陈琼福的另一个重要干将要算是董建生了。他是山东威海人，也是苦出身，15岁到海南农场当知青，1974年在海南某盐厂当工人，在广东省盐业系统一干就是30多年。但他经不起金钱诱惑，与商人合谋套取公款设立“小金库”，并收受“红包”。

2003年3月，董建生调任中山盐业总公司任总经理。2004年底，公司专营部主任钟某对董建生说，省盐业总公司副总经理陈琼福希望中山地区盐业的运输业务由谢某的广州恒浩（恒达）汽车运输公司承担。董建生当时没有表态。不久，陈琼福又亲自打电话给董建生询问此事。考虑到陈琼福是上级单位的领导，不好再拒绝，同时也算是卖个人情给他，董建生答应了陈琼福的要求。之后中山地区盐业的运输都由恒浩（恒达）汽车运输公司承担。

2008年1月，董建生调任广东省盐业运销集团公司副总经理兼广州分公司经理后，把广州分公司的盐业运输也交给了恒浩（恒达）汽车运输公司承担，而且业务量更大了。对于董建生的帮助和关照，谢某自是感激不尽，从2005年到2008年，分多次送给董建生共计人民币4.3万元。

此外，董建生还与谢某合谋，提高食盐运费，套取公款设立“小金库”，并收受某盐矿“红包”及礼品人民币4.4万元。

有意思的是，这位高管，大钱他贪，小钱他也贪。

2007年1月，中山盐业总公司的自动食盐包装机需要维修。董建生对钟某说，现在公司的开支比较大，部分开支不能走正常的报销渠道，让钟某找维修单位某五金厂虚开维修费人民币2.8万元，以冲销有关费用。套取现金后，董建生将其中的人民币2万元据为己有。

2006年12月，董建生交代司机去购买一台高品质的相机，说盐政科急需要用。于是，司机购买了价值人民币3万元的一台佳能单反相机及相关配件，交给了董建生；2007年1月、9月，董建生又两次让司机去购买了一台佳能相机及配件，花去人民币4.5万多元。前后3次购买相机及配件共花去公款人民币75060元，且均未列为公司的固定资产。这些高档相机和配件，名义上是说盐政科用，实则是归董建生个人使用。2008年1月，董建生调离中山盐业总公司时，为了名正言顺地占有这些相机和配件，向公司缴纳3000元后便将之带走。

2009年8月28日，广州市荔湾区人民法院以受贿罪和贪污罪，判处董建生（正处级）有期徒刑6年。

第四幕：甘伟国利用工程发包之机收受贿赂40余万元

与沈志强、陈琼福、董建生等人“靠盐吃盐”稍有不同，深圳盐业公司经理甘伟国的受贿是“吃工程”：利用工程发包之机，收受包工头贿赂人民币26万元、14.8万元港币和2000美元。

“吃工程”的事情几乎成为甘伟国的家常便饭。2005年，甘伟国将深圳盐业公司宝安分公司综合楼建设项目信息透露给包工头陈A使陈某中标。作为回报，2006年9月，陈A在甘伟国赴美国公干前夕，给他送来了2000美元的“大礼包”。

自此，陈A是与甘伟国“搭上了线”，于是他开始利用这种关系，帮其他包工头引荐。2008年6月，陈A受承揽深圳盐业大楼的包工头黄A委托，送给甘伟国人民币20万元，作为“孝敬”。这种“孝敬钱”在甘伟国那里几乎是不能少的，“包工头”趋之若鹜。2008年中秋节前，承揽深圳盐业大楼监理工程的包工头黄B送给甘伟国人民币1万元。2008年端午节前夕，承揽盐业大楼土建施工的包工头陈B送给甘伟国港币10万元；同年中秋节前夕，甘伟国收受陈B港币5 万元；11月份甘伟国到珠海公干，陈B又送给甘伟国港币4.8万元。

案发后，甘伟国将全部违纪款上缴给深圳市检察院。2009年9月10日，深圳市罗湖区人民法院以受贿罪依法判处甘伟国有期徒刑3年，缓刑4年。

教训当记取：必须剪断腐败利益链

教育别人拒腐防变的时候，自己根本没有入脑。这是沈志强被“双规”之后在《忏悔书》中最深刻的感受。他悔恨自己的堕落，感叹：“清白人生要做到是多么不容易！”

是的，当沈志强们身陷囹圄之后，才幡然悔悟，可惜一切都来得太晚。他们也曾经有理想有抱负，并为之奋斗过，在不同的岗位做出过贡献。但他们随着职务的升迁、岗位的变化，放松了对自己的要求，经不起诱惑，蜕变成为人民的“罪人”，令人惋惜。智者，以别人惨痛的教训警示自己；愚者，用自己沉重的代价唤醒别人。前车之覆，后车之鉴，我们应该从中吸取哪些教训呢?

教训一：堂堂正正做人，理想信念不能无。“物必自腐，而后虫生”。一个党员、一个企业领导人员如果丧失了理想信念，就可能逐渐蜕化变质，就可能被腐朽思想所俘虏，走上违纪违法的道路。本案的违法犯罪人员，大部分都是穷苦出身。他们在取得了一定的成绩以后，放松学习、放松世界观改造，在物质利益面前违背了自己的初衷，导致违纪违法，辜负了党和人民的重托、家人的期望，葬送了自己的前程。

教训二：干干净净干事，不义之财不可贪。“病从口入，腐从贪起”。作为企业领导人员要始终保持廉洁自律的本色，正确对待金钱和物质利益，做到心不贪，嘴不馋，手不伸，一心为公，自觉抵制各种腐朽思想的诱惑。千万不能像涉案人夏广海那样，为了满足自己的贪婪之心，不但自己贪赃枉法，还上蹿下跳、贿赂领导、拉拢同事，岂不知是作茧自缚、自掘坟墓。作为国企领导人员，要常怀律己之心，常思贪欲之害，牢记“八荣八耻”，培养“有官贫过无官日、去任荣于到任时”的良好心态。明确权力是一把双刃剑，用好了能成就事业，用不好则会害人害己。

教训三：规规矩矩经营，社会责任不能忘。盐业作为受政府委托履行行业管理职能的企业，肩负食盐专营和市场监督管理的双重职能，在追求企业效益的同时，千万不能忘记应该承担的社会责任。在市场经济条件下，盐业的健康发展要严格遵守专营制度，创新完善经营机制，努力拓展市场，诚信经营，这才是实现利润不断增长的正途。如果只问结果不问手段、只管眼前利益不管将来发展、只为局部利益不顾大局，则会渐行渐远，远离自己的宗旨和目标。

教训四：坦坦荡荡处世，不良之友不可交。从本案违纪违法人员蜕变的人生轨迹不难看出，他们之所以会一步步走向违纪违法之路，跟他们平时的喜好、社交圈子是密不可分的。陈琼福、董建生、夏广海、姜维彬、朱建国，均被个体运输老板谢国秋拉拢腐蚀，被他玩弄于股掌之中，随时听其调遣。他们走到一起，因为各有所需；他们走到一起，因为喜好相投。岂不知平常在一起吃喝玩乐的所谓“朋友”，一旦出了事，义薄云天的江湖义气不见了，纷纷出卖朋友以求自保，结果是谁也逃脱不了法律的惩罚。正所谓以权交友，权倾则情绝；以利交友，利尽则人散。我们企业领导人员在对外交往中，一定要增强自我保护意识，时刻保持清醒的头脑，用讲政治的敏锐性、鉴别力，慎交友、交好友，切实净化个人“生活圈”。

【点评】食盐能防止食品变质，却防不了沈志强等人的腐败，让人感慨万端。广东盐业曾一时乱象纷起，原来是“一把手”腐败变质了。“齐王好服紫，举国无异色。”“一把手”不守正，要指望领导班子和管理层有一个清正廉洁的好风气，那是缘木求鱼。本案警示我们，严格实行“三重一大”决策制度，加强“一把手”的监督，既要有科学的顶层制度设计，更要有严格的监督机制和科学的党风廉政责任考评体系作保障，像“紧箍咒”一样使“一把手”不想也不敢腐败。

（根据广东省纪委和省国资委纪委有关资料整理，原载本人主编《警醒与沉思：广东国有企业典型腐败案例盘点》，2012年广东旅游出版社出版）

蚁 祸

——广投公司“窝案”剖析

2009年初，根据群众举报，广州市检察院与广业公司纪委对广业公司属下一级企业广业投资顾问有限公司（以下简称广投公司）物业管理分公司经理邓聪强、办公室主任廖宇飚等人骗取并私分公司公款等问题进行查处。随着调查的深入，一个腐败“窝案”逐渐浮出水面：该公司班子成员除一人外全部涉案，中层领导人员中也多人涉案。有人惊呼有如蚁祸之患。

案件随后转越秀区检察院提起公诉，经越秀区法院审理，广投公司原董事长、党委书记王仁礼，副总经理乔占海，副总经理、纪委书记朱杰胜，总经理助理、粤兴贸易发展公司经理林亚振，总经理助理胡仕满等人，均相继依法受到惩处。其中王仁礼，犯贪污受贿罪，判处有期徒刑四年六个月，并处没收财产7万元；乔占海，犯贪污受贿罪，判处有期徒刑十五年，并处没收个人财产10万元；邓聪强犯贪污及行贿罪，判处有期徒刑六年，并处没收财产7万元。其他人等亦一并受到相应法律制裁。

为钱财　贪婪之手频伸出

经纪委和检察院专案组查实，王仁礼、邓聪强等人为了侵吞企业财物，牟取个人私利，频频伸出黑手，中饱私囊。归纳起来主要有如下几种手段：

虚构虚报工程和采购款，骗取公司财物。2007年1月至2008年12月间，邓聪强利用负责管理广投公司物业广联大厦的职务便利，指示廖宇飚通过加大工程款、材料款或者虚构工程项目等手段，骗取广投公司及物业经营管理分公司公款505065元。邓聪强将骗取公款中的394065元据为己有。

伪造证明材料，骗取房改补助款。根据政策规定，从外地调入广州市的干部在外地购买了房改房，若在广州市申请领取住房补贴，则需将在外地购买的房改房按照原房改价格退回原产权单位，才能视作未享受住房优惠政策，可参照《关于处理房改备案遗留问题的通知》第九条之规定，参加调入单位住房货币分配。王仁礼、胡仕满、林亚振三人，在未将原单位坪石留守处分配的房改房退还原产权单位情况下，要求时任坪石留守处办公室副主任李某，出具王仁礼等三人退回房改房的证明。王仁礼等三人通过此虚假证明，骗取广投公司发放住房补贴款共49万余元。

利用职务便利，收受贿赂。2002年至2008年间，王仁礼利用其先后担任省煤炭工业总公司坪石留守处主任、广投公司总经理职务便利，为邓聪强承包坪石留守处管理的关春供电所的转电业务，以及在邓聪强私人工程队与广投公司物业合作过程中，先后收受邓聪强贿送的现金及购物券21万元。王仁礼调任广投公司董事长、党委书记后，想从其原工作过的坪石煤矿留守处调入一批干部。邓聪强得讯便于2006年3月从坪石赶到广州找广投公司总经理助理林亚振帮忙，并再送给林现金3万元。后来，邓聪强如愿以偿。同年9月，邓聪强为让王仁礼关照其调入广投公司工作，也送了2万元。不久，邓如愿调入广投公司，又送了王仁礼现金10万元。

利用资产处置，损公肥私。 2002年4月至2003年8月，原广东省经协集团公司（以下简称经协公司）副总经理乔占海，利用职务便利，在经协公司转让中山市中山港附近地块土地使用权的过程中，与中山市冶金材料开发有限公司签订虚假的《土地转让中介服务协议书》，通过土地转让中介费名义骗取经协公司27.5万元。其中，中介公司收税费和代开发票费4万多元，乔占海从中分得13万元。

虚假报账，侵吞公款。2006年4月至2008年6月，乔占海利用担任广投公司副总经理的职务便利，采用报销不应报销费用的手段，通过广投公司物业部林亚振、邓聪强、廖宇飚等人，套取34万元据为己有。2007年2月，乔占海利用担任副总经理职务之便，虚假报销费用在下属企业套取4.8万元，占为己有。

套取公款，用于私分。2007年1月起，邓聪强任广投公司物业部经理后，在未向公司领导汇报的情况下，从公司套取了50多万元，其中27万元用于购买购物卡，其中大部分购物卡送给王仁礼等公司领导，小部分逢年过节发给物业部员工，还有小部分送给业务相关单位。

利用债权处置提成奖审批权索取好处。根据广投公司规定，每年年底法律部可以按当年追收的逾期债权提成奖励。广投公司法律部提成奖励的具体方法和审批由公司主要领导参加的“债权追收听证会”负责审核和决定。然每次上报审批常被施以借口拖延，为顺利获取此类奖金，2005年至2008年期间，法律部负责人分别贿送王仁礼4万元、乔占海5.1万元、朱杰胜5.1万元。

违规经营将企业带入绝境。广投公司班子主要成员除了个人贪污腐败之外，在生产经营上也屡屡违规，损失惊人。一个只有几千万元资产的广投公司，从2004年8月成立到2009年4月案发时，广投公司已形成逾期债权5683万元。后经继任公司班子的艰难追讨，仅收回1505万元，目前仍有4178万元未收回。广投公司因此面临绝境，被迫退出经营。

须警醒　殷鉴不远当借戒

虽然广投公司“窝案”已尘埃落定，该案留给企业的创伤却至今未能愈合，导致企业几近入瘫痪，蚁祸之患可谓深矣。然殷鉴不远，其借戒意义不可轻视。

国有企业领导班子尤其是班长必须干净干事。广投公司是在原经协集团退出经营后，通过资产重组后组建的企业。其班子本应吸取公司前身经营班子贪腐折戟的教训，以廉为本，按章办事。但是，广投公司领导班子尤其是“一把手”却忘乎所以，一俟上任，尽管年薪丰厚，仍私欲膨胀，什么钱都敢收，什么钱都敢要。除了帮人调入要收受好处，居然还带头伪造证明材料，骗取广投公司发放的住房补贴款达49.03万元，其本人得了22.4万元。如此上梁不正下梁歪，班子其他成员纷起效尤。如副总经理乔占海也利用签订虚假《土地转让中介服务协议书》，以土地转让中介费名义骗取经协公司27.5万元。班子其他成员如物业部林亚振、邓聪强、廖宇飚等人，也通过虚报工程款套取39.4万元瓜分等等。短短五年间，整个班子几乎全部烂掉了，还带坏了一批中层干部。可见，蚁患之甚，公司堪忧。

国企领导人必须严守国企相关戒律。一把手王仁礼在组建广投公司以后，长期与个体民营企业合作，把那些私人老板个人说了算的习气和处事风格也带到国企经营中来。广投公司成立后，本应按企业“三重一大”事项决策程序决策的事宜，他却我行我素，不顾潜在的经营风险，热衷于做融资性的投资和贸易。如2005年4月擅自决定出资与花都区新华镇清布村村民投资兴建厂房项目，就受到广业公司通报批评；后来又仓促决定与个体老板蔡某新合作经营煤炭贸易，并违规借款给蔡某新300万元（有130万元无法收回）；还违规为蔡某新的珠海健信公司借款200万元提供担保，因对方无法按时还款须负连带责任，也损失110万元。与贵州百宏公司周某发合作做煤炭贸易，投入580万元，因被对方诈骗只收回280万元。与佛山三水恒达公司合作供应煤炭给云浮亨达水泥制品厂，被拖欠煤款达5300多万元，至今仍有3500多万元未能回收。目前，广投公司各类逾期债权共4178万元未收回。不守企业决策程序，自行其是，结果屡屡失手，导致一个有希望的企业再陷绝境。

对国有企业领导人必须实行严格问责。企业制定规章制度，贵在执行。而制度的执行主要体现在对违反制度的行为要严格问责。否则就是一句空话。广投公司成立后，班子主要成员接而连三违纪违法，有些隐蔽较深，但有相当部分早期已被发现，并受到查处，比如擅自对外投资；比如公款私存，私设“小金库”；又比如违规借款给个体企业或提供担保等问题，都是受到查处的。但该企业领导人却没有因此受到严格问责，更没有受到应有的处分。结果是上级的信任被廉价地出卖了，最终造成了企业难以挽回的损失和个人的悲剧，其教训是惨痛的。

国有企业领导人尤其是一把手必须自觉接受严格监督。广投公司班子尤其是王仁礼，喜欢独断专行，对群众的民主监督、对上级的制度监督一直持抵触情绪，对群众意见充耳不闻，对上级规诫拒不接受。广业公司三令五申不得擅自投资，不得向本系统以外企业借款和提供担保，但均被忽悠了。再如查出该公司私设“小金库”，公款私存；利用公款携带家属外出旅游等问题，也没有作出认真的整改。

国有企业领导人员廉政教育绝不能放松。事实说明，国企如果没有入心入骨的廉政教育，其领导班子就会行为失范，恣意妄为。不难看出，以王仁礼为班长的广投公司班子组建不到5年，不崇廉不尚廉，已从里烂到外，全成败絮，唯一个“钱”了得，结果给企业造成了不可挽救的损失。可见，在国企进一步加强廉政教育，完善廉洁风险防控机制，已迫在眉睫。

（根据广业公司提供材料整理，原载《国企清风》2012年第1期）

鼠　患

——小公司为何引发大窝案之反思

6年前，人们在广州的南越王宫苑旧址挖掘出数枚南越国木简，专家云，此为岭南地区仅见。经文字稽考发现，这木简记录的是南越某个时期曾鼠患严重，灭鼠竟成为全民大事。老鼠俗称耗子，它啮器物、啃粮食，据统计，全世界每年被老鼠损耗的粮食有5000万吨。3年前，广州有一个小公司，员工只有17人，年利润仅有10多万元，却被查出5人挪用公款，涉案“小金库”达500万元。这让人不由得有“鼠患”之叹。

引子

2009年6月，根据群众举报，广业公司纪委协调组织成立专案调查组，对公司属下二级企业广东省科学器材进出口公司（以下简称科器公司）胡某、孔某、郝某某（公司副总经理）、叶某某、何某某、俞某某等人进行立案调查。在查清主要事实后，科器公司依法解除了与何某某、俞某某的劳动合同，并将涉嫌挪用公款的有关人员移送越秀区人民检察院查处。依法判处胡某，犯挪用公款罪，判处有期徒刑二年六个月，缓刑三年；郝某某，犯挪用公款罪，判处有期徒刑二年六个月，缓刑三年；叶某某，犯挪用公款罪，判处有期徒刑二年，缓刑二年六个月；覃某某（科器公司出纳，案件调查过程中牵出），犯挪用公款罪，判处有期徒刑九个月，缓刑一年。

罪犯受到了法律应有的惩处，当我们回过头来重新翻阅案卷，这些贪婪者的真实面目毕露无遗。

案情

违规成立私人公司，并挪用公款、利用国企资源经营私人公司。经查实，2004年胡、孔、郝、叶、何注册成立广东科仪进出口有限公司（以下简称科仪公司）；后于2008年，进行股比调整。孔、郝、叶、何分别将股权转让给自己亲属，并各自将股权减持4%，转给新增股东叶某某（俞某某的丈夫）。科仪公司成立后，孔、胡分别经手，并签署批准了将科器公司的两笔资金人民币147595.51元和人民币586173.86元转入并用于科仪公司的业务经营。科仪公司除了利用从科器公司挪用的资金以外，还存在贸易经营上的公私不分。因为，科仪公司与科器公司本质上经营的是同一类业务，而且两者英文简称相同，作为进出口公司，对外开展业务时极易混淆。此外，郝、叶先后利用手中掌握的科器公司的客户资源，为科仪公司的经营服务，并将科仪公司的经营费用放到科器公司报销。

截留科器公司利润和物业收入，私设“小金库”。胡、孔、叶、郝等人，从科器公司贸易往来的真实利润中，扣除1%~1.5%作为经营利润进入公司账，此外剩余的利润或用发票冲销成本，提现进入“小金库”；或连同应付客户的佣金一并汇到关系密切的境外公司，由境外公司协助支付佣金后，再将余款汇入由胡某掌管的“小金库”账户。胡、孔、叶、郝等人还直接利用某些已履行完毕的、无须对外付汇的贸易合同骗购外汇，将外汇以支付货款等名义汇出，再由境外的关联账户转回私人名下的存折，以达到转移科器公司利润的目的。通过以上隐蔽多样的手段截留下的利润，加上未入账的科器公司的物业收入，涉案款项合计人民币近500万元。这些款项分存于胡、郝控制下的科器公司“小金库”、国贸部与贸易部共有的“小金库”。

用公款购买电脑不入公司账，并在未办理任何领用手续的情况下交由个人占有。胡、孔、郝等人经过商量，购买了笔记本电脑6台，分别供胡、孔、郝、叶、何、俞6人使用；台式电脑1台，供孔某使用。以上购置电脑的费用合计人民币约6万元，通过进入合同成本及费用科目的形式报销。此后，该7台电脑一直未进入固定资产管理，亦未办理任何领用手续而被上述人员私占。

不顾上级三令五申，动用公款出国旅游。2008年9月，胡、叶、郝、何、俞到欧洲旅游；2009年春节，胡、叶、郝三家共8人到菲律宾旅游。两次旅游均为公款支出，支出合计人民币约14万元。

反思

我们知道，鼠患一般是因为缺乏有效的防控体系，致使鼠类有机可趁。为什么一个总共只有17人的小公司，其原班子成员和中层主要负责人却全部涉案呢？这显然是一起典型的窝案，它留给我们的反思是深刻的。

一是对二级企业的监督管理决不能留有盲区。科器公司的前身——广东省科学器材公司，是省科委的下属企业。2000年，省属国有企业资产重组时，该公司划归广业公司管理。广业公司资产重组时，将其划入信息产业集团；广业公司第二次资产重组时，又将其划入机械集团。该公司原来的建制就不完善，监督管理也不到位，划入广业公司后，又先后经历两次资产重组，两次变换主管单位，历史遗留关系显得更加错综复杂。一方面，科器公司不属于主业板块，面临着销售市场萎缩，负债沉重且牵涉诸多法律诉讼等问题；另一方面，新的主管单位很难完全理清、理顺历史旧账，给监管工作留下了空白地带。以上因素，给某些别有用心的人留下了可乘之机。

二是对二级企业领导人员的监督管理必须从严从实。胡某任职后，曾对公司进行业务整顿，公司经营有所起色。但她并没有规范公司的经营管理，反之，将国有企业当成私营企业来经营，企业班子抱成一团，形成了内部人控制的局面；孔某作为法定代表人，却将签字权转让给胡某，把“一支笔”变成“两支笔”，导致管理上的模棱两可与混乱。这些情况，一级企业发现了苗头，也提出了意见，可惜的是没有采取更强有力的措施去纠偏，将监督管理落到实处。

三是对财务工作的监督管理必须求真求细。科器公司的账目，可用一个“乱”字来概括。不规范记账，不按规定处理财务凭证，故意混淆账目的情况比比皆是，使查账人员如入迷魂阵。例如，请款凭证和转账支票存根上都写明是付A公司退税款，但支票上却不填写收款单位，而是留待实际转款时，再填写转入B公司。这样一来，使转移、挪用公款的行为，在表面上看来却是一次正常的付退税款的过程。通过财务人员的操作，多次公款的转移、挪用都得以在“正常”程序的“掩护”下完成。从而使假账成了“真账”，坏账成了“平账”。对财务工作的监管如只停留在表面，简单地看看是否“账账相符”，而不花点苦工夫求真求细，决然不可能看穿这“真账”、“平账”背后的秘密。

四是必须从制度入手，反腐倡廉建设绝不松懈。理清、理顺关系，将二级企业及其人员纳入有效的监管体系。对类似于科器公司这样的企业，务必加强纪律教育的针对性，不能以规模大小、效益好坏为标准而放松监管，更不能因历史遗留问题较多、关系复杂而放弃监管。越是这样的企业，越要痛下决心，花苦功夫、下大力气，在稳定大局的前提下，斩开乱麻，彻底理清，理顺历史遗留的债权债务、人员管理等各种关系。严格执行规章制度，规范经营运作，从而将二级企业纳入有效的监管体系中，不留监管盲点、空白点。

五是一定要完善人员定期轮岗机制。通过改进用人机制，严防“抱团”、降低财务管理环节的风险。对企业领导人员实行定期轮岗，既有利于解决“针插不入，水泼不进”的“抱团”难题，降低合谋腐败的概率，也有利于“挪活”人才，充分体现“想干事的有舞台，能干事的有机会，干成事的有位置”，不断激发企业领导人员的开拓精神和创造精神。通过派驻财务经理的形式，对财务人员实行定期轮岗，加强财务人员职业道德规范建设，降低操纵财务人员“做假账”的概率。按照“账清则无疑、账乱必有诈”、“查账必细，有异必究、有究必严”的原则做好财务监督工作。

六是必须完善利益分配制度，鼓励因企制宜，实现企业持久健康发展。科器公司案件中存在着一个令人费解的现象：一方面，科器公司完成每年的生产经营考核指标后，有关领导人员按照规定，可以合理合法地领取相应的绩效奖励却不足额领取；另一方面，却不断变换手法加大费用、虚增成本，人为地把利润“做少”、降低，将截留下来的利润存入“小金库”。科器公司主营进出口业务，在行业竞争激烈的情况下，依靠业务员跑单拉业务，有其行业特殊性。因此，应根据企业的实际，制定符合企业特点的利益分配制度。通过分配制度的调整，完善一线人员收入与效益直接挂钩、二线人员收入与工作量直接挂钩，科学调动企业员工的积极性，使企业领导和员工通过正常渠道取得合适、合法的收入，降低发生违法违纪现象的风险。

（根据广业公司提供材料整理，原载《国企清风》2012年第2期）

化金成水：巨额国资流失之谜

——广东省广新外贸轻纺（控股）公司国有资金流失案

2004年，广东省广新外贸轻纺（控股）公司（以下简称：轻纺控股）原总经理陈金水，擅自决定向广东美雅集团股份有限公司（以下简称：粤美雅）提供49944万元流动资金借款，从而造成38254万元国有资金到期无法收回，其中大部分已确定无法收回。2005年4月至8月，省国资委纪委对案进行了查处，有效防止了国有资产的继续流失，避免造成更大的损失。

擅权盲动巨资外借如儿戏

2003年3月，轻纺控股属下原辅公司经批准与粤美雅进行资金额度为1.1亿元的代理购买原材料业务。2003年10月19日轻纺控股与鹤山市国资办签订了第一份意向性粤美雅国有股权转让协议书后，陈金水等开始把粤美雅视同轻纺控股的子公司对待。2003年10月，轻纺控股为了收购粤美雅国有股，成立了一个美雅工作小组，专门负责与粤美雅的有关事宜，总经理陈金水自任组长，下设资金组，由吴志红负责。2004年1月9日，原辅公司向轻纺控股提交书面请示，建议当月向粤美雅开出2000万元银行承兑汇票用于采购原材料并提供1000万元的现金借款。陈金水不顾原辅公司在2003年度已有3583万元购买原材料垫付资金到期无法按合同从粤美雅收回的事实，在不经过领导班子讨论决定和向上级请示报告的情况下，1月13日就在轻纺控股计财部给他的请示上擅自批示“同意”，随后原辅公司向粤美雅开具了2000万元银行承兑汇票并划拨了1000万元。

2004年1月，陈金水等按照粤美雅提出的《美雅2004计划》，在没有通过审查和决策程序并按规定上报审批的情况下，又擅自决定2004年度向粤美雅提供额度为4.7亿元流动资金借款，提供方式为通过原辅公司直接给现金和垫付资金为其代理采购原材料，后来实际上向粤美雅提供了总额为49944万元流动资金借款。并在没有经过领导班子研究同意的情况下陈金水和吴志红等推荐已退休的原辅公司总经理叶小婴、轻纺控股财监科副科长林穗生、财务人员周清清分别到粤美雅担任常务副总经理、财务总监和财务经理，代表轻纺控股的利益。2004年11月粤美雅国有股权转让被国家有关部门批准，轻纺控股用11800万元多收购了鹤山市政府所持有的占粤美雅29.68%的股份。可见，在2004年11月之前，粤美雅既不是轻纺控股的控股公司，更不是其子公司。轻纺控股向粤美雅提供49944万元流动资金借款时，均没有签订借款合同，直至2004年12月，由于广新外贸集团发现上述借款问题并派出调查组进行调查，原辅公司才与粤美雅补签了一份流动资金借款总合同书和抵押合同。

上述行为既没有经过可行性分析和风险评估等科学决策程序，更没有经过轻纺控股领导班子集体研究和向广新外贸集团有限公司请示报告，轻纺控股没有任何讨论、研究的记录，不仅仅在决策程序上、投资判断上和风险控制上严重失误，而且违反了国家和财政部的有关法律条款和明文规定。

“兜圈子”违法走账补窟窿

据陈金水等反映，轻纺公司决定向粤美雅提供额度为47000万元流动资金借款是用于生产经营，加速粤美雅的经营规模扩张和产业升级，而非其他用途。现已查明，轻纺公司向粤美雅提供49944万元借款的真实用途是：有21694万元用于代理采购原材料垫付资金，有13030万元粤美雅用于银行还贷，有15220万元粤美雅用于其他开支。但是，在用于银行还贷和其他开支的资金中有8400万元粤美雅不是直接支付用款，而是在一天之内或几天之内，在鹤山市通海贸易公司、鹤山市五方纺织有限公司、鹤山中原资产经营有限公司、鹤山市海源燃料化工公司等一批私营公司里兜圈子，最多的竟循环走账四五圈，资金或分散或组合后又返回粤美雅原支付行。

经查工商注册资料，这些公司都是粤美雅内部员工以自然人名义投资注册的私营公司，其公司员工的社会保险全部由粤美雅购买。调查证实，这种让流动资金在银行“兜圈子”的做法，具体操作是让上述公司的财务人员同时到银行来，一起办理“背书转让”手续，主要是为了冲掉在这些公司挂账时间太长的往年“应收账款”的假账。通过查询有关银行，我们没有发现上述公司在银行有借款迹象，这些公司的会计报表反映其营业额很小，也没有业务需要“走账”。资金在银行违法走账，是经轻纺控股负责粤美雅事务的有关人员同意的。上述行为严重违反了《会计法》有关规定及国家的有关财经纪律。

现已查明，原辅公司于2003年7月4日、7月18日、8月19日开出三批收款人均为中石化上海晴纶销售部的银行承兑汇票共计5900万元，向其采购原材料，由原辅公司总经理叶小婴亲自到鹤山将承兑汇票交给粤美雅副总经理董光元，委托他带去上海交给中石化上海晴纶销售部。董光元将其中3400万元银行承兑汇票由中石化上海晴纶销售部背书转让给粤美雅，粤美雅通过鹤山海峰贸易公司和深圳多明基贸易公司贴现返回使用。直到2004年5月开票银行向轻纺控股财务结算中心追要增值税发票，轻纺控股财务结算中心与原辅公司有关人员追问中石化上海晴纶销售部，而中石化上海晴纶销售部不承认收到了上述款项，再追问董光元才承认是粤美雅贴现使用了上述款项。由于调查组没能向中石化上海晴纶销售部以及董光元进行核查，董光元为何能够将上述汇票办理背书，尚不得而知。

为了填补漏洞，轻纺控股的叶小婴，李叶辉、吴志红、曹杰、林穗生和周清清共同商量决定并经吴志红同意在轻纺控股向粤美雅提供的借款中解决此事，即从2004年4月17日至5月25日，粤美雅从轻纺控股提供的4笔共计5600万元借款中，分别于2004年3月16日开出1笔330万元、4月7日开出2笔各为700万元和780万元、5月17日开出1笔500万元、5月25日开出2笔均为500万元，共6笔银行汇票合计3310万元以退货款的名义返还给原辅公司。

为了隐瞒事实真相，原辅公司不将这3310万元银行汇票入账，私下背书到中石化上海晴纶销售分公司重新购货，将货发给粤美雅，原辅公司最终得到的还是一张欠款条。在纪委的调查过程中轻纺控股有关当事人一直共同隐瞒此事，原辅公司在财务做账时不将3310万元的收款以及背书给中石化上海晴纶销售分公司的过程真实记账。

掌控“小金库”销毁开支记录

现已查明，粤美雅在2003年底欠银行债务近8亿元，本身已处于停工状态，依靠轻纺控股提供的借款才继续运转起来，2004年用轻纺控股提供的借款1481.32万元购买外汇配额收入港币115.10万元、美金3.02万元。轻纺控股派往粤美雅任财务总监的林穗生和财务经理周清清，根据粤美雅总经理曹杰的意见，于2004年5月11日以林穗生名义在中国银行鹤山支行开立个人账户，将上述收入港币115.10万元、美金2.72万元（另有3000元美金因残币银行不接纳而未存入该账户）存入该账户，成为曹杰等人的“小金库”。起初由周清清管理存折和现金，周清清因病返回轻纺控股后交由林穗生管理，2005年2月5日前仍有资金进出该个人账户，曹杰和林穗生等人掌控使用，直至2005年2月5日才将该账户销户，开支情况记录也已经销毁。

空头业绩诱使巨额国资“打水漂”

按照原辅公司与粤美雅签订的代理采购合同，由粤美雅联系并确定供货商和原材料品种，原辅公司负责资金保障和验货。2003年6月，原辅公司根据粤美雅的要求与深圳利宝达公司签订了1100万元的晴纶购销合同，并于2003年7月18日开出1100万元银行承兑汇票。汇票开出之后，全部由粤美雅财务人员从原辅公司领走，但粤美雅发函给原辅公司，称深圳利宝达公司无法全部交货，要求将其中800万元汇票退还给原辅公司，由原辅公司重新开给中国石油天然气股份有限公司化工与销售华北分公司购货。原辅公司同意并照此办理了相关手续。深圳利宝达公司至2003年8月1日仅提供了203.16万元的货物，之后再没有交货，也没有开具发票给原辅公司。2003年11月至12月，原辅公司两次发函给粤美雅，要求粤美雅与利宝达公司联系解决所欠发票问题，粤美雅复函称正在积极处理这件事情。直至2004年6月，当原辅公司与利宝达公司联系时，该公司已人去楼空无法找到，所欠货款96.84万元及203.16万元的购货发票至今无法收回。

原辅公司向粤美雅提供借款的同时，向粤美雅收取资金占用手续费，收费标准为银行同期利率加税金（营业税和附加税），2004年共收取资金占用手续费为1833.8万元，作为该公司当期收益；另外，原辅公司颠覆资金为粤美雅代理采购原材料，双方商议原辅公司向粤美雅收取原材料实际交货金额3%的代理手续费，均从上述共管账户划出。表面上，轻纺控股的这种借贷行为增加了销售额21694万元（即代理采购原材料垫付资金数）、实现毛利2千多万元。实际上，收取的手续费就是轻纺控股从自己向粤美雅提供的资金中扣留的，粤美雅本身并没有出一分钱。这些借款又都是轻纺控股从银行贷款来给粤美雅的，轻纺控股还要不断承担银行的利息。这种“销售额”却成为轻纺控股完成业绩的重要指标，实质上是严重损害了国家的利益，造成了38254万元借款资金到期无法收回或大部分无法收回的后果。

“一把手”擅权巨资流失须警醒

决策依据主观臆断。陈金水在没有经过轻纺控股领导班子集体研究和向广新外贸集团有限公司请示报告的情况下，擅自决定向面临停产退市的粤美雅提供47000万元额度流动资金借款，结果导致巨额国有资产损失，是典型的违规决策导致国有资产流失。当前，一些国有企业管理决策人员，在重大项目投资、并购企业、与民营企业合作等方面，缺乏科学论证的知识和意识，经营理念还停留在计划经济时期，个人主观臆断，不进行严格的科学论证，也不采取相应的措施保障，造成决策失误，导致国有资产流失。

利润依靠违规拆借。陈金水在“为本企业寻求新的市场空间和利润增长点”思想驱动下，擅自决定向粤美雅提供4.7亿元流动资金借款额度，向粤美雅收取标准为银行同期利率加税金（营业税和附加税）的资金占用手续费，作为该公司当期收益，结果造成巨额国有资产损失，是典型的违规拆借行为。当前，一些国有企业管理决策人员在企业管理和经营等方面法纪观念淡薄，不注重依法经营和规范经营，面对自身企业在市场经济情况下的困境和忧患不知所措，为寻求本企业所谓的新的市场空间和利润增长点，违反规定甚至违法，擅自决定从事拆借、期货、期权等高风险金融衍生业务，想获取高于银行的利息收入。由于违规违法而得不到法律保护，有的不但利息收不到，连本金都难以收回，从而导致国有资产的严重流失。有的企业管理决策人员甚至把国有资产当作自己的“家产”，想怎么干就怎么干；但是，反过来把企业受到的损失又不当作自己的“家产”，一点也不心疼和珍惜。

发展凭借盲目兼并。正如陈金水在向省国资委调查组提供的《收购粤美雅的有关情况和问题汇报》中所说的：“缩短上市征程，实现借壳上市，为我司纺织品出口提供更广阔的发展空间和开辟新的金融渠道”，他在这一好大喜功错误思想的驱动下，继而产生了“充分利用自身的资金优势加速粤美雅的经营规模扩张和产业升级，实现收购粤美雅的战略目的”的行为，因而在2003年底想方设法花了1.18亿元多收购了鹤山市政府所持有的占粤美雅总股本

24.99%的国有股权这个“烫手山芋”。今年年初，轻纺控股根据粤美雅的经营现状和面临倒闭退市的状况，为了减少损失，不得不连同债转股将出资1.4亿元多所持有的粤美雅29.68%的股份以600万元的价格出让了，造成国有资产的巨额损失。当前，一些国有企业管理决策人员狂妄自大，加上好大喜功的思想，不顾自身企业规模，超常规兼并重组那些规模和自身相当甚至远大于自身的企业，总认为相对控股就能掌控大型企业，总认为以很小的成本就能掌控巨大的资源为己所用，结果由于现阶段市场经济法律法规还不健全，极有可能出现被控股企业的其他股东侵吞国有资产行为的发生。

*以邻为壑的地方保护主义。*当地政府向轻纺控股转让所持有的粤美雅总股本过程中，他们非常清楚粤美雅的经营和财务状况，但他一是极力鼓动轻纺控股收购粤美雅国有股股权，向轻纺控股转移风险；二是他们只看到粤美雅摘牌退市将对地方经济发展和财税等方面造成的损失，没有站在国家的整体利益考虑问题，而是设法促使轻纺控股向粤美雅提供流动资金，从而使粤美雅恢复生产获得税收，结果是造成轻纺控股巨额国有资产的流失。当前，由于地方保护主义思想作怪，某些地方政府部门违背市场经济规律，盲目为面临退出市场的曾为当地纳税大户的民营企业提供保护，尤其是为上市民营企业保牌救市，想方设法促使异地或国有企业与其进行“拉郎配”式的并购或重组，这种做法极有可能造成国有资产流失。因为在控股权向异地或国有企业转移时，如果股权转让等获得投资回报以补偿额外支付的“灰色成本”，更有可能在控股权转移的同时转移其企业利益，不经意间的“国进民退”就造成国有企业在获得控股权的同时就承担了极大的风险。

【点评】这是一起无合同、无合法凭证、无合规手续，对提供的资金真实用途和去向以及资金回收监管不力，因而造成国有资产重大损失的案件。企业决策者好大喜功，对重大决策在信息不明、事出蹊跷的情况下，居然想当然地拍胸脯拍脑袋决策，而且还没有谁能监督得了。其结果“崽卖爷田不心痛”，国企变成“冤大头”。此案引人沉思，它警示我们：国有企业严格执行“三重一大”决策制度不可懈怠！

（根据广东省国资委纪委供稿整理，原载本人主编《警醒与沉思：广东国有企业典型腐败案例盘点》，2012年广东旅游出版社出版）

魔道斗智挽国资

——广东省粤华国际贸易集团有限公司境外巨额国有资产确权记

2005年，广东省广业资产经营有限公司（以下简称：省广业公司）纪委成功查处了属下一级企业——广东省粤华国际贸易集团有限公司（以下简称“粤华公司”）境外国有资产流失案，这是省广业公司成立以来查办的涉案金额最大、情节最复杂、性质最严重的一起违纪案件。该案涉案人员包括粤华公司董事长、党委书记冯骥及粤华公司内、外部人员等10余人，涉案的境内外企业达18家。本次办案共处分5人，为国家挽回经济损失4500万元。

粤华公司的前身——广东省粤华能源开发公司，为省某委办企业。本案主要涉案人冯骥曾任该委某处处长，并于1995年起任粤华能源开发公司总经理。省广业公司成立后，粤华能源开发公司脱钩转为省广业公司的一级企业，并更名为粤华公司。冯于2001年起转任粤华公司董事长、党委书记，其间，他违规私设企业，编织了一张涉及境内外、错综复杂的涉嫌转移侵吞国有资产的关系网。

蛛丝马迹引出大案线索

2005年，粤华公司出台改制方案，并十万火急地要求省广业公司为其担保巨额借款。但是，粤华公司最近两年销售额和利润均大幅下滑，而与此同时，审计部门通过对该公司属下企业进行资产审计，也发现了其与部分企业资金往来不正常，存在账外经营的重大嫌疑。再联系到此前群众举报冯骥在境外私办企业的问题，这一连串看似零碎却又隐约有着某种内在联系的信息，引起了公司纪委的高度警觉。2005年8月，公司纪委对有关问题展开初核。通过找有关当事人谈话，大量查阅工商登记资料、银行资料及有关企业的账册，证实了粤华公司存在私设账外公司并将资金用于账外公司运作，涉嫌转移国有资产的重大问题。

11月10日，省广业公司党委、纪委果断决定，对冯骥等人进行立案调查，并于同年11月11日对冯采取“两规”措施。针对其担心被移送司法机关的心理，公司纪委领导及时与其深谈，适时亮明政策：只要坦白交代并协助挽回损失，就在政策允许的范围内争取给予其最大限度的从轻从宽处理。经过一个月的激烈较量，冯于2005年12月初对其私设境内外公司的问题以及作案手法作了比较彻底的交代。具体说来主要有以下几种手段：

一是瞒天过海，成立账外公司。冯骥隐瞒上级主管部门，利用其妻陈美娜的香港居民身份买壳，擅自成立粤华（香港）公司即EMD公司。此后，又在境外买入3家壳公司，再通过这3家壳公司交叉持股控制5家境内外公司。这些账外公司没有按常规办理公司产权归属的公证手续，致使公司产权性质模糊，巨额国有资产游离于境外个人名下。

二是操纵运作，截留国有资产。冯骥相中香港自由港的优势，利用EMD公司融资、出口和结算，与粤华公司进行关联交易。但从表面上看来，EMD公司与粤华公司完全是两家独立的公司。EMD公司将客户货款收讫后，就根据双方签订的购销合同向粤华公司支付相应的款项，其余利润则截留下来，积累至案发时达200万美元；截留的款项又通过另一账外公司投资回境内的账外公司——“佛山日通公司”。通过诸如此类的手法，形成了前述3家壳公司交叉持股控制5家境内外公司的局面。

巧借外力确权国有资产

粤华公司案件查清后，只有尽快界清产权，转名并收回账外公司权益，才能真正追回流失于境外的国有资产，确保国有资产安全。由于该案所涉及的大量国有资产还在粤华公司境外公司陈美娜以及香港居民黎小鹏的名下，而这些资产又以境外公司名义投到了“佛山日通公司”内。如何理顺粤华公司与“佛山日通公司”的产权关系，将游离于账外的国有资产确权回归粤华公司账下，成为办案工作的重点和难点。

但是，确权面临许多难题：一是粤华公司香港系列账外公司的主体在境外，而粤港两地的司法、社会制度、法律制度不同，反贪办案的渠道和方式也没有对接，仅靠我方办案力量难以顺利确权。二是粤华公司和香港系列公司的产权代理人系境外人士且带有明显的抵触情绪，她们如不配合工作，确权将始终无法跨过法律程序这一关。就在此时，陈美娜已经离开香港前往加拿大探亲——是否返回、何时返回均难以预料，能否争取到她的配合将事关成败。三是陈美娜、黎小鹏等人曾经以个人名义为EMD公司向香港银行申请300万美元的长期贷款，并作了不可撤销的个人担保。这一棘手难题，省广业公司自身无法解决。

经过反复权衡利弊，办案组迎难而上，大胆创新办案手段，采取聘请境外法律中介机构、并通过他们申请香港警方协助等方法，最终追回损失——包括确权回收的账外公司资产，以及收回从粤华"小金库"、属下企业转移到账外公司的资产，价值总计4500万元。

（一）巧借外力，为我所用。办案组采取包干收费的方式，聘请了一家同时具有内地和香港司法背景的香港律师事务所，由其全权代理确权的相关法律手续。这样一来，我方办案力量无形中就得到了加强，而可能产生的区际法律冲突问题也得以通过专业途径解决。此外，陈、黎曾心存侥幸，认为身在境外就可以逃避法律制裁，并通过不断往来于香港、加拿大等地与办案组周旋、讨价还价。针对这一情况，办案组通过律师请求香港警方介入，并通过香港警方致电陈、黎，说明她们的行为非但不受香港法律保护，而且很有可能受到香港法律的追究。这给陈、黎造成了较大压力，促使她们最终选择配合签署了有关确权文件。

（二）情理结合，掌握主动。在对冯骥采取"两规"措施期间，办案组一方面依法依纪办事，要求他实事求是地把问题交代清楚，另一方面从生活上、情感上给予他细心照顾和关怀，晓之以理与动之以情相结合，深深地打动并感化了他。此后，冯先是就其曾指使陈、黎以个人身份登记注册成立前述香港系列公司作出书面说明，后又对陈、黎发出敦促，要求她们分别出具相应的信托声明，承认香港系列公司的产权和收益应归粤华公司。

（三）引进合作，化危为机。为了解除陈、黎的个人担保责任，经我方所聘的律师事务所推荐，省广业公司引进战略合作方——愿意与粤华公司合作且具有一定信誉和经济实力的香港泛华公司，由其出面承接陈、黎的担保责任。至此，原本十分棘手的难题迎刃而解，确权工作的最后障碍得以清除，同时也为香港系列公司引入了有较强资本实力和融资能力的合作伙伴。

依纪办案实施治病救人

办案组坚持按照“事实清楚、证据确凿、定性准确、处理恰当、手续完备、程序合法”二十四字方针，严把办案程序关、查案质量关和定性处理关，依法依纪将案件办好，办成“铁案”。尤其是该案涉及诸多境外事项，在跨境执法、司法渠道还没有对接的情况下，更是依法依纪谨慎办案。公司纪委通过审计掌握确凿的证据后决定初核，在初核的基础上决定立案，并在报批获准后才对当事人采取“两规”措施，做到程序合法、手续完备。而在对冯骥立案前，办案组开展了近3个月的细致的初核工作，做到事实清楚、证据确凿。最后，在对冯骥所犯错误的性质是违规设立账外企业、违规运用资金，还是私办企业、转移国有资产进行认定时，经过仔细研究和深入探讨，准确定性冯骥的错误行为系违规设立账外企业，而该定性意见也得到了上级纪委的认可。

考虑案发后，主要当事人冯骥在组织的教育下，能主动坦白交代问题，积极配合确权工作的开展，积极协助组织追回流失的全部国有资产，省广业公司党委、纪委向上级领导机关建议对其给予从轻或减轻处理。最后，组织上给予了冯骥开除党籍和降职降级使用的处分。冯骥一案的处理结果，既维护了党纪法规的严肃性，又教育和挽救了迷途知返的领导人员。

【点评】国资不是唐僧肉，摇身一变就想吃。冯某自作聪明，瞒天过海，境内境外皆设公司，关系网遍布，其司马昭之心，昭然若揭。好在我纪检部门反应快速，启动“猫捉老鼠”的行动，更以强大的政策威力攻心，终于保全了巨额国有资产。本案有两点值得借鉴：一是政策攻心有内力，二是外力借用有把握。内外呼应，终于化解危机。

（根据省广业公司纪委供稿整理，原载本人主编《警醒与沉思：广东国有企业典型腐败案例盘点》，2012年广东旅游出版社出版）

欲望癫狂　美女老总倒在跨国项目

——广东海外建设集团有限公司原总经理耿珺贪腐案

2011年7月18日，身着看守所囚服的耿珺缓缓步入广州市中级人民法院接受审判，这是她的一审二次过堂，剪了一头短发的她，容颜憔悴，目光呆滞，早已失去了往日风采。这个曾在广东省国资系统闪耀的新星，此刻已黯然失落。她因犯贪污罪、行贿罪和失职罪，且贪污数额巨大，造成重大项目搁浅和巨额损失，使企业产生高达12亿元的负债风险，经法院一审判决：耿珺犯贪污罪，判处有期徒刑十五年，并处没收个人财产人民币20万元；犯行贿罪，判处有期徒刑九个月；犯国有公司人员失职罪，判处有期徒刑一年六个月；决定执行有期徒刑十六年，并处没收财产20万元。其他相关人员也受到法律制裁。

据指控，耿珺伙同项目经理、下属副厂长等三人，通过侵占跨国项目工程款贪污2233万元，行贿上级领导10万元，还滥用职权不按规定招标，使工程造价比事后预算低出5.86亿元之多。2008年春，巴项目工人集体到我国驻巴基斯坦卡拉奇总领馆讨薪，遂引发关注，引爆本案。

耿珺其人

耿珺，女，汉族，1972年8月生，湖北省红安县人。原任广东海外建设集团有限公司（以下简称：海外集团）总经理、广东省人大常委会常委。由于她天生丽质、公关能力和开拓业务能力较强，她在企业中不断得到重用，先后担任海外集团部门副经理、经理，公司副总经理、总经理，可谓仕途一顺百顺，成为当时企业中为数不多的年轻美女老总。

但好景不长，2011年12月17日，经广州市中级人民法院一审查明，耿珺与海外集团投资发展项目部原经理楚某、投资发展部原项目经理张某、高明污水处理厂原副厂长黄某，于2007年密谋套取由耿珺负责的海外集团承接的巴基斯坦高级住宅小区工程项目（以下简称：巴项目）的工程预付款370万美元（折合人民币2814.331万元），除购买工程设备和材料支付人民币580万元外，实际侵占人民币2234.331万元。同时，耿珺在负责巴项目期间，还存在失职和行贿行为，给国有资产造成巨额损失。那么，让我们来回溯一下这位美女老总是怎样走上沉沦之路的？

案情回溯

挖空心思套取巨额工程款。2006年7月至9月，耿珺为了个人利益，先以其姐耿某的名义，与楚某、张某、黄某成立广州浩泓环保科技有限公司，后成立以其母王某荣为法人代表，楚某、黄某分别为经理、监事的佛山市高明区泓达投资咨询有限公司（以下简称：佛山泓达），再以上述两公司及虚报广东省华侨建设工程有限公司为股东，注册成立佛山市广弘华建水务投资有限公司（以下简称：佛山广弘）。谎称佛山广弘的企业性质为国有公司，以作为收购方，又伪造广东省广弘资产经营有限公司印章盖章担保，准备以人民币2.3亿元收购佛山市高明区供水总公司（以下简称：高明供水公司）。

2007年6月，为筹集首期收购款，耿珺与楚某、张某、黄某密谋侵占其负责的海外集团承接的巴项目工程预付款。为此，耿珺安排楚某编造工程项目合作承包施工合同书（甲方是巴项目部，乙方是佛山泓达），由其盖上双方印章，然后耿珺依据此合同，以向合作方付款为由，安排张某持由其审批的海外集团的付款手续，将巴项目业主方预付的部分工程款370万美元（折合人民币2814.331万元）转到佛山泓达账中。除为购买工程施工设备和材料支付人民币580万元之外，实际侵占人民币2234.331万元。

2008年7~12月，广东新广国际集团有限公司（下称：新广国际集团）纪委受广东省国有资产监督管理委员会监察室委托，对巴项目工程预付款使用情况进行调查。耿珺、楚某为了掩盖侵占工程预付款的事实，向调查人员作虚假陈述。在耿珺指使下，通过黄某协助制作巴项目实际施工方黄×祥的签名，楚某伪造了黄×祥收到海外集团所支付的工程款的收款收据，由耿珺交给相关部门以应付调查。

失职渎职造成国资巨额损失。2006年11月，经黄×祥、陈某畴介绍，海外集团委托耿珺前往巴基斯坦投标巴项目。耿珺未按海外集团的制度规定进行项目的风险评定并履行相关审批流程，过分相信巴项目实际施工方黄×祥所做的预算，造成巴项目的钢筋混凝土部分的工程造价比事后所作预算低5.86亿元人民币，而且在仅与巴基斯坦开发商签订《中标通知书》，未签订《工程承包施工合同》的情况下就开始施工，导致巴项目未能按原方案进行，工人工资不能如期发放。2008年2~3月间，巴项目工人集体到我国驻巴基斯坦卡拉奇总领馆讨薪。耿珺在得知后一周内仍未采取有效措施加以解决。后经广东省政府相关部门敦促和协调，在新广国际集团的责成下，局势才得以控制，但已在国际上给国家和企业形象造成恶劣影响。给企业造成9000多万元人民币银行保函被划走及高达12多个亿元人民币或有负债的风险。

行贿领导沆瀣一气获支持。2006年11月，海外集团承接巴项目后，耿珺极力主张承包经营项目。后经海外集团领导讨论并报上级公司新广国际集团批准同意，决定由耿珺承包巴项目。耿珺为感谢上级公司领导的帮忙并希望日后得到其继续支持，2007年中秋节期间送给新广国际集团原董事长吴日晶人民币现金10万元，吴也笑纳之。

反思与警示

自律不存，欲望脱缰。俗话说："君子爱财、取之有道"。耿珺作为国有企业的总经理，公司已给了她丰厚的薪酬，本应通过提升经营管理业绩而获得更多报酬。但她私欲如脱缰野马，恣意纵横，她人生观、价值观已严重扭曲，不是靠正当经营去赚钱，而是想走"捷径"，通过歪门邪道把国有资产占为自有。她不择手段，胆大妄为，弄虚造假，贪污巨额工程款。演绎了一个现代版掩耳盗铃故事，最终成了大家的笑柄。

监督缺位，盲人瞎马。巴项目都说是耿珺承包，但直到巴项目发生工人讨薪、项目停工，耿珺在个人承包合同书上仍然没有签字。这说明海外集团董事会、领导班子在实施巴项目过程中，对是否属于个人承包也存在模糊情况，没有最终办理好个人承包的相关手续。在耿珺未签订个人承包合同书的情况下，海外集团并没有采取有效措施加强对巴项目这一重大项目实行有效监督。只需凭耿珺一句话，大额资金使用和调拨就可随意调动。犹如盲人瞎马，加上监督空白，如是，耿珺等人的欲望之门大开，不出事才怪。

权欲熏心，失职渎职。身为国有企业的总经理，理应认真履行职责，正确行使手中权力，约束好身边的人，做好职责范围的事，以管理促效益，确保国有资产保值增值。而耿珺却不然。她带队到巴基斯坦洽谈项目时，不进行项目风险评估，不进行正常的审批流程，过分相信巴项目介绍人黄×祥所做的预算，为国资蒙受巨大损失埋下伏笔。在未签订《工程承包施工合同》的情况下，女人的权力欲望再次作怪，耿珺擅自发号施令，组织施工。当不能如期发放工人工资发生群体讨闹事时，耿珺则束手无策，结果给企业乃至国家带来了负面影响。

弄虚作假，胆大妄为。为了侵吞巴项目工程款，耿珺还拉拢属下管理人员，形成腐败山头，共同作案。他们一干人弄虚造假，没有分包合同就制造虚假合同，没有公司实体就设立五花八门的公司，甚至虚设之，谎称企业性质；没有对方收款证明就虚构假收款收据；没有私章、公章就私自刻制假印章；还利用黄×祥瘫痪无法辨别事物这一契机，制造工程款支付给施工方黄×祥一方，以欺骗组织、欺骗领导、欺骗同事。耿珺等人以为得计，滴水不漏，但法网恢恢，疏而不漏，其结局自然是可悲的。

耿珺一案如今已尘埃落定，但其教训是深刻的。一是必须加强思想教育，防控企业廉洁风险。当前，个别企业领导人员忽视自我教育，忽视人生观价值观的升华，对自我对人生的内在认识发生了偏差，拜金主义和享乐思想占住了内心世界。耿珺常以经营和管理工作忙为借口，放弃政治学习和思想教育，失去一名国企领导人员的应有操守，将党纪国法和企业规章制度全抛之脑后，利用手中的权力恣意侵吞国有资产。耿珺案警示我们，必须切实加强企业领导人员的政治学习和思想教育，切实增强法制观念和自律意识，在各种诱惑面前站稳脚跟，自觉防控廉洁风险，远离腐败。二是必须加强作风建设，发挥勤廉表率作用。国企领导人员的作风如何，拒腐防变能力的强弱，对企业能否较好发展起到关键性作用。耿珺带队到巴基斯坦考察项目，只听信项目介绍人的汇报，不核实项目预算，不按程序进行风险评估，首次洽谈就草率签订《中标通知书》，在未签订《工程承包施工合同》的重要前提下，仓促施工，造成了严重失误，这就是因作风漂浮而酿成的恶果。平时耿珺霸道专横，对群众民主监督和上级的制度监督一直持抵触情绪，视而不见，对群众意见充耳不闻，对上级监管拒不接受。古人说：“君子之德风，小人之德草，风行草偃 ”，上有所好，下必随之。本案再一次证明，企业不抓领导班子的作风建设其危害将是毁灭性的。三是必须强化监督措施，切实预防职务犯罪。权力失去控制和监督必然导致腐败。国有企业领导人员权力相对集中，如果对涉及企业重大决策、重大项目安排、重要人事任免、大额资金运作，不坚持集体研究，而是个人说了算，则出大事是早晚的事。耿珺即是典型，“三重一大”决策制度在她眼里被视若无物，她对于权力和金钱的欲望被尽可能地放大了，其结局是可想而知的。

【点评】当权力与贪婪结合，它或许能像罂粟花一般的灿烂，但结出的必是苦涩之果。本案主角耿珺，她的成功与学历无关，也与背景无关。但见过她的人，都说这小女子长得漂亮——这对于女人来说，就像阿里巴巴获得了开启宝库之门的密码；有人说她公关能力很强——此话不准确，应该说，漂亮的女人本身就是公关能力。于是，当她置身于吴日晶领导下的新广国际集团这样的大环境下，她的欲望就像疯长的曼陀罗花，享有盛开的一时美丽，却需要一生的无根之水来浇灌。

（根据新广国际集团纪委供稿整理，原载本人主编《警醒与沉思：广东国有企业典型腐败案例盘点》，2012年广东旅游出版社出版）

05

勤廉之范

春潮起南粤，清风润国企。那些在改革开放大潮中开拓创新、坚守底线、勤廉守纪的国企领导人无疑是廉洁从业的典范。这些年来，走访在推动国企改革发展中有卓越成效、有良好口碑的国企领导人员，都有一个共同特点，就是对反腐倡廉工作的认识比较深刻，深知个人底线不能失、监督监管不能松、防腐堤坝不能溃，能够洁身自好、克己奉公。这部分是作者或与人合作采写的人物，从不同侧面记述了他们谋事之道、修身之道、清廉之道的点点滴滴。

广东国有企业境外投资的监管之道

——专访广东省国资委主任、党委书记温国辉

境外企业作为国有企业的形象代言人，是中国企业走出去的领头羊和先遣队，在招商引资、加强对外贸易和投资交流、维护国家经济安全方面发挥着不可替代的作用，做出了重大贡献。近年来，我省高度重视境外企业的健康发展和境外国有资产安全问题，进行了大胆探索和实践，本刊记者专访广东省国资委主任、党委书记温国辉。

记者：省国资委在国有企业境外投资监管这一块做了哪些富有成效的工作？

温国辉：境外企业所在地既有先进发达国家和地区，也有贫穷落后国家和地区，且社会制度、法律政策、经济环境、文化背景等方面与境内均有着非常大的差异。加上境外企业点多、面广、分散的特点，也使监管难度加大。近年来，我省国有企业积极探索，不断总结提升，为加强和规范境外投资监管富有成效地开展工作，主要体现在：一是监管意识日益增强，形成了内外联动、共同规范国有企业境外投资的新格局。二是制度建设不断完善。继去年12月省国资委出台了《省属企业境外国有资产监督管理暂行办法》后，最近，我们又制定了《广东省加强国有企业境外投资监督管理工作的指导意见》，为规范和监管境外投资定下了圭臬。三是治理机制趋于合理。既能根据境外企业所在地的法律法规维护我方合法权益，也比较注重强化境外企业的内控管理工作，如要求离岸公司的经营运作、人事任免、产权转让、对外股权投资等重大事项均须报集团审批；所有银行账户均开设于香港或内地，且账户的签字人及签字权的设定也均须得到集团审批。目前，我省境外投资的国有企业大多设立了专门的监管机构，统一对境外投资所形成的国有资产和国有产权进行归口管理。

记者：近年来，我省国有企业境外投资监督管理工作确实取得了很大成效，但出现的问题也不容忽视，您认为主要存在哪些问题和薄弱环节？

温国辉：今年9月份省纪委、省国资委联合召开的全省国有企业境外投资监管会议，既是为了总结监管经验，更是为了找出差距，进一步完善监管举

措。我认为，存在的问题主要有四点：一是制度建设和监管规范有待加强。不少国有企业虽然根据自身实际制定了相关境外投资监管制度，但总的来讲涵盖面不广，原则性规定较多而细化措施不够。一些企业在实际投资运作和监管中还存在个别不规范行为，如投资决策和计划时未能很好地进行风险论证，盲目投资经营的现象时有发生。二是存在重投资轻监管的现象。一些国有企业境外投资后，未将所形成的境外国有资产和产权、股权等全部情况纳入产权登记系统，未真实反映个人代持股等情形；对境外投资资产未有效消化整合就急于下一步扩张，战线拉得过长；对境外企业监控不到位，出现擅自投资高风险的金融衍生和非主业业务的行为，造成重大损失。三是境外投资经营管理人才比较匮乏。不仅缺乏懂外语懂法律的专门人才，也缺乏熟悉国际市场规则的人才，更缺乏国际化经营的复合型人才，且不少企业尚未建立有效的人才培养机制，人才储备严重不足。四是与国际接轨的力度不够，特别是文化融合程度不够。对投资当地的思想观念、人情风俗、宗教信仰、工会制度理解不透，忽视对当地人才的激励约束，也未能较好地让外方人员理解我方的管理理念和经营文化，造成经营活动中的矛盾难以磨合。我们只有高度重视并认真研究解决这些问题，国有企业“走出去”的道路才能越走越宽广。

记者：站在“国际化”的高度，您认为我省国有企业境外投资监管工作如何上台阶上水平？

温国辉：俗话说“出水才看两腿泥”，企业实施“走出去”战略，不可能一蹴而就，它涉及方方面面，是一个系统工程。如何促使国有企业境外投资监管上台阶上水平，需要有一个不断探索总结完善提升的过程。我认为应抓住以下几方面的工作：

一是必须明确境外投资的监管导向。既要充分考虑国家政策导向和战略意图，也要考虑地方的经济大局。对关系国家和地方经济安全、国民经济命脉的资源、能源领域，制约经济社会发展的短缺和稀缺资源领域，要主动出击，优先介入；对有利于增强国家在国际舞台上的话语权的海外市场，如非洲、中东、亚太市场等，要站在讲政治的高度，积极开拓，发挥作用；对涉及地方支柱产业发展的原材料供给、物流配送及研发、生产、营销体系拓展等领域的项目，要重点策划，谋划布局。可以说，近年来国内企业成功“走出去”的，如省广晟公司境外并购矿产资源、省粤电集团收购澳大利亚煤矿等，其中一个相当重要的因素就是能紧紧围绕主业，固本拓源，从而保持基业常青。二是要结合内外因素，分轻重缓急，适度把控投资并购节奏，使海外拓展与自身人、财、物以及管控水平相匹配，按照“控制节奏、消化吸收、整合优化”十二字方针，量力而行。三是必须坚持合资合作经营中的掌控原则。既要注重与境外本地企业合资合作、共同经营，以分担境外投资经营风险，也要考虑到境外特殊的营商环境，坚持以持有控制权为导向。我们确立了一个基本原则，没有控制权的境外投资原则上予以禁止。另外，对当地国的“政治化”或政策、环保等因素也应该一并加以考虑，以避免造成重大投资损失。

记者：要确保国有资产境外投资安全，使国有企业“走出去”，既走得好，也走得稳，您认为应该如何防控投资风险，包括廉洁风险？

温国辉：毫无疑问，国有企业境外投资面对的风险肯定要大于国内投资，譬如有企业境外融资风险、投资决策风险、当地政府监管及服务风险、境外投资保护风险、投资环境风险等，可以说，风险无处不在，且一旦发生风险，我们在境外往往处于弱势地位，出现损失也难以挽回。因此，必须加快建立健全境外投资风险防控体系。

一是做好境外投资评估工作。要加强对投资所在国家和地区政治、经济形势评估，善于借助利用好国内外知名社会中介机构和专业机构，认真做好尽职调查和风险评估工作，真正把境外投资监管、境外风险防范与市场论证、技术论证、法律论证有机结合，加强市场分析和预测，建立风险防范预警机制，提高对海外市场形势变化的敏感性。二是注重境外投资策略。要积极贯彻“双赢”策略，实行境外企业本地化战略，加强对投资所在国的公关策略；对资源开发等敏感领域的投资根据所在国情况可以债务形式出资，通过产品分成获得收益，避免直接取得控股权所带来的国有化风险。三是认真完善境外企业的治理结构和内控机制。有条件的应设立专门的监管机构，完善各类监管制度，建立科学的监管体系，配备相应的专业监管人员，对境外企业的经营管理情况进行定期内部评估、监察、审计和监督管理，并提出相应的改进建议，积极应对和防范境外投资经营风险。还可以借助外部治理环境的强监督作用安排内部治理。四是实施法律审核意见书制度。按照我委《关于进一步加强省属企业法务工作的意见》规定，企业重大经济事项、订立重要合同、处理重大纠纷、解决重大法律问题及其他需要论证的法律问题，应当制定法律审核意见书。五是加强对重点风险点的监控。如境外企业设立的离岸公司，国有企业要制定严格的管理制度，加强对离岸公司重大事项的监管，规范离岸公司经营运作，防止国有资产流失。六是建立应急机制。对境外安全和突发事件要有应对、妥善处置突发事件的应急预。此外，加强境外投资的廉洁风险防控，也是不可忽视的一环，要建立和完善境外投资经营主要负责人述职述责述廉、个人财产、子女出国（境）定居等重大情况申报、外派人员资格审查和问责、惩处等监管制度。

记者：您说过联想集团兼并IBM是海外兼并的一个成功案例，联想集团的柳传志有一句名言，大意是有资金有项目如果没有合适人才也不投资，您反复强调过境外投资必须着重培养一支人才队伍，能否就这个问题谈谈？

温国辉：是的。我始终认为，国有企业“走出去”开展境外投资活动，最大的风险其实不在于外部原因，而主要在于自身管理不善，很多看似“天灾”，背后总少不了“人祸”的影子。因此，“人才”问题不解决好，境外投资经营就会很危险。汪洋书记在视察广晟卡利登公司时也特别提到了人才问题。因此，培育一支与国际化相适应的人才队伍，是增强境外企业核心竞争力的重要途径。现在我们省属企业越来越重视境外企业管理人才，尤以是领军人才的培养。必须转变人才使用观念，尽快制订和实施中长期国际化经营人才培养计划，真正打造一支适应境外企业经营发展需求的人才队伍。对熟悉投资国当地的政策、法律、文化，以及社会民俗，通晓国际规则，善于沟通融合的人才、通才，要予以重用。同时，对待人才，还须建立健全与国际接轨的激励机制，比如可以与股权、期权挂钩，业绩关联，额外的商业保险和分红等等，进行相应的制度性安排，是激励人才干事创业的不二法宝。

（原载《国企清风》2012年第4期）

廉洁是从业的自信和底气

——专访广东省机场集团有限公司董事长、党委书记吕业升

3月一个风和日丽的下午，我们如约来到广东省机场集团董事长、党委书记吕业升的办公室。吕总微笑着迎出，说道："接受专访让我有点忐忑啊。如果纯粹专访我个人，我还真不好说，但让我说说机场集团公司的纪检监察工作做得怎么样，我再拒绝就显得有些矫情。"于是，我们也不寒暄，落座之后直入正题。

廉洁意识为大项目护航

"说机场的纪检监察工作抓得特别好，我不敢说，应该说省纪委和国资委对我们有一个特别的期待，对此我们也有一个清醒的认识。我给的评价是：很有基础，很有成绩，尚需努力"。

据吕业升介绍，机场集团的纪检监察部门组织配置上比较齐全，配备的人员也是从生产经营等业务部门挑选的工作能力比较强、综合素质比较好的同志。他强调，对纪检监察部门的工作，党委是坚决支持，要人给人，要资源给资源。

机场集团注重将反腐倡廉工作紧贴企业的发展大局，紧贴改革中的热点难点。每年都签订了党风廉政建设责任书，把企业领导人员党风廉政建设的考察考核与经营单位的业绩考核同步，与班子的年度德能勤绩考核同步，把纪检监察工作放在公司的发展大局中去把握。

提到所取得的成效，吕总举了两个例子。一是去年以效能监察为切入口，整改了水电费巨额拖欠问题。由于方法到位，不到半年时间，就追缴了近两亿元的水电费，并通过整改确立了相应的制度规范。第二个例子是，纪检监察部门全程监督内部竞聘企业领导人员的工作。通过由纪检监察部分参与，确保了选拔的公开、公平和公正，开启了用人新风。

提到工程建设领域的预防腐败问题，吕业升显得有些无奈。他举例说，最近，机场扩建工程有一个基坑地下结构的检测项目，6个单位参与竞标，但一到开标时间，其中有4个单位莫名其妙地宣布退场，剩下两个单位不具备开标条件（规定至少要3个单位），只好采取谈判的形式协调解决，结果将原定

标的价飙升到1600多万元，溢价10倍都不止。典型的围标行为嘛。最后迫使机场集团不得不取消这次招标活动。建筑市场的乱象由此可见一斑。

这件事也引发了吕业升的思考，他认为，企业领导人员保持廉洁要具备三个条件：一是必须要有严格的自律，个人要经得起考验；二是要有责任的坚持和自觉，不能一味地做老好人，以为自己不拿好处，也不得罪人，这是不够的；三是要具备专业素养，你如果不懂业务，就很难达到监督效果。

吕业升感慨道："这里是不是存在一个'软腐败'的问题呢？你不收好处，但做了老好人，是不是也给企业带来损害呢？"

把权力放进制度的笼子里

去年3月份，省纪委黄先耀书记到机场集团调研，提出了开展"政企共建"工作，确保"项目建设安全、资金运行安全、权力行使安全、干部成长安全"的要求。由于白云机场扩建工程总投资额将近两百个亿，项目多、资金投入大、工期长，廉洁风险防控难度大。省纪委、省国资委纪委和机场集团领导经过协商，确定以此为试点开展"政企共建"，梳理出28个关键环节和52个廉洁风险点，制订了92条具体防控措施。刚性介入了白云机场扩建工程详勘及详勘监理项目、第三跑道土石方及排水工程等20余个项目的招标监督。

"共建工作开展以来，成效是明显的。"吕业升评价说，"第一是提高了对风险防范机制重要性的识。我认为，要有一个有刚性有高度的机制运行来防范，不能仅靠领导人员的个人认识，要靠机制防范。二是对机制落实的态度和把握大家有了深刻认识。我们在廉洁风险防范上老是说，都建立了这样那样的机制，但不少机制形同虚设。如果建立了机制，却不赋予它刚性的权威，这比没有机制更坏。所以，政企共建机制关键要刚性介入，关键是大家都来重视和落实。要让整个企业管理队伍提升对其重要性的认识。去年机场扩建工程招标十几个亿，减少了1.5个亿，成效明显。"

"为什么我要说共建的好话呢？"吕业升诚恳地说："面对这么大的项目，各个方面、各种力量、各种关系，打招呼，施加影响，亚历山大。我曾在第一次班子会上提出（最近我又重申了一次）：要把我董事长主持董事会的决策权，党委书记主持党委会的用人权（人事任免权），法人代表在法律程序上参与资产和资金运行的决策权，全部地主动设立机制，让权力置于专业、制度和程序上运行。"

吕业升告诉记者，机场扩建工程项目多、投入大，如何保证项目建设上去了，干部不至于倒下去，充分发挥“政企共建”活动的效力很重要。

从业底气源于自律守正

“我个人的廉洁自律，概括起来有三句话：一是敬畏法律；二是敬畏监督；三是敬畏责任。”

吕业升解释说：“敬畏法律（法规）就是心中要有法，心中要有规矩，你知道什么事情该做不该做，这样你就知道哪些事情是不能做的，否则你一心以为这是为了工作，有哪些规矩立在那里。什么时候踩了线都不知道。所以，必须加强政策法规的学习。”

“敬畏监督很重要。我历来就不认为有人监督是坏事，我说班子团结的问题，团结到毫无意义就不正常，班子要有容纳有个性的领导成员，有个性的人可能错的机会多一点。为什么明朝要设立一个督察百官的机构——都察院，专门养一批官员来弹劾各级官员，权力大得很，上至君主，下至百官，他们的职责就是给你挑刺，迫使你遵章守制，战战兢兢，如履薄冰。我认为，从个人角度来讲，有人监督，你出问题的概率就少一点。出问题并不一定涉及到钱，涉及到什么事。一般的干部出问题可能危害不会很大，但一个领导干部犯错误危害的则是整个班子和单位的利益。”

“敬畏责任是基本点。作为企业领导人员，你担负了一个企业发展的责任，担负了这个责任你就不能懈怠，包括这个廉政建设方面，你就有责任做好表率。”

吕业升对国有企业领导人员的廉洁从业问题的思考，也颇有心得。

他说：“国有企业领导人员，首先要加强自律，特别是在廉洁从业和党风廉政教育方面，你讲多少都等于零，作风不正，语气不重，肯定队伍带不动。我在几个单位任职（此前，吕先后任职广旅、广业两大集团公司的董事长）有一个体会，如果一个领导人对自己有底气，够自信，你就不用担心面对的情况有多复杂。为什么呢？你永远不用担心自己有什么把柄被拿住，你处理问题下决心也就容易。我的经验，你带队伍是否带得动，自我要求一定要严格，在自律的问题上一定要能做表率！”

（原载《广东党风》2013年第5期、《国企清风》2013年第1期，与罗星明合作）

廉洁随行志向远　制度守护天地宽

——记广东省水电二局董事长黄迪领

拜会黄迪领董事长是一早约好的。然而见面前三天，发生了“5·12汶川地震。”在我们开始谈话不久，话题便自然而然转到当下的抗震救灾情况，谈到广东省水电二局在四川进行的工程，以及受到的影响。

黄迪领董事长简单介绍了一下情况，水电二局目前在四川共有大小工程八个，基本上不在震区，稍微近一点，如雅安工地也有较强震动，四五级的样子，石头从山上滚下来，但没有影响，工地的员工都及时避到生活区的球场上，设备和人员都没有损伤。

汶川地震突如其来。黄迪领董事长当时在外地出差，第一时间得到消息，作出指示：把全局的力量迅速动员起来，投入到抗震救灾的行列中去。就在采访前一天，满载着全局上下人员心意的赈灾车辆已经出发前往灾区了。而在这之前，他们也委托了四川分公司的同事，连夜将价值10万元的棉被、纯净水、食品等物资送到都江堰。全局的捐款已经达到了50万元。只要是能为抢险赈灾起到作用的，例如工程设备、物资，被称为当地最好的职工医院，包括300多名医护人员、药品，都在随时准备着为灾区服务。

那几天，全局上下群情激昂，到处都是震情报道和伤亡消息，不断有人捐钱捐物。一位80多岁的退休员工，平时生活朴素清贫，一下捐出了上万元积蓄，令人感动。

谈到赈灾的点点滴滴，黄迪领董事长脸上颇为动容。地震无情人有情，众志成城献爱心，在这个时候，全局员工，包括离退休人员和家属们，都这么团结，这么和谐，表现出这么朴实和善良的高贵品格，怎不令他为之感动和骄傲！

以改革固发展根本

细观这位国企当家人，笑容和蔼，眼神安祥，就像一位随遇而安的家庭长辈，普通得和一般劳动者没两样。是的，他是两届的全国劳模，也是一位有远见卓识、充满智慧的企业家，是广东省水电二局的主心骨。他带领这个资产20亿、净资产5亿、拥有近五千名员工的国有企业，十多年来，完成了企业从产权结构、经营模式、运作机制到效益的大跨越与大转变，又带领企业进入了资本运作的全新领域，使广东省水电二局从一家具有几十年历史的老牌国企蜕变成为一个专业领先、多种经营的具有现代经营管理模式的新型产业集团，控股中小板上市的“粤水电”市值约20亿。这么其貌不扬的一个人，他是怎么做到的呢？他是如何在风高浪急的市场竞争中看清了方向，摸到了时代的脉博，找准了市场经营与体制当中的平衡点，使一家传统企业摆脱了国企的许多通病，笑傲同侪，在改革开放前沿广东，成为国有资产中的一只“绩优股”？

黄迪领1981年从海南农场调到水电二局的时候，还是一名满怀理想的年轻人，1995年开始任职省水电二局第一把手，那年企业资产1个多亿，主要做一些水利工程的施工，职工平均年收入只有9000元人民币。上任以后，正面临着经济体制的大调整与大改革。那段时间，他目睹了多少同行辉煌一时又迅速陨灭，多少国有企业解体、转制，工人下岗。水电二局是中型企业，原来的积淀并不深厚，市场化改革是唯一的出路。

十来年过去，在黄迪领的领导下，经受了变革的考验、走出重重困境的省水电二局，获得了重生，发展成为一家多种经营、专业领先的股份制企业，从水利水电到市政工程、楼盘工程、地铁工程，样样涉足，而且运作良好，制度严谨，有口皆碑，项目合格率100%，技术和质量获奖无数，东深供水工程还获得国内建筑施工最高奖——鲁班奖，成为行业的标杆。2006年全局总产值近23亿元，职工人均年收入三万多元，资产保值增值平均每年达10%以上，总资产增长3倍有余。而产业结构呈良性发展。新开发的资本经营领域被普遍看好，断言将带来“最有前景的利润增长”。

如此巨变，其中的艰辛已毋需多言。而黄迪领的努力与付出，更是点点滴滴，都记在全局干部职工的心头。股份公司监事会成员、工会主席华正亭的总结，可以说，代表了全局上下共同的评价。

其一，黄迪领带领企业走上了适合市场经济发展的路子。路子走对了，给职工带来了希望和信心。十几年来，职工的收入翻了三四倍，福利完备，生产安定，人心所向，重新诞生出企业发展的内在动力。其二，黄迪领为企业的长远发展培养了好的干部队伍。作风形象好，成为四好班子，在他的带领下，中层干部都培养了清廉意识，能够自觉规范自己的行为，是一支能够“革自己的命”的实干队伍。其三，建立了团结协作和谐安定的企业文化。企业文化不是老板文化，之所以成为企业的灵魂，是由于它积极、和谐、相互信任的特质，代表了员工们共同的追求，带来实实在在的价值认同。

事实上，上述大而化之的每一点，都包含着成百上千次的努力，每一次的调整，每个制度的成型，每一个微小的进步，都浸透了黄迪领董事长的心血和付出。

以廉洁树企业正气

2000年，水电二局的结构性改革进入深层次，精简机构和人手是必经阶段。当时黄董事长的太太任下属职工医院副书记，正值事业的黄金收获期，也在“内退”之列，收入锐减，年收入从5万多元直降到只有1万多元退休保障。局里的干部职工为之心折。接下来的机构精简进行得十分顺利，管理层亲属总共退了100多人，改革顺利地过了一个大关。成年的儿子也没能享受到老爸的荫护，一直在外面闯荡。黄迪领坦言：家人很有些情绪的，但公私难两全，也只能安慰一下。做领导就得带头啊！

然而，信用缺失是这个时代的通病。做事做人只过得了自己，恐怕还是不够的。作为国有企业的“一把手”，数亿元国有资产的大管家、操盘手，率领着数千名员工的建设队伍，仅仅靠“清者自清”的自我约束，未必能够让众人信服，也未必能够让群众跟从。更重要是要建立严格的制度。制度建设，是维护廉洁，保证企业健康发展的最有力保障。

在黄迪领董事长的策划下，省水电二局接受了现代企业管理模式的同时，建立起一套适合企业实际的民主决策制度。十三年来，凡有关中层以上干部任免、300万以上资金的投资项目，均采用票决制度表决，一人一票，无记名，每个人都代表自己做判断，70%以上的赞成票方能通过。他们骄傲地说，因为这项制度，十三年来的多种决策都“没有重大失误”。

而事先的公示程序，既是信息公开的途径，也是意见征集的方式，更是实行群众监督的主要路径，对领导班子的正确决策起了正面的维护作用。

当然，林子大了什么鸟都有。社会上不良的作风和做法，总是会侵蚀到一些意志薄弱的人。就在前两年，4名负责物资设备采购的中层干部被查出有收受贿赂、吃回扣的行为。事件在干部群众心里敲响了警钟。黄迪领董事长认为，这反映出管理上存在漏洞。为了让大家汲取教训，在他的提议和推动下，领导班子重新反思了有关采购和财务的每一个程序与细节，出台了《廉政建设八条禁令》，严格规范在项目、资产处理过程中的个人行为，严格操作纪律以及财务纪律，尤其项目招标、设备采购，明令必须在内部网络上公告，进一步接受干部群众的监督。

管理透明化，使得全局上下运作的摩擦减少了，前进的步调更一致。企业的经营方针在原本的“安全、优质、文明、高效”之上，又增加了四个字“廉洁、和谐”。要建设和谐的企业环境，则需要主要从改造班子工作作风、提升干部的专业素质入手。十几年来持之以恒的制度建设和员工培训，内强素质、外树形象，终于取得了预期的成效，赢得了群众的好评和社会的认可。2004年，省水电二局被评为“全国厂务公司先进单位”、“全国职工培训先进单位”，2005年又被推举为“全国文明单位”，而黄迪领同志也数度荣获“全国劳动模式”“全国水利系统劳动模范”“全国水利经济优秀管理者”“广东省劳动模式”等光荣称号，党和国家给予了极高的荣誉。

以信念展无私风范

心底无私天地宽。黄迪领董事长的行为，经得起任何的考验和质疑。阳光化的制度操作，让正气之风在企业内部得以树立，干部群众一致拥护。

为建立和谐企业，长久以来水电二局的领导干部养成了一个习惯：对本局的一些问题，干群矛盾也好，职工的抱怨也好，生活难题也好，只要发现，从不回避推卸，而是主动想办法化解。对职工、离退休职工的生活困难，予以充分的照顾和解决。在黄迪领董事长倡议下，企业设立了一个贫困帮扶基金，每年解决不少职工的实际困难，例如孩子上学，亲人生病等。黄迪领捐出了基金的第一笔钱。他说：企业要有社会责任，只要力所能及，就要尽责任去做。

身为企业的首脑，动辄几千万、上亿元的项目，涉及大大小小无数的工程，要说没有关系户找上门来，是不可能的。为了杜绝钱权交易的盲点，免去群众非议，黄迪领同志不惜釜底抽薪，将所有与利益沾边的工作都付与程序化操作，并建立分管制度。无论工程分包、结算、设备采购、质量管理，包括人事安排、福利分配，都完全放手，交给相关的科室、专业单位处理。多年来，他个人没有过问哪怕一个人、一个设备的安排，没有经手一张“条子”，没有干预过部门的正常运作。他甚至将个人活动完全置于群众干部的眼睛底下，每天下班后像普通职工一样在生活区内行走，接触什么人，说过什么话，家在哪里，甚至家中有多少人和物进出，群众都一清二楚，完全摊放在阳光下。试问，没有了暗箱，何来蚊虫孳生呢?

廉洁奉公，平易近人，淡泊名利，大爱无私。这是水电二局的干部群众对黄迪领董事长个人品行的评价。对此，黄迪领表示：为社会为人民做一番事业，对得起组织的信任和培养，是他的个人志向。这个社会每个人都有选择，他也曾有过很多次的机遇，可以去当私企老板，赚自己的钱，但不是每个人都有机会实现自己的价值追求。坚持原则不难，难的是坚持理想。既然选择了，就应该坚持下去，奉献到底。

数十年来，黄迪领董事长始终初衷不改、情怀不变，孜孜以求，这既是信仰的感召，也是个人的追求。因为他的择善固执、淡泊明志，造就出了一个企业从文化建设、制度建设到经济建设的多面繁荣。

正值五、六月，南方的汛期如期而至。今年的雨水丰厚，连绵不断，珠三角的大江小河逐渐丰盈浩荡，水面见涨。身为广东省防洪抢险机动队的队长，黄迪领董事长坦言道：“每年这个时候，我习惯了24小时开着手机。但半夜电话总没有好事，压力很大，希望它不响才好。”这几个月，他又要在日夜待命、随时出发的状态中度过了。

走在水电二局的生活区，不禁感叹：不到这里，不知增城有个水电二局，也不知道一个传统的国有企业竟有这般和谐景致，蓬勃生机，令人称羡。这是连续十年的市安全文明小区，区内道路整洁，道旁绿树相握，树荫浓密。

学校、医院、商场、娱乐设施，井然有序，公共广场的大屏幕上，正显示着物群众倾情赈灾的报道和捐赠爱心榜，学校里传出阵阵激昂的鼓号，人们或运动，或聊天，或行走，一幕一幕，共同营造激情、希望与宁静、和谐的交响，亦展示了在黄迪领董事长带领下，广东省水电二局蓬勃发展迈向未来的写实篇章。

（原载《国企清风》2008年第3期）

关注现代企业制度下广东国企的反腐倡廉建设

——贯彻落实“七项要求”谈访录

新一届中央纪委专门针对国有企业领导人员提出 “七项要求”，并作为今年国有企业反腐倡廉工作的重中之重。最近，广东省国资委把落实“七项要求”列为新一轮解放思想调研活动十个专题实施工作之一。贯彻落实“七项要求”意义重大，重在落实。如何抓好检查落实，进一步做好现代企业制度下广东国有企业的反腐倡廉工作？日前，本刊记者专程走访了广东省国资委、广州市国资委和部分省属企业的有关领导人，让我们一起倾听他们贯彻落实“七项要求”的心声、决心和信心。

增强责任意识 抓好检查落实

[新闻背景]中央纪委书记贺国强在中纪委十七届二次全会上强调指出，国有企业领导人员要廉洁自律，不准利用职务上的便利通过同业经营或关联交易为本人或特定关系人谋取利益；不准相互为对方及其配偶、子女和其他特定关系人从事营利性经营活动提供便利条件；不准在企业资产整合、引入战略投资者等过程中利用职权谋取私利；不准善自抵押、担保、委托理财；不准利用企业上市或上市公司并购、重组、定向增发等过程中的内幕信息为本人或特定关系人谋取利益；不准授意、指使、强令财会人员提供虚假财务报告；不准违规自定薪酬、兼职取酬、滥发补贴和奖金。

记者：中央纪委针对国有企业领导人员的“七项要求”，提得很具体，针对性强，内涵丰富，在我省国资监管和国企改革发展的新形势下，如何看待这项工作，抓好检查落实？

吴清泉（省国资委纪委书记）：加强国有企业反腐倡廉建设是企业改革

发展的重要保证。当前，我省国有企业正处在重要的发展时期，随着国有资产监管体制的日趋完善和企业改革发展的不断深化，资产重组调整和股权产权多元化的继续推进，国有企业反腐倡廉建设面临着许多新情况、新问题和新要求。在这个重要关头，中央纪委对国有企业领导人员作出“七项要求”，非常及时，非常重要。我们要把落实国有企业领导人员“七项要求”作为党风廉政建设的重要内容，摆上位置，常抓常议。各企业主要负责人和纪委书记要带头做表率，带头自查自纠，带头抓好落实，带头监督检查。要通过各种形式和载体，加强国有企业领导人员“七项要求”的宣传教育，使他们深刻领会其重要意义，把握其标准，严格其行为，牢固树立“红线”意识，增强遵守规定的自觉性，使每个企业领导人员和员工了解“七项要求”内容，增强监督企业领导人员遵章守纪的责任感，不断提高国企业反腐倡廉建设水平。各企业党委、纪委在监督检查企业领导人员落实“七项要求”中，必须做到企业领导人员不受教育、不熟知规定内容不放过；每个企业领导人员不进行自查自纠不放过；每个企业不组织落实规定的监督检查不放过；发现问题不认真进行整改不放过，努力使落实“七项要求”成为国有企业领导人员廉洁从业的强大推动力。

朱小灵（省交通集团董事长）：省交通集团结合企业实际，坚持“一把手”亲自抓、负总责，把“七项要求”落到实处，切实做到“四到位”：一是认识到位。深刻认识“七项要求”对规范国有企业领导人员行为的重要意义，把“七项要求”作为“高压线”，必须严格遵守，谁碰“高压线”，谁就要受到党纪国法的制裁。二是责任到位。将“七项要求”与落实党风廉政建设责任制结合起来，在履行岗位职责，特别是在落实上级和企业各项决策部署中，必须坚定不移地执行“七项要求”的要求，带头讲党性、重品行、作表率，全面深入地参与到企业重大改革、重大投资和高速公路建设等各项业务中去，不断增强拒腐防变能力；严格责任追究，对贯彻落实“七项要求”工作不力的，追究企业负责人的领导责任和纪委书记的监督责任，做到关口前移，警钟长鸣。三是措施到位。集团党委明确要求各级党组织把落实“七项要求”作为建立健全惩治和预防腐败体系的重要举措，对违规行为发现一起查处一起，决不姑息；对现有的规章制度进行梳理和完善，有针对性地堵漏建制，并融入企业的生产经营管理之中。四是监督到位。集团党委把落实“七项要求”与完善企业监督制约机制有机结合起来，通过逐步推行“纪检监察、审计、监事会”三位一体大监督体系，大力推行党务公开、厂务公开，加强企业效能监察，进一步建立健全企业长效监督制约机制和监督制约体系。

程石岭（省建工集团纪委书记）：对国有企业领导人员明确而严格地规定“七项要求”，是进一步完善国有企业领导人员监督管理制度的体现。贯彻落实“七项要求”必须在制度规定的执行体系上下功夫，不断建立一套行之有效的制度规定执行体系。当前，要在进一步解放思想大讨论活动中，坚持企业管理体系、体制和机制创新，不断丰富和完善国有企业法人治理结构，促使企业领导人员做到保证科学用权、民主用权。要进一步明确企业董事会、经营层和党委会各自的职责和权限，建立健全董事会、经营层和党委会的议事规则，建立健全企业高层领导人员的权力运行制衡机制和保障机制，不断增强企业决策的公开性、透明性和科学性，凡涉及企业“三重一大”，关系到企业的发展战略、经营生产管理、职工群众切身利益等重大事项，都必须实行民主决策，有效地规避个人说了算或少数人决策的问题发生，为贯彻落实“七项要求”提供有效的保证和保障，促使企业领导人员的权力在“阳光”下透明运作。

关口前移预防　筑起牢固防线

[新闻背景]据统计，2007年全省国资系统国有企业领导人员带头作反腐倡廉报告8，837人次，参会人员11万人次；对企业领导人员进行任前廉洁谈话256人次，诫勉谈话248人次；企业领导人员述职述廉1249人次，党员领导人员个人重大事项报告1283人次，党委和纪委负责人同下级企业主要负责人谈话914人次，参加企业领导人员干部配偶子女申报登记881人次，企业开展效能监察共节约成本开支约3.2亿元。

记者：推进国有企业惩治和预防腐败体系建设是加快企业改革发展、构建和谐企业的重要保证，中央纪委“七项要求”的提出，更好地实现了关口前移。当前，我省抓好国有企业领导人员的廉洁自律工作，还需要在哪些方面下功夫？应如何进一步努力？

聂周荣（省广业公司总经理）：中央纪委针对国有企业领导人员提出“七项要求”，这是党中央在市场经济不断深化，国有企业面临新情况、新问题的条件下，对国有企业领导人员廉洁自律提出的新要求。“七项要求”是七条红线、七个禁区，这既是当前国有企业最容易产生腐败，造成国有资产流失的领域，也是预防国有企业腐败的主要关口，要规范领导人用权和加强监督制约。企业效能监察是通过纪检监察组织介入，规范生产经营的一种好形式，也是企业纪检监察工作与企业生产经营工作最佳结合点。它能够实现关口前移，有效预防企业经营腐败的产生。这几年，广业公司持续开展企业效能监察工作，已初见成效，收到了预防腐败与提高企业经营效益的双赢效果。贯彻落实“七项要求”是当前国有企业反腐倡廉工作的重点，防止“七项要求”现象的产生，需要多管齐下，各方共同努力才能取得好的成效。我个人认为，在抓好对“七项要求”的宣传贯彻、完善企业规章制度的同时，可以将“七项要求”细化为具体的项目，作为企业纪检监察部门效能监察选题立项的内容，将企业领导人的用权纳入职工监督的视野，使贯彻执行“七项要求”，从企业领导个人的自律行为，变成企业职工广泛参与，共同规范生产经营的企业行为。因此，企业领导尤其是主要领导，要有开明的态度，积极支持企业效能监察工作，有效发挥效能监察的民主监督作用。

蔡高声（省丝绸集团董事长）：“七项要求”抓住了企业领导人员廉洁从业的突出问题，以及违纪案件易发多发的重点领域和关键环节，明确了企业党风廉政建设当前和今后一个时期的工作重点。丝绸纺织集团班子十分重视自身的表率作用，严于律已。我们坚持“一把手”亲自抓、总负责，把目标责任具体化，实行自控、他控、互控，将“七项要求”的相关要求与企业经营管理者所主管的业务联系起来，在签订党风廉政建设责任书中作出约定，并把年终检查与业绩挂钩，实行“一票否决”。我们同时要求主要领导在执行“七项要求”中发挥带头作用，不断健全完善企业民主管理制度，在源头上让工会参与政策制定，在操作上做到公开透明，在程序上坚持规范运作，做到企业重大决策、重大投资、重大人事任免、大额资金使用的公开，广泛听取群众意见，充分尊重群众意愿，充分吸纳群众智慧，做到了民主管理、科学决策，并在党内民主生活会、述职述廉报告会上按要求进行自我检查。我们还要求纪检监察部门认真履行党章党规和政纪法规赋予的职能，依法依纪开展效能监察工作，提前介入大宗基建项目的监控，按程序办事，做到公开、公平、公正。

严格责任追究 规范用权行为

[新闻背景]自2004年，广东省国资委成立以来，国有企业实现了资产规模与经济效益的快速增长。至2007年底，全省国有企业资产总额已达16165.28亿元，与2004年省国资委成立初期（11891亿元）相比，同比增长35.94%；全年实现利润总额694.82亿元，实现净利润296.60亿元。在全国各省市中，资产总量位列第二，实现利润位列第一。省国资委监管的22户省属企业资产总额4348.60亿元，实现利润总额196.94亿元，实现净利润83.95亿元。广大国企领导人功不可没，全省国资系统纪检监察部门在维护国有企业资产安全，确保国有资产保值增值、全面推进企业改革发展方面发挥了重要作用。

记者：据了解，在国有企业中普遍存在着“一把手”权力过大的情况。如何看待这一问题？在建立现代企业制度中，如何发挥企业党委尤其是纪委、监事会等监督机构作用，有效监督和制约“一把手”手中的权力？

卢光霖（省机场集团党委书记）：企业“一把手”权力需要巩固和激励，更需要监督和制约。要有效监督和制约“一把手”手中的权力，必须把好“三关”。一是把好定岗授权关。当前，有些企业“一把手”滥用权力、为所欲为，其根本原因在于“一把手”权力过于集中，成为没有边界和限制的“绝对权力”。为此，建立必要的分权制衡机制、科学合理地配置和分散企业资源配置权力就成为防止权力变异的第一道“防火墙”。 如果企业能够真正遵照党政分工原则，科学厘定党政负责人的职责与权力界限，形成“双核心”的权力配置格局，实现党务工作与行政工作的相互支持、相互渗透和相互监督，则企业“一把手”的权力就会变成为有限和有度的权力，权力变异与滥用的可能性就会大大降低。二是把好选人用人关。严把“一把手”的选拔任用关，选好用好各级企业“一把手”，是防止“一把手”权力变异的重要环节。真正做到“用好的作风选作风好的人”，逐步推广“一把手”选拔的差额提名制和票决制，同时建立起用人失察的责任追究制度，实行“首提负责制”，谁推荐谁负责，严把“一把手”的入口关，用健全的人才识别机制、道德评判机制及业绩考核机制将最合适的人选配备到“一把手”的关键岗位上去。三是把好掌权用权关。“一把手”权力的运用，集中体现在对企业人财物等重要资源的支配与影响上，为此，要围绕企业重大和敏感事项，建立相应健全的操作制度与流程规范，形成权力运作的制度“防火墙”，确保“一把手”权力在制度程序形成的“套箱结构”中有序、有度和有效地运行。要建立警示教育制度，加强对企业“一把手”及人财物关键岗位责任人的权力观教育，构筑拒腐防变的心理防线；要完善决策审批程序，借助现代信息技术手段，建全会议纪要制度和会签联签等呈批流程，公开并保存重大事项的决策信息，确保决策过程可查可究；要整合纪检、法律、审计等专业职能，及时稽查和评估企业重大事项的决策过程和后果，形成“闭环”式管理，发现事故苗头，及时提示决策层采取必要的补救措施，防止造成不可挽回的重大损失和不良后果。

潘力（省粤电集团董事长）：国有企业领导人员是企业改革发展的中坚力量，要使领导人员特别是“一把手”不犯或少犯错误，就要加强对其权力的制约和监督。首先要强化监督力量。按照省国资委关于“在所属重点企业中推行外派监督制度”的要求，粤电集团向利润大户、资产大户和重大基建项目等重点企业实行外派专职监事会主席工作，这有利于进一步完善公司法人治理结构，加强内控，切实维护出资人的合法权益，促进领导人员守法经营，廉洁自律。集团公司结合实际情况，专职监事会主席可担任若干个所投资公司的监事会主席，建立健全监事会管理制度，明确职责和工作方法，做到不缺位、不错位、不越位。注重加强对重大事项和涉及国有资产安全的动态监督，提高监督检查时效。注重加强与所投资公司的及时沟通交流，并且每季度向集团公司提交监事会报告，督促所投资公司堵塞管理漏洞，防范于未然。其次是要强化监督合力。在集团公司内部积极探索开展巡回监察工作，集团公司组织若干个巡回监察组，每年对集团公司若干个单位开展巡回监察工作。巡回监察由集团公司纪委牵头，纪检监察、审计、人力资源、党群等部门参与，实现监督资源合理配置、优势互补，全面地了解掌握被巡回监察单位情况。我们还将巡回监察工作与监事会检查、人力资源考核等工作有机结合，互相参与、成果共享，既整合现有监督资源，合理控制监督成本，又有效形成监督合力。

完善体制机制　依法从严治企

[新闻背景]这些年，广东省国资委围绕企业发展规划、投资决策、企业领导人员管理、产权转让等七个方面，先后出台了《广东省省属企业违规决策造

成资产损失领导责任追究暂行办法》等26项国资监管制度。各省属企业、各市国资监管机构结合实际，也出台一系列制度、禁令，初步形成了用制度管人、管事、管资产的新格局。据统计，近三年来，我省国有企业共查处各类经济案件365件，其中涉及各级企业领导班子和中层领导人员273人，占涉案人员的71%。同时，省国资委纪委也为46名受到错告、诬告的企业领导人员澄清了事实，较好地保护了企业领导人员干事创业的积极性。

记者：完善制度强化管理，是搞好国有企业的内在要求，也是从源头上防治腐败的治本之策。如何按照中央纪委和省纪委及省国资委的要求，完善制度，严查案件，从严治企？

吴清泉（省国资委纪委书记）：要加大对违反国有企业领导人员“七项要求”行为的惩处力度，严格责任追究。凡省属企业领导人员在组织学习中央纪委“七项要求”后而违规，企业主要负责人和纪委书记工作不力、不及时制止，要视具体情况追究企业主要领导责任和纪委书记的监督责任。对影响较大、间接为谋取自身利益造成国有资产严重损失的，经查核属实，必须予以严惩；对触犯法律的，依法移送司法机关处理。今后，各省属企业纪委凡对利用职务上便利谋取私利的领导人员，必须做到有案必查，依纪依法惩处。对违规自定领导班子薪酬、兼职取酬、滥发补贴和奖金的企业，一律追究企业主要负责人和纪委书记的领导责任，并视情节给予党纪政纪处分；影响严重者，建议上级组织予以降职、撤职处分，并依法追缴非法所得。

潘力（省粤电集团董事长）：粤电集团将不断完善制度体系，拓展从源头上防治腐败的工作领域。要突出制度建设的前瞻性，既立足于当前，又着眼于长远，充分发挥制度在反腐倡廉建设工作中的根本性、全局性和长期性作用。要注重制度建设的融合性，围绕权力运行的重点部位和关键环节建立健全制度，力求凡事有章可循，有制可依，促进企业经营管理规范运作。要增强制度建设的系统性，对相关制度，做到相互衔接、相互照应，确保惩防体系制度建设的纵向一致。要强调制度建设的参与性，在制定制度的过程中广泛听取员工意见，加强宣传教育，增强员工遵守制度的自觉性。要落实制度建设的严肃性，对有令不行、有禁不止的，可综合运用纪律处分，组织处理和经济处罚等手段，给予一定的处理，真正做到用制度管理人、约束人，促进领导人员慎权、慎独、慎微。

张连广（广州市国资委党委书记）：广州市是我国国有资产规模最大的

省会城市之一，国有企业在广州经济社会发展中发挥基础保障作用和重要产业支撑作用。至2007年末，广州市经营性国有资产总额4133亿元。其中，我委直属企业国有资产总额2322亿元，利润总额156亿元。落实“七项要求”必须要规范用权，从严治企，首先要制度到位，规范企业领导人的用权行为。我委成立以来，以健全制度、落实责任为切入点，不断完善国有资产监督管理制度，强化国有企业领导人员行为的制度约束。最近，结合贯彻落实“七项要求”，在实施的24项制度基础上，又出台了《广州市关于进一步规范国有企业改制的实施办法》、《广州市市属企业负责人薪酬管理暂行办法》等5项制度，进一步健全国有企业治理机制，实现决策权与执行权分开，解决“内部人控制”问题，解决企业“一把手”在决策、用钱、用人等方面权力过大的问题，形成有效的内部制衡机制，全面规范国有企业领导人员用权。建立和完善重大决策失误、重大资产损失、重大监督失职等重大事项个人责任追究制度，董事会成员要按履行职责、决策表决情况落实个人责任；监事会成员按确保出资人权益不受侵犯的原则落实个人责任；经营班子按经营目标实现程度和岗位分工落实个人责任，确保责任层层落实到位。其次要机构到位，有效监督企业领导人员。我委建立落实“七项要求”专项工作小组，要求直属企业各级党委切实担负起领导责任，形成党政主要领导负总责、亲自抓，党风建设、反腐倡廉工作与企业生产经营管理工作一起抓的局面。健全监事会、纪检监察、审计“三位”一体的监督体系，加强对国有企业领导的行为监督。加强审计监督，建立审计报告质量评价机制，确保审计质量。加强纪检监督，深入开展企业效能监察，强化企业风险管理，促进依法经营、廉洁从业。国有企业领导人员凡存在违反“七项要求”的，坚决予以纠正。注重发挥查办案件的治本作用，加大查办案件的力度，严肃惩处违规违纪行为，进一步推进企业的反腐倡廉建设。

（原载《国企清风》2008年第3期）

制度能制欲　自爱方清心

——专访广东省交通集团有限公司董事长朱小灵

从利通广场62层的视野看过去，矗立在广州中轴线上的地标建筑历历在目，从小蛮腰一路延伸过来，风格各异，错落有致。在不同的视角俯瞰下，我们习以为常的城市原来别有一番气象。

这是交通集团总部所在地。高度所带来的震撼，容易使人身处其间顿觉自己的渺小和单薄，幸好迎出来的交通集团董事长朱小灵以他宽厚的微笑缓解了这种感觉，他如久违的兄长一样亲切而从容，言词殷殷。见我们是第一次来交通集团新址，他兴致勃勃地领我们环视了一圈，沿他指点的方向眺望，目光所及，广州的大街小巷尽收眼底，陆路水路，一条条道路织就的经纬线，将人们司空见惯的城市风景串成靓丽的珍珠。

道路延伸世界，交通开启未来。从2000年开始以来的这十几年，朱小灵作为广东大交通的筹划者、建设者和参与者，从当年的政企脱钩起步，率领由最初的126家企业合并组建的省交通集团，以两大主导产业高速公路投资建设和汽车运输物流产业为依托，改革创新，稳步发展，已成为南粤大地高速公路建设的主力军，累计建成高速公路2570公里，控股参股管理的高速公路历程达到3328公里，占全省高速公路通车总里程的66%。如今，它以它雄厚的实力，成为广东省属企业规模最大的企业，稳居广东企业50强和中国企业500强，集团总资产从2000年底成立时候的512亿元增加到2011年1816亿元。

朱小灵介绍说，当年，他是作为广东省交通厅纪检组长出任总经理的，2003年始任董事长至今。他的纪检组长任职经历让我们觉得，他谈纪检工作谈反腐倡廉建设，有别人不一样的感同身受。

廉政教育不能松懈，要把贪腐带来的危害讲清楚，知足常乐

保持廉洁自守，永远绷紧心中的一根弦，这首先需要心态。他说：“大

家都知道，历来高速公路工程建设领域腐败问题易发高发，最近媒体报道河南省四任交通厅长前腐后继的案例，也说明公路工程建设预防腐败的形势很严峻。我认为，这需要一个良好的心态，自律要严格，守廉有始终，老实说，我也是抱着战战兢兢如履薄冰的心态。

谈到廉洁教育，朱小灵总会想起“5·28案”，2001年，震惊中外的省交通系统5.28腐败窝案，涉及国家公职人员89人，其中厅级干部4人，处级干部20人；牵涉30多个公路建设管理单位，29名涉嫌违法犯罪人员先后被移送司法机关。大到副厅长、总工程师，小到部门经理、一般干部，发生“大面积塌方”。

这个案子对广东交通系统的影响很大。据交通集团党委副书记、纪委书记洪军回忆，当时气氛很紧张，朱董事长还是厅里的纪检组长，他得配合办案，作为厅班子成员，看着平时熟悉的面孔一张张从面前带过去，心中五味杂陈。大家看见他脸黑黑的站在那里，一言不发。

当时涉案的一位副厅长，年仅41岁，是省里重点培养的年轻干部，案发前，他正在接受英语培训，准备参加省组织的干部出国培训学习。但几十万元就把他一生给毁了，值吗？这个案例让朱小灵铭心刻骨，他经常与班子成员、与员工推心置腹地谈自己的感受，以案说法。毕竟殷鉴不远啊！

“我认为，廉政教育不能松懈，要把贪腐带来的危害讲清楚，员工知道廉洁从业不是一个人的事，关系到一个家庭的幸福，一个人的人生走向，所以算经济账、亲情账、自由帐，看起来是大道理，实际上是现实问题。如果思想上没有弄明白自己所从事的工作的价值，结果心态一扭曲，侥幸心理就作怪。”朱小灵如是说。

工程建设领域容易滋生腐败问题，其原因是多方面的，有机制的，有体制的，也有个人道德修养党性修养方面的，譬如“5·28案”暴露出来的问题，一是管理权力过于集中，领导人员面临的腐蚀诱惑大，加上交通项目建设中的利润空间大，资金能如期回笼，施工单位之间也竞争激烈；二是在资金运行、材料运行程序上暴露出内部管理机制上权责不清、政企不分的问题，如政府部门的主要负责人兼任企业的董事长；三是招投标上暴露的问题也比较多，如个别厅领导在招投标上有影响力，有的人就千方百计来拉拢他们，利用他们的权力牟取利益。

朱小灵认为，治理工程建设领域的腐败，抓教育是基础，形成一个好的企业廉洁文化是关键。我们培养一个合格的领导人员不容易，但被一些利益阶层或个人毁掉却很容易，金钱、美酒、女色，稍有不慎，你就是会像感染病毒一样，不到病入膏肓，你不会猛然惊觉。

每年纪律教育学习月活动期间，交通集团会把集团二三级企业领导人员集中起来进行反腐倡廉教育，一看警示片，二到监狱现场感受气氛，给大家拍惊堂木、打清醒剂。朱小灵董事长还亲自走上讲台授课，讲自己的认知和感想，与大家一起探讨为什么“自由诚可贵、知足才常乐”的道理。

朱小灵由衷地说道：“应该说，我们这个企业经营状况、企业前景都不错，大家的收入也在逐年增加，职工群众能够享受到改革开放的成果。而且企业的薪酬设计也能够有效地激励职工，凝聚大家一起干事业”。

“记得我2003年演说的时候，号召大家要有梦想，要争取做百万富翁，现在看来目标并不遥远。一次，我听说一些博士生硕士生私下讨论说，要争取拥有什么‘二房’。‘二房’是怎么回事呢？原来讲的是希望未来能拥有第二套房子。我表态说：鼓励你们实现，现在看来通过这么多年的努力，也不是什么难事。”

在朱小灵的眼里，幸福广东要有感恩的心，要知足常乐，要珍惜自己所从事的工作。如果企业的员工都有这个心态，幸福感就提升了，廉洁文化就有了基础，就能形成良好的企业文化氛围。

“开阳模式”为我们反腐倡廉建设提供了经验

“工程上马，干部下马”、“修一条公路，倒一批干部”，成为近年来非常痛心现象，也似乎成了工程建设领域的一道魔咒。如何建“阳光之路”，开阳公路建设是一个契机。

2001年“5·28窝案”查处之时，开平至阳江的高速公路即“开阳高速”正在建设之中，由于涉案的原项目负责人还在逃，造成管理瘫痪，一些施工人员和设备陆续退场，工程停滞达4个多月。

这个新开项目面对的复杂局面，对上任总经理不久的朱小灵是一个考验。逆水行舟，让交通集团公司党委横下心来，下决心扭转这个项目的形势，既要在造价降下去，也要保证干部立起来，建一条“阳光之路”。

他们的具体做法是，坚持走市场化之路，一切在阳光下进行，在制度化、公开化方面，交通集团严格要求，不留余地。譬如在签订工程合同的同时，廉政合同一起签，两条腿走路，不偏不倚，以合同的形式保证监督贯穿到工程建设的全过程。所有项目招标都进入建设交易中心全面交易，并接受交通厅、建设厅、监察厅等政府部门和社会各界公开监督。董事会决策既有事前调研也有事后考核。大到几个亿的工程项目，小到几万元的房屋租赁合同，必须全部上网，否则不予计量。敏感的资金支付不但要上网审批，股东双方会签，而且实行质量投诉否决制，任何质量投诉一经查实都将影响资金支付比例。严格把握造价控制环节，措施过硬，也收到了良好的成效。在建设开阳高速公路过程中，不少施工单位的代表说：“工程做了一半，还没有请过业主单位领导吃过饭。”

“因为我们把关键工作都在网上进行，一切按程序走，人与人的关系变得简单了，请客送礼就省略了。可以说，开阳高速公路建设为我们后来项目建设提供了守廉保廉经验，做到了‘修一条阳光路，出一批好干部’”。朱小灵如此评价。

全局性和长期性来看，制度制欲很管用，抓好制度建设是关键

“反腐倡廉建设不是一蹴而就的事情，党委、纪委都要睁大眼睛，既要守好防护提，也要加强日常巡查工作，否则就有蚁穴之患。日常巡查靠什么，我认为制度建设是根本。”

朱小灵认为，制度建设就像修防洪堤坝一样，要经常通过日常自查，不断完善。2009年12月，有信访举报说集团属下的南粤物流实业公司原董事长毛青勋等三人涉嫌贪污受贿，集团党委、纪委抽调精干力量，专项审计，不到一个月就查清了涉案人员在开展贸易业务过程中收受相关单位和个人巨额贿赂的犯罪事实。通过查案，集团公司纪委也发现了该公司经营管理上存在的制度漏洞，案件涉及董事长、总经理和市场总监三位要害部位的领导人员，这让大家看到制度漏洞造成的危害性：权力如果没有好的制度约束，也会像洪水猛兽。

“我们倡导的廉洁文化核心内涵有八个字叫‘制度制欲，自爱清心’。制度建设才是长期性的、根本性的东西，为什么全国不少涉及交通领域工程建设问题会发生前腐后继现象，说到底，还是因为有以权谋私、暗箱操作的空间存在，其根源在于制度不健全，没有把个人欲望锁在笼子里。”

朱小灵接着说：“1998年时任省委书记的李长春专门来交通厅参加民主生活会，那时候，长春书记就提出，必须加强制度建设，尽快建立工程交易中心。这个提议算是关住了总闸门，将每一个工程项目都纳入工程交易中心，按程序走。如果这个项目，这个包工头想做，那个建筑公司想做，没有得手就找领导打招呼，有了这个公平交易中心，全省的重点工程都纳入进来了，这是开展工程建设领域源头治理的一着好棋。”

“工程投标问题是大家都比较关注的环节。也有人找我帮忙，其实我是帮不上忙。因为划了条线，重大工程建设项目都必须进政府的工程交易中心，‘阳光作业’。我们设立了一个专家库，如国道就从交通部的专家库随即抽取专家来评标，一次选9个，中不中标专家说了算。拼的是企业的综合实力，我说了不算，领导打电话批条子都没用。最初的时候还有人找我打招呼，发现没用，也就少了，发展到后来就没有了。也有我们的国有企业要求来参加高速公路建设，我表示欢迎，只要资格符合，但你能不能中标我可没有办法。这样就把领导人员解脱出来了。”

朱小灵说着两手一摊爽朗地笑了。他提起万里书记曾经讲过的一句戏言：“如果那个包工头请你吃饭，饭照吃，事还是按原则办。否则，不吃饭人家还认为你请不动、架子大，但关键是定下的制度原则不能违反”。

据该集团公司纪委的负责人员介绍，集团公司现有有二级公司16家、三级190多家，由于绷紧了反腐倡廉建设这根弦，自成立的这十几年来，没有发生过大的腐败案。大家形成的一条基本共识：制度建设是关键。集团先后制定了《基本建设管理办法》等70多项企业规章制度，基本了形成了体系，较好地规范了经营管理行为，减少了人为操作空间。

木桶理论告诉我们：短板决定水准，内部监督不能成防控廉洁风险的短板

“你说过，有的单位把企业内部监督不当一回事，我们也注意到了这个问题，决不能让企业内部监督成为短板，木桶理论告诉我们，短板决定木桶盛水的水准。监督如果不到位，执行力就会大打折扣。现在我们把监督的重心下移，每年都要检查，前一两个月，我们还组织了对下属企业的检查。但抓监督可不像交警抓违章，你什么时候闯红灯能马上就抓住处罚，监督需要像电子眼那样，要具备常态性、不间断的功能。”

朱小灵举例说：“譬如，如何以加强财务管理为突破口，这也有教训。我记得早些年，广东有一个厂子的负责人提着员工的一大笔建房集资款逃了，这是财务管理出现了漏洞。”

据纪委书记洪军介绍，对财务这一块，集团公司主要强化了当期监督，定期收集企业财务信息及逐月分析财务报告、预算执行情况报告等，动态地掌握企业整体运营情况。为了加强监督，集团做了许多有益的探索，主要是通过建立健全防控制度和机制，健全了纪检监察、审计、委派监事会“三位一体”的监督体系，建立廉政谈话制度，对“三重一大”民主决策制度，严格执行，凡集团重大事项做到集体讨论决定，做到个人不越权、不揽权。

纪委书记洪军这样评价他们的董事长朱小灵：“心态好，低调，是做过厅里纪检组长一路过来的，自律很严格。你想，企业有没有行政权力，但全集团公司方方面面对他都很尊重，为什么？主要还是人格魅力。作为一个特大型企业，定战略、带队伍、抓落实，没有人格的力量是镇不住的。二三级公司加起来170多家，各层级拥有的自主权都很大，大家都在看你老总究竟怎么做。所以领导的示范作用是无形的，也是巨大的”。

（原载《国企清风》2012年第4期，与罗星明合作）

铁腕丹心　力推外贸国企“漂亮转身”

——记广东省广新外贸集团有限公司董事长欧广

和不少熟悉他的人聊起他，“作风强悍、不苟言笑”，似乎是一个共同的直观印象；在他所管理的企业，“铁腕”也是一个在大小会议、文件资料乃至非正式场合出现频率颇高的词汇。

“当过县市领导的他，喜欢用站在月亮看地球的大视野审视中国及世界的经济发展。至2007年，在他的主持下，企业扭转了以前利润大幅度下滑的局面，实现了效益从急剧下滑向高速高效、又好又快的转变，经济效益实现大幅度增长。净利润从2004年的7000万元到2007年预计实现2亿元，实现三年增加三倍……”

这是“2007年广东十大经济风云人物”的一段颁奖词。这一段评价和荣誉，指向的是广东最大外贸企业的“当家人”——广东省广新外贸集团党委书记、董事长欧广，也很好地为他的“铁腕”和“强悍”做了注解。

2009年元旦前，当记者当面向欧广求证“站在月亮看地球”以及“狼道文化”的出处时，他憨厚地笑着一一承认，并且补充道，“铁腕”后面紧跟着的是两个字：转型。“包括接下来的三五年，仍然是我们外贸集团生死存亡的考验期。不铁腕推进，战略转型何以完成？”

一种隐隐的霸气和急切，不经意间就透了出来。

雪域高原，练就强悍环境应变力

有人说，欧广是一位“仕途得意”的干部：24岁已成为云浮市新兴县的一位区长，34岁就担任怀集县委书记。1998年，36岁的欧广作为领队，率领广东省24名援藏干部远赴西藏林芝。三年的援藏历练，磨练了欧广对环境的准确把握和应变能力，也炼就了他吃苦耐劳、百折不挠的精神品格。

2004年7月6日，欧广出任广新外贸集团总经理。巧合的是，也正是在这个月，新的《中华人民共和国对外贸易法》正式实施，对外贸易正式放开。2005年开始，国有外贸企业出口配额和部分产品的进出口专营权逐一取消，国有外贸企业依靠政策庇护生存的好日子宣告结束。

多年来，国有外贸企业一直处在政策的呵护之下，一度被称为“皇帝的女儿”，可如今这层保护伞不复存在，不得不接受市场竞争法则的检验。可以想象，这是一场生死攸关的行业大考，史无前例的严峻考验摆在广新外贸集团面前。

“2004年我们的净利润才7000万元左右，一个净利润7000万元的企业，如果不转型的话，根本就应对不了环境的大变化。”欧广深深懂得市场的残酷无情，“一个企业全部市场化以后现金流一断，连续出现亏损，你这个企业就要破产了，银行不会再给你贷款，市场也不会可怜你。我们原来讲在战场上的战士，为国家牺牲了，可以做英雄。但在商场上战死，还要自己‘找钱安葬’，市场经济这个没有硝烟的战场比战争的战场更加残酷。”

而现实是，经过一两个月的调研，欧广更加发现问题的严重性：作为集团本部层面，当时是是靠收管理费过日子，管理松散，总部人员上班不是喝茶抽烟就是聊天，没事做。当时下属11个二级企业，仅财务管理软件就有6个不同版本，在业务上、监管上根本没办法对接；企业和集团的联系就是每个月交一张报表。全集团别说战略发展规划，连基本规划都没有，企业各走各路，各谋生存，机关不像机关，企业不像企业。落后的单一的外贸模式养懒很多人，生意不是出门做，而是坐等生意上门来，企业管理者毫无市场营销能力，不知道客户、不知道对手、不知道市场，更不知道需求、供求、产能。

强力改革，势在必行！欧广下定决心。面对全球经济一体化，面对已然发生了深刻变化的市场环境，履新不久的欧广，开始用恐龙灭绝的故事来警示过惯安逸生活的国企人——后配额时代，适者生存，强者生存。“如果要问西藏经历给了我什么，那应该说是一种对环境的应变力。不过当时更多是面对气候环境，如今经营企业，则面对的是更为复杂的国际国内市场环境。”欧广这样说。

随后，广新外贸集团内部，掀起了一场又一场“洗脑风暴”。 经欧广大力推荐，《狼道》、《南海战略》、《向解放军学习》等几本书，摆上了整个集团各级管理者的枕边案头。

二次创业，铁腕推进大转型

2004年8月底，广新外贸集团在诚邀“外脑”充分论证基础上，制定了“关于加快改革发展的总体思路”。当年年底，开始制定战略发展规划，确立了“集团化管理、专业化经营、产业链协作”的战略定位，在整个集团全面开展“二次创业”，追求“脱胎换骨式”的战略大转型。

对一家有50多年历史的“老国企”而言，转型可谓知易行难。“新官”欧广很快点燃了“三把火”。

首先是思维创新。为打破企业当时沉闷的局面，建立现代经营理念与文化，欧广一次次强调到了“杀出一条血路”的时候，树立全集团的危机意识，并特别把创新用人机制和分配机制作为突破口。集团开展从总部开始，进行机构重组、整合，实行竞争上岗、公开招聘，并严格进行业绩考核。“过去甚至连经营目标责任制都没有，不要说其他考核了。这样一改革，大家沉积多年的激情和潜力被充分挖掘和释放出来，更重要的是为集团推动战略转型作好了思想准备和人才准备。”一位在外贸集团工作了多年的老员工回忆。

据统计，这几年，广新外贸集团共引进高学历、高职称，富有社会实践经验的各类专业技术人才近200名，已成为一块人才积极聚集流入的“洼地”。例如最近，集团公开招聘10位高级会计师派驻下属企业任职，要求有5年工作经验、当过财务经理，短时间内就有60多人报名。

其次，再造一个新的商业模式成为转型的重点。欧广分析：“新形势下，贸易中间商已弱化、边缘化，几乎没有力量。当时的想法是，投入更多来搞技术创新固然很重要，但结合集团实际，更重要的是如何打破我们当时单一的代理贸易、落后的经营方式。”因此，“打造主业”，成为外贸集团培育新的竞争优势的战略重点。

那么，如何打造主业？“我们提出了几个结合，几个转变。一是内外贸相结合，不单是出口，过去是没有内贸的。2004年内贸业务只有三四亿元规模，2007年我们内贸达到60亿元。二是进出口相结合，加大进口。几年里，从原来进口占10%，发展到现在进口占30%以上。三是科工贸相结合，围绕打造主业、延伸产业链，开展低成本扩张，转变增长方式，提高经营质量。”欧广向记者娓娓道来，几年下来，集团已稳稳确立了以轻工食品、机电设备、五金建材、矿冶化工产品进出口贸易及生产经营、现代物流为重心的“五大主业”。

与之相呼应的，是管理风格的重塑。几年来，在欧广的带领和推动下，广新外贸集团走过了从追求“扁平化管理”到“精细化管理”再到“全面预算管理”的一次次革新，战略管理体系逐步建立。2004年开始，该集团全力推动扁平化管理，缩短管理链条，压缩管理层面，减少管理人员，提高管理效率。到2007年底，下属企业从原来的230多家，转变为只有90多个经营单位。从2004年到2007年，每年减少管理费用6000~7000多万元。

“集团是干什么的？集团是经营企业的，企业则是经营商品。”这个过程中，集团的定位和地位得以明确，成为有力的战略决策中心和资源配置中心。“管理要霸道 ，做人要厚道 ，经营要有道”的“欧广语录”，也伴随着200多项规章制度的出台，在集团上下流传开来。2006年，欧广升任集团董事长。

五位一体，监管覆盖全流程

“作为一名国企老总，要知道自己的责任所在，那就是确保国有资产保值增值，不能从各种渠道流失。因此，我们发挥国企优势，始终将反腐倡廉与企业的生存发展有机结合，有效地化解和预防各种经营风险，堵塞管理漏洞，为集团改革发展提供坚强保障。”欧广认为，做到资产有效监管，是国企发展壮大的“生命线”和前提所在。怎样实现这一点？整合各种监管手段和职能，充分发挥国企纪委的作用，成为欧广深入思索的一个课题。

2006年8月，面对激烈的市场竞争环境，根据省国资委关于建立“三位一体”监督体系的要求，广新外贸集团积极进行制度创新，将企业纪委、监察部门、审计部门、监事会和工会整合组建了监察审计部，将纪律监督、行政监督、审计监督、财务监督、民主监督融为一体，建立了由纪委统一领导的“五位一体”监督体系，对企业生产经营管理实行全过程、全方位监督。

“几年来，集团充分重视发挥纪委职能，保证纪委在监管工作中牵好头，把好关，选好人，用好权。”广新外贸集团纪委书记徐继传深有感触。

针对战略转型时期出现的不同形式的新情况、新问题，广新外贸集团相继建立和健全了“五位一体”监督机制和配套制度44项，尤其是2007年颁布实施的《十五条禁令》，对企业领导人员的党风廉政建设、人事工作和涉及企业重大决策的十五项重点内容划定了“高压线”，凡是“踩线”的领导人员，一律就地免职。自2007年以来，先后共有3位所属企业董事长由于违反了《十五条禁令》而被免职，有力地推进了监督工作的制度化和规范化。

欧广表示，“处理了多少人、查处了多少案件绝非纪检监察部门的目的。我们的追求是，在一套行之有效的监督体系下，争取少出事、不出事，让生产经营的全过程置于阳光监督下，有效防范各种风险。”

如今，在广新外贸集团，纪检监察机制已基本实现了从以前重在事后处理，到事前、事中、事后的“惩防结合、预防为主”的根本转变，其防范各种风险的积极作用也日益显现。通过派驻监审小组11家所属二级企业和集团结算中心，两年多来，为6家企业预警大宗风险18项，金额达3.5亿元，为确保企业健康平稳快速发展发挥了重要作用。通过效能监察，纠正违纪违规金额630多万元，促进增收节支1570多万元。

毫无疑问，经营有道，自然处处生金。如今，推动股份制改造，进行低成本扩张，迈向国际化经营，广新外贸集团步步为营，正逐步晋身为集“贸易、研发、生产、投资”于一体的的国际性大型企业。“尽管2009年经济形势异常严峻，我们仍有信心实现销售额和净利润10%以上的增长。我们的目标是，力争5年内实现销售收入超千亿元，利润超10亿元，真正实现从靠吃政策饭到搏击国际市场的漂亮转身。”对广新外贸的未来，欧广信心十足。

（原载《南方》2009年第4期、《国企清风》2009年第1期，与郑诚合作）

创新国有资产管理体制的重点在哪里

——访广东省经济体制改革研究会副会长陈池

党的十六大提出“改革国有资产管理体制，是深化体制改革的重大任务”。最近结束的党的十六届三中全会，对深化经济体制改革作了全面部署，指出“要建立和健全国有资产管理和监督体制，深化国有企业改革”。国有企业改革与国有资产管理体制改革密不可分，一波又一波的经济增长离不开一轮又一轮的深化改革；只有抓住国有资产体制改革这一关键环节，才能深化国有企业改革，进一步搞活国有经济。为总结过去国有资产管理体制改革的做法，找准今后国有资产管理改革的着力点，落实好省政府赋予我们广业资产经营公司的国有资产保值增值责任，本刊记者专访长期以来跟踪研究国有资产管理问题的广东省体制改革研究室副会长陈池同志。

龙头：抓住国有资产体制改革

记：每一次经济理论的突破和创新，都会给经济发展带来巨大的活力；探索有效的国有资产管理体制是深化国有企业改革的重要突破口。为什么要提出“改革国有资产管理体制，是深化经济体制改革的重大任务”。

陈：不强调国有企业改革是“中心环节”，而提出国有资产管理体制改革是“重大任务”？这体现改革思路的重大转变：从重点改革国有企业转向国有资产。我国国有企业改革的着力点经历了这样一个过程：国营企业—国有企业—国有资本。这是一个进步。我认为，国有资产改革是龙头，只有抓住国有资产体制改革这一关键环节，才能深化国有企业改革，进一步搞活国有经济。第一，只有创新国有资产管理体制，才能推动国有经济布局和结构的调整。长期以来，由于计划经济的影响，我们对行政手段比较熟悉，习惯靠长官意志来安排经济。事实证明，在市场经济条件下，企图由政府通过行政措施促进国有经济应在哪些领域退出或进入是行不通的。因此，建立和完善国有资本监管营运体制，是更好利用市场机制，调整国有经济布局的重要方式。但是，传统国有资产管理体制不利于国有资产的流动与重组。一是国有资产所有者职能分散。国有企业在资产和行政上属于多个政府主管部门，形成多头管理，表面上各部门都对国有资产负责，实际上各部门都很难真正负责。由于所有者职能不到位，资产的流动必然受阻。二是出资人营运主体缺位，国有资产难以盘活。大量国有企业尤其是中小企业，需要通过兼并、重组、转让等各种形式进行资产重组，但缺乏相应的资产营运机制。不管是经济管理部门，还是由行业主管部门改成的经济实体，与下属企业都没有形成真正的产权关系，出资人营运职能虚置，国有资产难以进行有效的调整。第二，只有改革国有资产管理体制，才能理顺产权关系，推动企业制度创新。通过建立健全国有资产管理体制，改革国有资产管理方式，才能实现政资分开、政企分开；才能理顺产权关系，实现企业投资主体多元化，完善企业法人治理结构，形成有效的动力和约束机制，实现制度创新。但是目前我省国有资产管理体制还存在许多问题：一是缺乏统一的监管机构。“五龙治水”（多个部门分头管理国有资产）的结果使国有资产所有者的各项权能被分割，出资人职能不到位的状况仍未真正改变，没有达到十六大报告提出的“三统一”、“三结合”要求。二是政资不分、政企不分现象依然存在。一方面，国有资产相关主管部门作为政府机构既行使社会、行政管理职能，同时又行使国有资产出资人的职能。另一方面，国有资产经营公司和授权经营企业集团在实际运作中，市场定位不明确，运作不规范，往往既当“老板”，又当“婆婆”，仍然摆脱不了用行政手段管理企业的旧习惯，企业的法人财产权和经营自主权仍然得不到有效保证。

重点：必须解决六大问题

记：创新国有资产管理体制，涉及的问题很多，但基础性问题依然是明确产权，理顺产权关系。那么，今后改革国有资产管理的着力点在哪里？改革中要注意什么问题。

陈：组建新的国有资产管理机构是否能成功，是否能避免新瓶装旧酒，关键是不断推进制度创新。制度创新是一种效率更高的模式替代旧的制度的过程。因此，不是说建立新的国有资产管理机构就大功告成，需要一系列的新制度安排和不断通过改革创新来推动新制度的完善。制度创新成功的关键在于新的制度安排能使管理更加有效，因此，必须重点解决如下几个问题：

第一，解决政资不分、多头管理问题，建立统一集中行使出资人职能。

政资不分使国有资产管理难以独立有效运作，必须将政府的社会经济管理职能、行政管理职能与国有资产管理职能分开，建立一个独立管理国有资产的机构。它有两个特点，一是统一性，它是唯一能够代表政府履行出资人管理国有资产职责的机构，实现管资产、管人和管事的有机结合，集中行使国有资产的收益权、重大决策权、管理者选择权。二是独立性，应由国资委独立制订国有资产营运战略方针、结构调整方向和投资发展规划，编制国有资产经营预算，选派和更换国有资产营运主体的董事、监事和财务总监，考核营运业绩，决定国有资产营运主体的设立、分立、合并、变更等重大事项。

组建国资委时，要特别注意吸收对国有资产管理有研究的专家参与，增强管理资产的专业水平和创新能力。新的国资委转变职能的关键是：从管理国有企业转向管理国有资产。

第二，解决政企不分的问题，塑造真正的国有资产经营主体，健全国有资产授权经营制度，完善和发展授权投资机构和控股公司。

政府直接控制并管理企业产权往往要注入行政意图，造成政企不分。因此，必须将国有资产管理职能与经营职能分开。这就需要构建国有资产的经营主体。目前我省的资产经营公司和授权经营企业集团运作不够规范，资本经营的能力不强，需要重整。

针对省属资产经营公司的授权经营企业集团规模小、主导产业不突出、产品雷同的状况，推动产业结构、产品结构、企业组织结构的二次重组。上次省属企业组建资产经营公司和授权经营企业集团是按行业来进行的，有较封闭的行业划分，不利于资本运营，必须重新组合，要促进资本向优势集团集中，促进科工贸互相溶合，使之成为跨产业、跨地区、跨所有制的资产经营主体，扩大每个国有资产经营主体的资产规模。最近，省委、省政府根据省属企业和市场变化的情况，将原来3个工业厅局转制组建的广星轻工集团、广远石化集团、科智机械集团整体划拨给广业资产经营公司，并对其进行重组和调整等重组措施，就是为了促进优势集团做强做大。同时，要进一步规范国有经营主体的运作。广业资产经营公司等省属国有资产经营公司作为省国资委授权的投资机构，与其所投资、控股和参股企业的关系，是以产权纽带的出资者与经营者的关系，不直接行使行业管理和行政管理职能。资产经营公司可依法对投资企业进行产权管理。生产经营企业可依法享有法人财产权和经营自主权。建立和规范国有资产授权经营制度。

第三，解决管理链条过长的问题，实现委托代理的有效性。

目前，一些地方采取国资委—资产经营公司—企业“三层架构”的国有资产管理模式，加上一些资产经营公司下面又设企业集团，大集团下面有小集团，层次太多，链条太长，需要缩短链条，以免委托代理的层次太多造成成本增加，效率损失。

第四，解决国有企业产权单一和国有经济结构不合理问题，实现产权主体多元化和结构合理化。

加快公司制改革，完善法人治理结构，积极实施外派董事和独立董事制度，加快国有经济布局和结构的战略性重整，推动企业间的兼并、联合、重组。目前国有企业“一股独大”的现象比较普遍。如在省属授权经营企业的所有者权益中，90%是国有产权，只有10%是其他少数股东权益。股权高度集中，容易造成效率低下和制衡失效，因此要把产权制度改革作为企业改革的重点。省领导提出的“三级联动”的思路很好。在集团公司层面，除了个别基础性、公益性和自然垄断性行业外，其他集团都应大力推动投资主体多元化；在二级公司层面，吸纳企业法人和经营者、管理与技术骨干等自然人成为企业的投资者；在三级公司层面，可以在资产量不大的企业中实施国有资本依法有序退出。其次，要对二、三级企业实行股份制改造，在分配制度、用人制度、资产监督、管理创新等方面进行全面改革，推进一批二级公司实体化。同时，加快国有经济的重整。推动劣势企业退出市场；对一般竞争领域的国有企业，变绝对控股为相对控股；在国有企业不必控制的领域，收缩过长的战线。

第五，解决企业动力不足的问题，建立有效的激励机制，形成适合市场经济的国有企业经营者选拔任用和激励约束机制。建立严格的国有资产经营制度和业绩考核体系。

目前经营者还缺乏对国有资产的自觉关怀。因此我们要进一步探索企业分配制度改革，高度重视人力资本的作用。人力资本主要是两部分人，一是经营者，二是技术创新者。要对企业经营者和技术骨干试行年薪制、期权制激励办法，使人力资本的收入与其经营业绩和技术创新效果相对称。要促进劳动、资本、技术和管理等生产要素按贡献分配。同时，改革企业经营者的选拔任用制度，关键是经营者通过市场，而不是通过行政来选择。还要加强对经营者的考核，建立国有资产业绩考核体系、国有资产统计评价体系、公平合理的奖惩体系。

第六，解决国有资产有效监督的问题，建立有效的监督机制。

这是一直困扰我们的难题。我认为一要进一步完善监事会制度。二要健全产权代表和产权代表汇报制度和委派财务总监等措施，强化国有资产统一管理机构对国有资产运营主体的监督，加强资产经营公司对投资企业的监督。这是保证对国有资产实施有效管理的重要措施。三要强化人大对国有资产管理机构的监督。各级人大通过一定的法律程序和手段，对国有资产管理层的授权经营程序、资产评估、管理以及对资本经营进行监督，资产管理机构要定期向人大报告工作，接受人大监督，保证国有资产管理工作的高效、公正。

启示：主要有三点

记：可以这样说，过去是以国有企业改革促进国有资产管理体制改革，十六大以后是以国有资产管理体制的改革推动国有企业改革。总结以前国有资产管理体制改革的做法，有什么启示？

陈：国有资产管理体制改革的深化，一方面将为深化国有企业改革创造条件，另一方面对加快国有企业改革提出了更为迫切的要求。实现国有资产保值增值，必须确保出资人层层到位。这些年国有资产管理体制改革实践给我们的启示是：第一，出资者职能要真正独立，不受政府行政等其他职能干扰；国有资产出资人代表机构不能分割，必须集中；要体现权利、义务、责任相统一，管资产、管人、管事相结合。第二，营运主体行为必须是纯经济性的。资产经营公司主要是对国有资产管理者委托的国有资本行使占有、使用、处置和收益等权利，并承担资产保值增值的责任。要明确界定其与企业的关系。第三，经营者要有动力。必须在理顺所有者与经营者相互关系的基础上形成规范的法人治理机构。要构造完善的要素分配结构，增强经营者的动力，建立起有效的激励机制和监督机制。

（原载《广东经济体制改革研究》2005年第1期）

附

国有资产安全的忠诚守护者

——李家瑞同志先进事迹素描

盛夏，北戴河的海风已把炎热远远的隔在海的彼岸，闻名遐迩的风景胜地因为一个光荣时刻的到来而显得分外亮丽。7月29日上午，中央政治局常委、中央纪委书记贺国强，中央纪委副书记何勇等中纪委领导同志专程看望了正在此地培训休养的全国纪检监察系统先进工作者并一起合影。

李家瑞作为来自广东省纪委派驻省国资委的纪检监察干部，这是党给予的最高荣誉，是中央纪委对一个基层纪检干部最崇高的褒奖。他感到这么多年来，所付出的辛劳、汗水没有白费。

李家瑞是这次广东省纪委、监察厅派驻机构中唯一被中纪委、人保部、监察部三家联合授予“全国纪检监察系统先进工作者”荣誉称号的同志，这些年来，他认真履行职责，用廉洁自律安身立命，依纪依法、实事求是查办案件，以不断创新的勇气和持久的热情，出色地完成了省纪委和本系统纪委赋予的各项工作任务，为党的纪检监察和国有资产监管事业做出了显著成绩。

执着于监管制度和办案机制的创新

作为省国资委纪委副书记、省监察厅派驻省国资委监察专员办公室主任的李家瑞，自从事纪检监察工作以来，他坚持在工作学习中不断创新，把创新制度体系建设作为要务，牵头组织起草了《广东省贯彻执行〈国有企业领导人员廉洁从业若干规定〉实施细则》、《加强和改进省国资委监管企业和省属金融机构纪检监察组织建设的实施办法》和《广东省国资委监管企业惩治和预防腐败体系基本框架》等一批法规性文件，不断完善监督制度，初步形成了省国资系统反腐倡廉建设的制度体系。

创新办案机制也是他一直着力的工作，他创新思路整合监督资源，组织查处违纪案件，为省纪委成功查处新广国际重大资产损失案提供了坚实的保障服务。他还组织核查了省机场集团、省物资集团等27条案件线索，其中省国资委纪委成功查办的省机场集团云梯山庄资产损失案和省航运集团下属航兴公司原总经理黎昌挪用公款案，先后两次被省纪委评为“十大精品案件”。他积极组织配合省纪委重点查处了省韶钢集团、广盐集团原主要领导人员的重大腐败窝案，其中与省纪委、省检察院通力合作查办的省韶钢集团案，他和纪委书记亲自多次找相关涉案人员耐心细致谈话，坚决维护国有资产安全，为企业挽回经济损失2.71亿元，中央纪委书记贺国强和省委书记汪洋、省长黄华华等领导在有关通报上给予肯定和赞扬。近年来，省国资委监察专员办共组织初核违纪线索506个，立案32件，为企业挽回经济损失达6.4亿元，其查办案件经验在中央纪委召开的国有企业查办案件工作会议上作了重点推介。同时，他对被诬告、错告的人员及时给予公正的评价，保护企业领导人员干事创业积极性。

他注重创新监管机制，牵头组织在省属企业推行了综合督查工作。连续三年组织开展省属企业惩防体系建设情况大检查，并组织了工程建设领域专项治理、“小金库”专项治理和商业贿赂专项治理等专项工作。

倾注于专题调研和廉政理论的探索

他积极组织专题调研活动，先后组织对省属企业、上市公司、境外企业的党风廉政建设专题调研，牵头组织撰写了《关于加强和改进境外国有企业反腐倡廉工作的调研报告》和《对省属国有企业反腐倡廉建设的调研与思考》等文章，参与撰写的《关于新广国际重大经济损失案的剖析报告》，受到了中央纪委书记贺国强、省委书记汪洋、省长黄华华等领导的关注，并在有关通报上分别作了重要批示。

在各类文件材料的起草、审核方面，他注重质量和严格把关，组织和参与起草的经验材料多次在全国、全省会议上作交流介绍，其撰写的《广东为国有企业领导人员廉洁从业“量身定做”新准则》、《广东国企领导：“律”出来的廉洁》等20多篇文章，先后被《人民日报》、《中国纪检监察报》和《南方日报》等主流报刊登载，其中《对省属上市公司党风廉政建设的调研与思考》一文被省纪委评为2007年度全省纪检监察优秀调研报告，《国企清风润南粤》获省纪委纪念改革开放30周年征文三等奖。还组织编辑了《典型案件剖析教育材料》、《省属企业国有资产流失案例选编》两个专辑。近年来，他负责撰写的材料约有10万字，组织起草、修改的材料约有20万字，在各类报刊发表文章计约25万多字。

致力于纪律教育和廉洁文化的传播

在学习中充实，在工作实践中探索创新，理论思考和知识更新已成为他日常的工作自觉，为他持续提高思想政治素质和业务工作能力提供了充足的后劲。他组织制定的《省国资委纪委、监察专员办公室纪检监察工作规程》，进一步明确规范了各级工作职责和程序要求，大大提高了纪检监察工作的效率和效果。

他注重宣传教育方式方法的创新，积极倡导并突出抓好企业领导人员和重要岗位人员的廉洁从业教育，他注重用本系统发生的案例来增强警示教育的现实效果。近三年来，他牵头策划组织摄制的以韶钢集团原董事长曾德新、广盐集团原董事长沈志强腐败窝案为素材的警示教育片《“蛀虫”透视》和以广东新广国际重大资产损失案为题材的警示教育片《国企之殇》，剖析透彻，说理深刻，起到了以案说法、以案明纪的警示教育作用，广受好评。他积极配合和支持省国资委党委抓好全省国资系统党风廉政建设，认真组织好每年一度的纪律教育学习月活动，注重实效，坚持把纪律教育融入到国有资产监管和企业改革发展之中，把反腐倡廉建设不断引向深入。

他注重发挥廉洁文化的教育作用，积极传播廉洁文化理念，近年来策划组织了“国企清风”廉洁文化文艺晚会和“清风颂廉”廉洁文化书画摄影作品大赛，并亲自将剧照编印成画册，其中“国企清风”晚会获得2007年度广东省纪检监察宣教工作专项工作奖。2008年，他在全国国资系统率先创办反腐倡廉内刊《国企清风》并亲任主编，精心策划，刊物别具特色，受到行业内外读者的一致认同和好评，为指导和宣传全省国有企业反腐倡廉建设发挥了积极作用。

（由罗星明、陈智鹏根据李家瑞参加全国纪检监察系统先进工作者评选材料整理，原载《国企清风》2011年第3期）

后记

让使命与荣光给我们留下美好回忆

努力做到忠诚、干净、担当，是在反腐败斗争依然严峻复杂的形势下，党中央和中纪委对纪检监察干部提出的明确要求和殷切期望。我作为一名纪检监察干部深感使命光荣，责任重大。今年是我从事纪检监察工作的第10个年头，现将自己10年来学思践悟的部分文稿汇编成书，目的在于与同行交流，互相切磋，履职尽责，不辱使命。

学思践悟，顾名思义就是学习、思考、践行、感悟。10年来，在纪检监察工作岗位上，我努力培养“学思践悟”的习惯，不断砥砺党性、增强本领，提高工作能力和水平，以不辜负党和人民的重托，不辱神圣的使命。2005年5月，组织将我从省国资委综合法规处调到省纪委派驻省国资委监察室工作。这10年来不管是派驻在省国资委还是在省商务厅工作，我都自觉把忠诚、干净、担当寓于自身建设之中，内化于心、外化于行，始终坚守共产党人的精神家园，坚守做人的底线，坚守责任担当。我坚持把学习作为一种精神追求，一种工作责任，努力学习掌握做好工作、履行职责必备的知识和技能，提高工作能力，争取有所作为。这些年，虽然天天都是那么忙碌，但我感到天天又是那么充实，是使命感和荣誉感让我脚步不停地奋力前行。

“纸上得来终觉浅，绝知此事要躬行”。我知道，只有把经过思考的知识用于实践，才能解决工作中遇到的问题，学以致用。这些年，我几乎每组织查办一起案件都进行剖析反思、吸取教训，每参加一次学习培训都认真撰写心得体会，每组织一次调研或工作检查都形成文件报告。还结合工作实际和形势任务，对推进惩防体系建设、改革纪检监察体制、创新查办案件机制、建设廉洁文化等进行调研思考和理论探索。特别是在派驻省国资委工作的8年时间里，我和同事们通过查办案件，既达到惩治腐败，警醒人、教育人的目的，还为企业挽回约8亿元经济损失。我们查办的省航兴公司挪用公款案和云梯山庄资产损失案，先后两次被省纪委评为“十大精品案件”。我们查办韶钢集团系列腐败案、新广国际重大资产损失案等案件，多次得到了中纪委和省纪委主要领导的肯定和赞扬，还在全国国有企业查办案件工作会议上作发言，介绍经验。我们致力于传播廉洁文化理念，办好反腐倡廉杂志《国企清风》，赢得同行们和广大读者的广泛好评。组织和领导也给了我个人崇高的荣誉，2011年被中央纪委授予“全国纪检监察系统先进工作者”荣誉称号，组织还培养我成为副厅级领导干部。我心里明白，这些年所取得的成绩和进步，都离不开上级领导和同志们的热心指导、大力支持，也离不开组织的关心培养和同事们的支持帮助。借此机会，我真诚感谢组织和同志们！这里，我要特别感谢敬重的广东省委常委、省纪委书记黄先耀同志在百忙中为本书的出版给予的大力支持和精心指导，特别感谢敬重的中山大学廉政与治理研究中心执行主任、博士生导师倪星教授拨冗热情为本书作序，特别感谢敬重的纪检监察老前辈高凯明同志欣然为本书题写书名。

可以说，我从事纪检监察工作的10年，是学思践悟的10年，也是提高、充实、进步、收获的10年。它使我体味到作为一名纪检监察干部所肩负的沉甸甸的神圣使命与无限的荣光，给我的人生历程留下了美好的回忆与纪念。我深深感到，这是一段难忘而又有意义的工作经历，是一场真切的而又光荣的工作体验。正是有了这些经历和体验的学思践悟，才有今天这本书。本书25万多字文稿，大部分已公开发表过，少数是首次与读者见面，每篇文稿都注明时间、出处或背景，如果它能给纪检监察战线的同行和读者朋友们提供一点有益的启示，则甚感欣慰，谬误之处也望海涵和赐教。

李家瑞

2015年2月于广州